当代大学美育

主　编　史　红
副主编　安　静　　潘孙千千　　鲍远福　　王麒媛
　　　　魏家川　　张春蕾　　　王德范　　刘小梅
　　　　赫铁龙　　叶磊蕾

北京理工大学出版社
BEIJING INSTITUTE OF TECHNOLOGY PRESS

内 容 简 介

本书是适应新时代大学美育发展新趋势和新需要的大学美育通识教材。

全书以基础性、通识性、经典性为原则，讲述自然、社会、生活、科技、艺术等领域之美，使大学生系统了解美育基本理论、知识、历史，掌握审美范畴、审美本质、审美特点，认识不同形态与特点的美，把握与理解审美的相关方式、规律与特征，从而引导大学生自觉提升自身的审美能力，形成健康的完整人格，培育深厚的民族情感，拥有开阔的胸襟，成为一个身心健康、和谐发展的社会主义建设者和接班人。

全书脉络清晰、结构严谨，语言优美通俗，内容充实又富有哲理，既可作为普通高等学校美育通用教材，也可供普通大众阅读。

图书在版编目（CIP）数据

当代大学美育 / 史红主编. -- 北京：北京理工大学出版社，2025.2.
ISBN 978-7-5763-5127-9

Ⅰ. G40-014

中国国家版本馆 CIP 数据核字第 202552HB99 号

责任编辑：徐艳君　　　文案编辑：徐艳君
责任校对：刘亚男　　　责任印制：李志强

出版发行 / 北京理工大学出版社有限责任公司
社　　址 / 北京市丰台区四合庄路 6 号
邮　　编 / 100070
电　　话 / (010) 68914026（教材售后服务热线）
　　　　　　 (010) 63726648（课件资源服务热线）
网　　址 / http://www.bitpress.com.cn

版 印 次 / 2025 年 2 月第 1 版第 1 次印刷
印　　刷 / 河北盛世彩捷印刷有限公司
开　　本 / 787 mm×1092 mm　1/16
印　　张 / 14
字　　数 / 328 千字
定　　价 / 98.00 元

前　言

　　当前，美育越来越受到重视。习近平总书记在党的二十大报告中指出，要"办好人民满意的教育。教育是国之大计、党之大计。培养什么人、怎样培养人、为谁培养人是教育的根本问题。育人的根本在于立德"。中共中央办公厅和国务院办公厅于 2020 年颁布了《关于全面加强和改进新时代学校美育工作的意见》（以下简称《意见》），要求"以美育人、以美化人、以美培元"。教育部于 2023 年发布了《教育部关于全面实施学校美育浸润行动的通知》，提出"以浸润作为美育工作的目标和路径""以美育浸润学生，全面提升学生文化理解、审美感知、艺术表现、创意实践等核心素养"，为强化美育育人功能做出了提纲挈领的指示。美，可以激发人在丰富的世界中生存的活力。人的感性生命在审美中，可以获得积极与肯定的价值。美育是塑造理想的人、完美的人、全面和谐发展的人的教育，是实现个人社会化发展不可或缺的组成部分，它有利于促进人类的想象力、创造力和自我表达能力的提升，培养批判性思维和创新意识。大学美育以潜移默化的方式，影响大学生的情感、趣味、气质、胸襟，振奋精神，温润心灵，建立审美价值观，提升审美修养，增强审美能力，引领审美追求，健全完整人格，使大学生拥有开阔的视野、宽广的胸怀。

　　《意见》同时要求"加强教材体系建设。编写教材要坚持马克思主义指导地位，扎根中国、融通中外，体现国家和民族基本价值观，格调高雅，凸显中华美育精神，充分体现思想性、民族性、创新性、实践性"。新时代呈现出对复合型创新人才的需求，美育教材要符合时代要求与趋势，展现出新视野、新导向、新融合。在新时代大学美育发展新趋势和新需要背景下，本书以习近平新时代中国特色社会主义思想为指导，为贯彻党的教育方针、落实"立德树人"根本任务而编写。围绕大学美育课程目标，精选教学素材，丰富教学资源，力求切实适应大学美育教学，使大学生系统地了解美育的基本理论、知识、历史，掌握审美范畴、审美本质、审美特点，认识美的不同形态与特点，如自然之美、社会之美、生活之美、科技之美、艺术之美等，把握与理解审美的相关方式与审美的相关规律与特征，开启大学生的人文智慧。重点关注大学生的知觉、知识、理解、分析的审美认知能力，接受、反应的审美情感能力，以及模仿、行动、表达、创造的审美运用能力。同时，根据大学生特点和学习规律，由抽象到具象、由表及里，循序渐进，从认知美的概念、美的历史、美的形态，到提升美的情操、美的素养、美的品格、美的理想等诸方面，通过生动详细地阐释，最终完成对体验美、认识美、理解美和创造美的完整引导与指南。特别强调的是，本书在中国美育思想、中国艺术内容等方面充分挖掘中华美育精神内涵，激发大学生的爱国情怀，培育其深厚的民族情感。

本书以思想性、通识性、经典性为原则，通过知识学习、作品赏析、审美实践等方法和手段，以美育人，塑造大学生美好心灵。在板块设计上，有知识结构说明，也有学习目标设定。以生动案例引入内容，深入讲解之后，再拓展相关知识，通过问题引发进一步思考。在内容编排上，首先是古今中外美育基本内容介绍，其次是美在各个领域（自然、社会、生活、科技、艺术等）里的表现形式、状态、特点等的说明。内容融知识性、科学性、实用性为一体，有中外美学理论知识、不同形态与不同门类艺术的审美鉴赏知识等，也突出了美育的系统性、逻辑性，涵盖了美育的历史、内涵、规律、特点。在编写特点上，理论表述简赅、通俗，审美知识完整、全面；注重审美案例赏析，加强作品分析；各章都设有思考题，有助于大学生艺术公共课程学习或自修。同时借助新媒体手段，适应时代美育变革，实现最优化教学效果。本书既可作为大学公共课教材，也可作为大学生的课外读物。作为大学的公共通识性美育教材，它可以与任何人文社科类课程衔接。

本书编写团队均为高校的美学、艺术学教师、博士，其中，史红为首都师范大学教授，博导；安静为中央民族大学教授，博导；潘孙千千为中央民族大学文艺学博士；鲍远福为贵州民族大学教授，硕导；王麒媛为首都师范大学美学博士；魏家川为首都师范大学教授，硕导；张春蕾为中国音乐学院音乐学系教师，音乐学博士（后）；王德范为首都师范大学美学博士；刘小梅为中国戏曲学院副教授，硕导；赫铁龙为北京电子科技职业学院讲师，电影学博士；叶磊蕾为首都师范大学讲师，哲学博士。

史红担任主编并负责全书整体策划、统稿工作。具体编写分工如下：史红撰写第一章、第七章、第十一章；安静、潘孙千千撰写第二章；鲍远福撰写第三章；王麒媛撰写第四章；魏家川撰写第五章；张春蕾撰写第六章；王德范撰写第八章；刘小梅撰写第九章；赫铁龙撰写第十章；叶磊蕾撰写第十二章。

书中不够完善之处，请读者不吝赐教，以便今后改进。

史　红

2024 年 6 月

目 录

CONTENTS

第一章　美育概论

 学习目标

了解美的本质、美感，美育的内涵、功能，以及中外美育发展过程等美学与美育基本知识。

 能力目标

培养审美欣赏、理解、想象、表达等能力。

案例导读

图 1-1 是被公认为女神的维纳斯，她有着椭圆形的脸庞、平坦的前额、安详自信的眼神、挺直的鼻梁、稍露微笑的嘴唇和丰满的下巴。略微扭转的姿势，构成和谐而优美的 S 造型。她以其曲线美显示出女性宁静典雅、庄重温柔的特点，使人不由自主地为她的美而倾倒。人们欣赏她，是接受一次美的洗礼；人们崇拜她，是坚定某种理想的信念。

"啊，诗从何处寻？在细雨下，点碎落花声；在微风里，飘来流水音；在蓝空天末，摇摇欲坠的孤星！"① 美，是令人陶醉，令人遐想的字眼。它并非在缥缈的天边，就缭绕在我们的身边，存在于我们的生活之中。我们每天都在接触美，美也每天都在抚慰着我们疲惫的心。有了美，我们的生活才变得如此快乐。美，虽然不能给我们带来物质上的富庶，但是能给我们带来精神上的享受。

图 1-1　断臂维纳斯

---

① 宗白华. 美学散步 [M]. 上海：上海人民出版社，2005：扉页.

第一节　美与美感

一、美的本质与形态

（一）美的本质

在古希腊曾经有一段苏格拉底与希庇阿斯关于"美"的著名对话。苏格拉底："什么是美?"希庇阿斯："美就是一位漂亮的小姐,一匹母马,一个竖琴,一只汤罐。"苏格拉底："这些不是美本身。我问的是美本身,这美本身把它的特质传给一件东西,才使那件东西成其为美。不管它是一块石头,一块木头,一个人,一个神,一个动作,还是一门学问。"① 同时苏格拉底还批驳了"美就是有用的""美就是恰当的""美就是视觉和听觉所产生的快感""美就是有益的快感"等看法,而当希庇阿斯最后请苏格拉底提供一个"美本身"的解释时,苏格拉底却说:"美是难的。"柏拉图提出一个"美本身"的问题,他第一个进行了哲学高度的发问:"美是什么?"他认为"这种美是永恒的,无始无终,不生不灭,不增不减"② ……他把美本身与美的事物区别开来,把一般与个别区别开来,即区别了理性、抽象的美与个别、具体的美。在此以后,人们就开始了对美的本质的探索。从古至今,中外美学家们在多维度上追问着美的本质,探寻着打开美之奥秘宫殿的金钥匙。西方对"美的本质"的回答有两大思潮:一类是否定"美的本质",认为对于"美的本质"难以提供满意答案,不必研究;另一类是肯定"美的本质"。克罗齐说"美"是直觉的"成功的表现",桑塔耶纳说"美是客观化了的快感",弗洛伊德则认为"美"的原义是"能激惹性感者"。他们都在试图破解"美的本质"这一"哥德巴赫猜想"。对于"美的本质"的回答,从历史上纵向考察,我国古代认为"美"就是"真"和"善"。每一种学说都让人们隐约撩开"美的本质"的神秘面纱的一角,但又总难睹其整体风姿。人们仿佛进入了一个理论迷宫,被"美的本质"这个精灵吸引着、探究着。

（二）审美形态

1. 优美

优美,它符合均衡、对称、比例、多样统一等形式美的法则,在感性形式上具有形体小、力量弱、性质柔、质量轻、速度慢等特点。由于审美对象与主体之间关系和谐,所以,它唤起人的愉悦、舒畅、喜爱等感情。例如,西方芭蕾舞带给人的就是美的享受。在芭蕾舞中,有脱离现实的飞翔、激情产生的美感、爱情的诗意与梦幻,还有优美舞动的人体、玲珑有致的曲线,所有的人与物都处于最精致的优美状态,使观众的情感和感官都获得了满足。而清风朗月、明月华屋、流水潺潺、出水芙蓉、修竹疏桐、花红柳绿、彩蝶翩翩等,这些秀丽的景色总是那么的明净、清新,表现为优美的和谐,能使人产生轻快、闲适,以及心旷神怡的审美愉悦。

① 柏拉图. 大希庇阿斯篇 ［M］. 朱光潜, 译. 北京: 人民文学出版社, 1963: 272.
② 柏拉图. 柏拉图文艺对话集 ［M］. 朱光潜, 译. 北京: 人民文学出版社, 1963: 272.

典型示例

图1-2是杭州的西湖，环湖山峦叠翠，花木丛生。峰、岩、洞、壑之间，穿插着泉、池、溪、涧；青碧黛绿丛中，点缀着楼阁、亭榭、宝塔、石窟。湖光山色，妩媚动人。难怪苏轼要说："水光潋滟晴方好，山色空蒙雨亦奇。欲把西湖比西子，淡妆浓抹总相宜。"

图1-2 西湖

2. 崇高

崇高，它的感性形式是空间的大、力量的强、质量的重、速度的快、气势的壮、形状的粗。它可以唤起人激昂、豪迈、积极的情感。崇高的原则是纯粹精神，诉诸人的感性官能。黑格尔认为崇高之物引人敬畏，人反而能够被其激发起抗争之力。崇高使我们认识到生命的伟大，崇高的威力使我们不享受安逸，而追寻抗争之后的喜悦。自然界的巍峨高山、冲天的巨树、翱翔的雄鹰，艺术里的米开朗基罗①的雕塑，荆浩、范宽的山水画等都是代表，给人高大、宽阔、伟岸、肃穆、惊心动魄之感。

延伸阅读1-1

欲学习更多相关内容，请扫描查看延伸阅读1-1。

3. 悲剧

在美学范畴中，悲剧反映的是二者之间的剧烈矛盾对立，冲突、抗争、毁灭是悲剧的三要素。古希腊悲剧是人类艺术史上一颗璀璨的明珠，也是人类一定历史发展阶段的产物。古希腊悲剧旨在表现主人公的英雄行为，一种伟大崇高的境界和心灵气派。它即使在描述主人公遭受苦难和不幸的同时，也往往要以此烘托和塑造主人公的某种崇高精神的不可战胜。它有三位杰出代表：埃斯库罗斯、索福克勒斯和欧里庇得斯。如埃斯库罗斯的《被缚的普罗米修斯》中，普罗米修斯为了人类而偷盗天火，惹得宙斯大怒，宙斯将他绑缚在高加索山的悬崖绝壁上，命令老鹰每天去啄他的肝脏，而他自己甘愿受尽折磨，却英勇顽强、坚贞不屈、热爱人类、抗击暴力，充满着崇高的自我牺牲精神。正如马克思所说："普罗米修斯是哲学历史上最高贵的圣者与殉教者。"索福克勒斯的《俄狄浦斯王》中，俄狄浦斯一出世即被抛弃，在寻找自己的生身父母途中，无意间刺死了父亲，后又娶

---

① 米开朗基罗，也常被译为"米开朗琪罗"。

了母亲为妻，当他知道自己就是杀父娶母的凶犯后，悲愤欲狂，自残双目，甘愿放逐流浪，以此为自己赎罪。在这些英雄的背后都隐藏着一个事实，即他们都体现出主人公伟岸的品格，都有备受钦仰的理想性格。欧里庇得斯的悲剧倾向在于着力表现当时雅典城邦中自由民的思想情感，他的悲剧具有强烈的现实主义色彩。他的《特洛亚妇女》就是以反对非正义的外敌侵略为主题的。古希腊悲剧在相当深刻的程度上反映了当时奴隶主民主派的生活和斗争状况，表达了他们的社会理想和生活愿望。

4. 喜剧

美学范畴的喜剧充满滑稽因素，如夸张、变形、自相矛盾等，通过特定历史条件下本质与现象、内容与形式的倒错、乖讹等形式去展开矛盾冲突。喜剧感是在对卑微荒谬的形象的嘲笑中，得到一种舒心轻松的喜悦，这时的笑与人的生理和心理的紧张状态的解除有关，这种笑是因为肌肉的紧张动员突然不再需要了，于是人就会欢畅地笑了。所以从紧张的期待突然转化为虚无的感情的表达方式，就是笑。霍布斯说："笑的情感不过是发现别人或自己的过去的弱点，突然想到自己的某种优越时所感到的那种突然的荣耀感。"[①] 喜剧里的美以压倒性的优势撕毁着丑，对丑的渺小本质进行揭露与嘲笑。无论是滑稽的笑、讽刺的笑，还是幽默的笑，人们都可以从喜剧里通过轻松愉快的欢笑而在心理上得到某种象征性的感到自己优越于他人的满足。如莎士比亚、莫里哀等的喜剧，卓别林的电影和我国的相声等，都让人在审美对象的刺激下产生或是幽默、或是揶揄、或是戏弄、或是嘲讽的情感反应。

● 典型示例

图1-3表现的是莎士比亚的喜剧《威尼斯商人》中的一幕。《威尼斯商人》是一部具有讽刺性的喜剧，它讲述了这样一个故事：威尼斯商人安东尼奥为了帮助朋友巴萨尼奥做生意，向高利贷商人夏洛克借钱，并签下了"割一磅肉"的契约。在宣布法律许可夏洛克割下一磅肉的同时，巴萨尼奥女友鲍西亚女扮男装出庭，也宣布夏洛克不许流下一滴血。最终，必然性的冲突走向了和解，主人公的结局美满。它的情节脱离了老套的戏剧作品的陈规，别出心裁地设计了一磅肉之争、三匣选亲、法庭辩护等情节，出乎意料，峰回路转，结局圆满。莎士比亚在这出喜剧中，表现了慷慨无私的友谊、真诚的爱情、仁爱和贪婪、嫉妒、仇恨、残酷之间的冲突。

图1-3 喜剧《威尼斯商人》中的一幕

---

① 霍布斯. 论人性［M］//朱光潜. 西方美学史. 北京：人民文学出版社，1979.

二、美感的含义与特征

美感即审美愉悦，是人所特有的高级情感体验和反应，是感觉器官"人化"和情感"人化"的结果。由于长期的历史积淀，人在不断地自然"人化"的同时，也在不断地使自己的感觉器官"人化"，人的器官不再只是受生理需要的内驱力如口渴而饮、饥饿而食的支配，而变成因为情感的需要而听乐、赏花、观景，成为具有社会功能的"人化"的器官。相关研究证明，动物对一定的乐曲、旋律、色彩、光亮的刺激也能产生一种舒适感，如有些曲调可促使奶牛多产奶、母鸡多下蛋、蛇翩翩起舞、猴点头等，但这只是一种相应的生理反应，与人的审美愉悦有着天壤之别。

人对美的感受可以分为以下三个层次：

（一）悦耳悦目

悦耳悦目是美感愉悦第一层次，是视觉、听觉器官的快乐。从悦耳悦目层次上说，当我们看到身着漂亮而时髦的服装的模特在 T 台上婀娜妩媚地表演，五光十色的霓虹灯频频闪烁，腾空而起的烟花在天空中流光溢彩，绚丽多姿的电视广告画面与形象等，我们的感官在直觉上就会立即感到愉悦。在漓江上泛舟，面对如诗如画、鬼斧神工的秀丽风光，你立刻会发出"桂林山水甲天下"的赞叹与欣喜；读到张若虚《春江花月夜》中的名句"春江潮水连海平，海上明月共潮生。滟滟随波千万里，何处春江无月明"，即使还没有考虑到它的主题与内容，其中的江天一色、水月浑融的优美意境就已使我们获得美的享受；听施特劳斯《蓝色多瑙河》的曲子，也许自己还并不清楚它表现的是什么，但它那美妙的旋律就已经令人陶醉，让人欣然起舞……这些给人的往往都是悦耳悦目的美感，我们不需要任何复杂的理性思索，内心就能立刻被感动。

悦耳悦目虽然是一种单纯的感官愉快，但它并不仅仅是生理快感，也是一种精神上的享受。绘画里的色彩美，并不只是让人"眼睛吃冰激凌"，在色彩的组合里，我们能看出画家用色彩所表达的丰富情感。梵·高说："我爱一个几乎燃烧着的自然，在那里面，现在是陈旧的黄金、紫铜、黄铜，带着天空的蓝色；这一切又探索到白热程度，诞生一个奇异的、非凡的色彩交响……"所以梵·高的画有意、有目的地使用夸张的黄色与蓝色。《星空》中的蓝色旋涡，表现着一种无法言表的精神的颤动，自我向宇宙的深刻有力的呐喊；《向日葵》则张狂地向人展示着它那灿烂的光辉、自由伸展的生命。

（二）悦心悦意

悦心悦意是美感愉悦的第二层次。我们在欣赏审美对象时，不会停留于表面的视觉、听觉的愉快上，或对审美对象的形象和结构的感受中，而是会展开一系列心理的理解、想象、情感活动，从有限的、偶然的、具体的形象中，不自觉地捕捉和领会到其中某些本质的、无限的、必然的、深刻的内容与意蕴，获得美感享受，收到悦心悦意的效果。

🟢 **典型示例**

图 1-4 是我国画家罗中立所画的著名油画《父亲》，宛如特写镜头的老农，用一双粗糙的手捧着一个粗瓷茶碗，酱褐色的脸上布满了纵横交错、深浅粗细不一的皱纹，汗珠正一滴滴地淌下，干涸的嘴唇上泛起一块块白皮。他的皮肤黝黑发亮，硬实得像棕黑色的树皮，一双老眼平静、昏花，似无表情又似有无限的表情。这幅画给我们以强烈的审美冲击力，我们能感受到他慈善的目光，听到他沉重的喘息。在《父亲》里，我们看到的不仅仅是一个普通的父亲，而是中华民族全体的父辈形象，他们多年来默默承受着生活长河的洗礼，经历着磨难、挣扎、奋斗、创造、牺牲和无私的奉献。从《父亲》身上，我们感觉到的是一种苦难中的伟大、平静中的悲壮、无言的崇高，它也代表了中华儿女对父亲的由衷感念之情。

图 1-4 《父亲》

(三) 悦志悦神

悦志悦神是美感的最高层次，是一种精神意志上的满足和激荡的愉悦，是一种理性的领悟。悦耳悦目，突出的是感性功能；悦心悦意，突出的是认识功能；悦志悦神，则力图突破感性，深求理性内容和永恒的必然。如我们观看茫茫大海、崇山峻岭、历史遗迹时，我们不仅是感官愉悦、认识提高，而且人的情感意志得到了陶冶。黑格尔在《历史哲学》中曾说："大海给我们以无际与渺茫的无限观念，而在海的无限里感到他自己的无限时，人类就被激起了勇气要去超越那有限的一切。"因此就有了人类对海洋的征服，如环海的航行、孤身横渡海峡等的冒险。蜿蜒、雄伟的长城不但能抵御外敌入侵，也对人类体能提出了考验，所以才有了"不到长城非好汉"的体现人的顽强斗志的豪言壮语。陈子昂在登上幽州古台之后感慨万千："前不见古人，后不见来者，念天地之悠悠，独怆然而涕下。"这里面有他对历史、人生、社会的感悟，也有一种意志的生发。明代杨继盛《登泰山》："志欲小天下，特来登泰山。仰观绝顶上，犹有白云还。"也有一种傲然奋争的精神蕴于其中。

这种深层次的审美感动是心灵的激动、思想的震撼，是自我实现的创造性过程中产生的最激荡人心的时刻，是一种欣喜若狂、如痴如醉、欢乐至极的感觉，也是人存在的最高、最完美、最和谐的状态。人本心理学家马斯洛将其称之为"高峰体验"，他在《人性发展能够达到的境界》中指出："高峰体验一词是对人的最美好的时刻，生活中最幸福的时刻，是对心醉神迷、销魂、狂喜以及极乐体验的概括。"处在高峰体验中的人，仿佛沉浸在纯净而完美的幸福之中，摆脱了压抑、紧张、烦恼，感觉与世界融为一体，似乎窥见了真理的光芒、事物的本质与生活的奥秘。

第二节　美育的内涵

美育是审美教育，也是情操教育和心灵教育，不仅能提升人的审美素养，还能潜移默化地影响人的情感、趣味、气质、胸襟，激励人的精神，温润人的心灵。美育以鲜明生动的形象作用于人的感官，激发人的情趣，启迪人的心志，使人在享受中获得精神的自由与解放。席勒在《美育书简》中说："正是通过美，人们才可以达到自由。"

一、感性教育

美育是通过审美对象的感性形式进行的，使人获得真切的感受与深刻的思考。美育指向对人自身有限性的突破，指向感性生命的充分解放，指向个性能力的最充分发挥，以及人最高层次的自我超越的实现。如果没有一条富有诗意的、感性的和审美的清泉，就不可能有人的全面发展。我们可以设想一下：你欣赏了波提切利（意大利画家）的《维纳斯的诞生》那羞涩的柔美，又发现了乔尔乔内（意大利文艺复兴艺术大师）的《沉睡的维纳斯》那坦然的纯洁；你仿佛刚为《拉奥孔》① 的不幸而悲伤叹息，又陷入了罗丹的雕塑《思想者》的沉思冥想；你仿佛刚被《德沃夏克-自新大陆》② 对未来的憧憬与激情而感动得热血沸腾，又为格什温的《蓝色狂想曲》表现的城市喧闹而癫狂。在感性的审美欣赏中，一个人的心灵会超越对象的局限、现实的束缚，获得无限的精神的自由，感到身心的和谐与愉悦。

二、情感教育

美育可以宣泄、疏导、丰富、提升人的情感，以怡情养性来培根铸魂。朱光潜说，人能动情感，就爱美，就欢喜创造艺术，欣赏人生自然中的美妙境界。一个人情感要有所寄托，才不致枯燥烦闷，艺术是寄托情感的最好处所。艺术是艺术家心灵世界的记录，艺术家通过创造艺术形象，映射出个人主观的思想、情感的喜怒哀乐、精神的追求。如我国古代文人画家一般"喜气写兰，怒气写竹"，这是因为兰花"叶势飘举，花蕊吐舒，得喜之神。竹枝纵横，如矛刃错出，有饰怒之象"。

---

① 《拉奥孔》又名《拉奥孔和他的儿子们》（*The Laocoon and his Sons*），是公元前 1 世纪中叶古希腊罗得岛的雕塑家阿格桑德罗斯（Agesandros）和他的儿子波利多罗斯（Polydoros）、阿典诺多罗斯（Athanodoros）三人创作的一组大理石群雕. 该群雕高约 184 厘米，现收藏于梵蒂冈美术馆.

该雕塑内容取材于希腊神话中特洛伊之战的故事. 拉奥孔因告诫特洛伊人勿将木马拖入特洛伊，而被希腊保护神派出的巨蛇咬死. 该群雕传达出的人与神之间的悲剧性冲突，使它富有了超越时空的永恒价值.

② 《德沃夏克-自新大陆》是库贝利克于 1972 年发行于德国的一张专辑，库贝利克担任音乐制作. 整张专辑共四个乐章：第一乐章序奏，慢板，e 小调，4/8 拍；第二乐章最缓板，降 D 大调，4/4 拍，复三部曲式；第三乐章 e 小调，3/4 拍，活泼、急速的谐谑曲，复三部曲式；第四乐章快板，奏鸣曲式.

● **典型示例**

宋末画家郑思肖为寄托自己不甘当亡国奴的情怀，多画墨兰（图1-5），且所画之兰皆有根无土。有人问他，为什么作无土兰，他悲愤满怀地反问道："地为番人夺去，汝不知也耶？"他的画充分体现了他的爱国情怀。

图1-5　郑思肖《墨兰图》

艺术家用作品对现实进行反抗、批评，增加了情感内容的丰富性和深刻性，使得作品的积极意义大大增强。岳飞热血满腔的《满江红》、文天祥气吞寰宇的《正气歌》、嵇康慷慨激昂的《广陵散》、蔡文姬哀怨凄婉的《胡笳十八拍》等，都让我们怦然心动，热泪盈眶，感慨万千。那些蕴含着人类意志与情感的艺术作品，包含丰富的人生情感，也包含对世界的各种深刻的哲理性的洞察，使人们从灵魂深处受到冲击与洗涤。

三、趣味教育

审美趣味是对某些审美对象所产生的不由自主的喜欢和偏爱，这些偏爱与判断组成了某种统觉习惯、独特的审美定向，并且以直觉形式出现。审美趣味的主观偏好是无所谓好坏的，你偏爱京剧，我独钟越剧；你偏爱芭蕾，我喜欢探戈；你喜欢交响乐，我偏爱流行乐；你喜欢收藏油画，我独爱水墨画。然而以审美标准来衡量，审美趣味是有高低、雅俗、上下之分的，所以"审美趣味无争辩"的说法在理论上是站不住脚的。如马克思喜欢高亢、昂扬和激越人心的作品，对那些抑郁、消极、低沉的东西，他不喜欢。马克思对无病呻吟、软弱无力的作品，干瘪、消沉的诗十分鄙视，不屑一读。马克思还喜欢健康、积极，能给人以美的陶冶的作品，如莎士比亚的作品，他可以大段地背诵，对那些趣味低下、粗劣庸俗的东西则十分厌恶。高尚的审美趣味是人的朋友，是人宝贵的精神财富。它不会允许一个人沉溺于使他丧失高尚品德的事物，而会让人远避不良诱惑。高而雅、广而深的审美趣味是人审美能力及水平的一种证明，也是可以通过美育逐渐养成的。审美修养越深，趣味就越高雅；涉猎越广博，偏见就越少，趣味就越纯正；学习越多，趣味就越丰富。

一、健全美好人格

人格作为人的情感、意志诸因素的总和，构成了每个自我的真实状态。人皆有人格，任何人均是以人格作为自己的表现形式的，不同的追求可以形成不同的人格。德国美学家康德认为，人格是使每个人有价值的那种品质，它的最大特点是把我们本性的崇高性清楚地显示在我们眼前。可以说，人格的本质体现了人的尊严与价值。只有经过不断的意志磨炼与理性培养，正义精神、真诚本色、磊落胸怀等美好人格的珍珠才能熠熠闪烁。人格里面蕴藏的是人自身的尊严，是一个人对自我认定的价值坚定不移地持守。孟子言："富贵不能淫，贫贱不改志，威武不能屈，此之为大丈夫。"[①] 无论人生的境遇如何，一个人应该坚守自己内心的道德准则，胸怀浩然正气，不卑躬屈膝。有了这种铮铮硬骨，苏武即使在荒无人迹的草原放牧了十年，仍然不屈不挠；有了这种人格的力量，谭嗣同即使冒着杀身之祸，也要公车上书，仗义执言；有了这种精神，共产党人才高吟出了"砍头不要紧，只有主义真"的豪言。在他们的身上，我们感受到的是一种气贯长虹的力量，一种顽强抗争、宁折不弯的魅力，我们的内心也不由得产生崇敬、仰慕、钦佩的美感。高风亮节，人人钦佩，美的人格永远受到人们的赞赏。

贝多芬敢于蔑视权贵，表现出了他的尊严与人格。他曾经对一位公爵说："公爵现在有的是，将来也有的是，而贝多芬却只有一个！"一位男爵夫人以理解的口吻说："他狂暴吗？是的，但是一座火山的狂暴和火焰，是大自然本身的伟大力量，因为他的心里有一个巨人。"

如果一个人成为心理上的巨人，就可以在其人生的任何境遇中，都保持人格的独立性，书写一个真正的人。当一个人获得这种情操时，他的人格就具有了美学的意蕴。美育就是能健全美好人格，激励一个人朝着目标不停地奋进斗争，不放弃、不气馁、不退缩，形成一种强大的人格力量。

二、培养创新意识

创新是对现代人的发展、成长的根本要求，创新的关键在于不断进取，突破常规。美育对人的创新的培养，主要体现在以下几个方面：一是培养创新思维方式，开阔其视野，拓宽其思维，更新其观念；二是培养创新精神，宽阔其胸怀，激发其积极态度；三是培养创新行为习惯，激起其好奇性、求知欲、创新欲；四是培养创新能力，激发其兴趣，触发其灵感，唤起其想象。马克思曾对人的丰富精神有过美丽的比喻："每一滴露水在太阳的照耀下都闪耀着无穷无尽的色彩，你们赞美大自然悦人心目的千变万化和无穷无尽的丰富宝藏，你们并不要求玫瑰花和紫罗兰散发出同样的芳香，但你们为什么却要求世界上最丰

---

① 出自《孟子·滕文公》.

富的东西——精神只能有一种存在形式呢？"[1]"风弄林叶，态无一同；月当流波，影有万变。"大自然是这样，人也应敢于质疑，摈弃旧框，独立思考，勇于创新。美育培养创新精神最好的途径就是艺术，艺术创新是艺术家想象力的生动表现。王维反对艺术创作中的拘泥之见，他的画作《袁安卧雪图》中出现了雪里芭蕉，他大胆地将非同时出现在一个空间的现象压缩地再现在一个空间里，让人不得不佩服他的奇思逸想。

延伸阅读 1-2

欲学习更多相关内容，请扫描查看延伸阅读 1-2。

三、陶冶道德情操

"善是一种美，品性善良的人永远是美丽的。"这是古希腊哲人德谟克利特说的一句话。善良是人类最基本的品德，也是人类精神和品德中最伟大的一种。另一位古希腊哲人亚里士多德则说："美是一种善，其所以引起快感，正因为它是善。"

康德在《实践理性批判》中提出了做人的基本原则：按道德律行事。这是康德一生的追求，甚至在死后的墓碑上，他都忘不了这个追求："灿烂星空在我的头上，道德律在我的心中。"康德的学问令人仰慕，他的情操更加使人肃然起敬。

美与善是相通的。美是带给人生愉悦与欢乐的善。美以善为内容，要求符合与服从善。凡是善的，必定是美的；凡是美的，也一定是善的。善是道德的起点，是对人性的普遍要求，善而达到美的程度，就是高尚的道德，即为美德，美德是带有理想成分的情操。当道德攀登到美的高峰后，就会见到无限的曙光。孟子曾把人的精神境界区分为善、信、美、大、圣、神六个逐步递升的层次，由此可见，美高于善。美在道德上完满地实现了善，它包含着善，又超越了善。如果一个人的道德是无私的，就具有了美的性质。美育净化人的灵魂，濯清人的邪念，使人变得高尚起来。美的超功利的性质直接提升人的道德情操水准，沉浸于美之中的人，其心灵能不纯洁吗？具有审美修养的人，是以审美的态度去对待世事、对待利益，他并不营营于利，而是自然地追求、自然地获得；对不顾道德的利益争夺，他认为是与审美的精神相悖的，是可鄙的、可耻的。孔子讲"文质彬彬，尽善尽美"，要求道德情操与审美形式的统一。一个人的道德情操越高，就越接近审美境界。高标准的道德践行同时会给人带来心理上的自我满足感。美育是令人在美的观照中、在悠扬的音乐中、在生动的描写中，欣然接受美的规律，从而影响人的审美观念，使人的道德情操升华到审美的境界。

四、塑造美好心灵

美可以使人从形形色色的心灵镣铐中超逸而出。作为美之精华的艺术是人的心灵的作品，一个人可以通过艺术寻求心灵的解脱。绘画世界往往是画家心灵的寄托、感情的表现、对现世的理解。画家以画畅神、怡情、达意。在中国绘画里，我们可以看出画家随性淡然的生活态度，无欲无争的处世心理，超然物外的心灵境界。特别是一提到古代文人画家，人们脑海里立刻就会浮现出他们悠然自得地在花前月下静听林泉松风的情景。绘画也成为画家心灵世界的记录，映射出画家个人的主观思想、情感的喜怒哀乐、精神的追求，表现出他们的渴望、痛苦、无奈、超逸、旷达和欢娱。绘画在特定的条件下，成为特定时

---

① 马克思恩格斯全集：第 1 卷 [M]. 北京：人民出版社，1979.

代的人的心灵史，它书写的也是人格的历史。我国文人画就是其中典型的代表。文人画因画家愤世嫉俗而为之，它的产生本身就是为满足饱尝人世沧桑、宦海沉浮而失意不遇的士大夫阶层的精神需要。它一开始就带有鲜明的对社会的怀疑、暗讽、背离倾向，受道释两家的影响后则突显出退让、避世的人生态度。其代表有黄公望的《富春山居图》、吴镇的《洞庭渔隐图》、唐棣的《霜浦归渔图》、曹知白的《疏松幽岫图》、马琬的《乔岫幽居图》等。可以说，是社会现实助推了文人作画时情感表现的高度升华，文人作画是为"聊写胸中寂寥不平之气"。画家对世俗的不满通过艺术创作的渠道得以宣泄，或多或少地得到一些心理平衡。

● 典型示例

明代画家徐渭虽聪颖过人、抱负远大，但一生穷困潦倒，很不得志。他有一幅《墨葡萄图》（图1-6），构图奇特，墨汁淋漓，藤条错落低垂，葡萄晶莹欲滴。他自题一首诗，画龙点睛："半生落魄已成翁，独立书斋啸晚风。笔底明珠无处卖，闲抛闲掷野藤中。"让人自然联想到画家生活道路的坎坷不平。

图1-6　徐渭《墨葡萄图》

在画境里，画家通过摆脱尘世有限事物，获得了心灵上的自由，达到了将自己消融在一种幽雅、平淡、潇洒、飘逸的意趣里的目的。无论是自然之美、社会之美，还是艺术之美，它们都在塑造着美好的心灵。让我们学会珍惜美的事物，懂得热爱生活，培养美好的情愫，心境宁静、怡和；让我们展开搏击的翅膀，培养不屈不挠的精神，树立远大的理想，去勇敢地面对生活中的艰难险阻。

五、提高审美商数

美育的目的就是提高审美商数，即"美商"。"美商"就是表征审美客体在审美主体内心产生美感强度的能力水平的符号。它可以作为衡量人的审美水平、审美能力、审美素养等程度的指标，使人了解其本身美感的灵敏程度。一个人的"美商"高低与美育关系密切，美感可以促使人的审美感受力、理解力、想象力等能力的提升，人的审美感觉越敏锐，审美理解越深刻，审美想象力越丰富，"美商"越高。根据"美商"，我们可以发现一个人的审美品位、审美风格、审美趣味，描绘出他的专属"审美能力图谱"。"美商"不会因为其量化表现而取消美感的价值和意义，而会使人更深入地探究精神世界的美感与物质世界的复杂关系，更多维地理解美感的价值与意义，成为美感形而上抽象研究的补充。积极情绪下的具有高"美商"的个体可能通过认知灵活性促进创造性思维。

提升"美商"，可以通过艺术的途径进行。研究表明，音乐能提高学习成绩、智商、语音意识和单词解码能力；视觉艺术影响阅读、几何空间推理和观察能力；戏剧有利于阅读、故事理解等语言能力；舞蹈可能有利于阅读能力和视觉空间能力。[①] 如果一个人审美知识的掌握能力强，审美思维（包括审美判断、审美鉴赏、发现问题、理解问题、建立联系和想象等方面）的能力强，表达能力、创造能力也强的话，那他的"美商"就是高的。

第四节　中外美育的发展

美育起源于人类已具有审美意识，并且有意识地运用艺术等手段对人进行审美教育。这种美育观念的确立，是在人类历史长河中逐渐形成的。

一、西方美育发展

（一）古希腊

古希腊没有明确的美育观念，尚处于美育观点还不自觉的时代，但从古希腊哲学视角看，古希腊对美育有两层定位：一是直接的熏陶；二是道德内涵与人性拓展。"古希腊人"是对人的全面、完善发展的最高要求，蕴含着和谐的美育思想。古希腊人追求美好生活，"希腊人心目中的天国，便是阳光普照之下的永远不散的筵席；最美的生活就是和神的生活最接近的生活"。[②] 培育身心健康的少年儿童是古希腊的教育传统。柏拉图说，对孩子的教育"就是用体操来训练身体，用音乐来陶冶心灵"。[③] 希望这些孩子从童年时，就和优美、理智融合为一，学会把心灵的美看得比形体的美更可贵。亚里士多德认识到音乐教育的目的在于净化灵魂，"（1）教育，（2）净化，（3）精神享受，也就是紧张劳动后的安

---

① WINNER E. Art for Art's Sake? The Impact of Arts Education ［M］. OECD, 2013：Chapter2-6.

② 丹纳. 艺术哲学 ［M］. 北京：人民文学出版社，1963：281-282.

③ 柏拉图. 理想国 ［M］. 郭斌和，张竹明，译. 北京：商务印书馆，1986：70.

静和休息"。① 他的《诗学》推崇悲剧，因为悲剧能"激起哀怜和恐惧，从而导致这些情绪的净化"。古希腊的美育是调动一切可以利用的力量，包括体育与泛艺术，锻造公民完美的人格。

（二）中世纪

中世纪的思想与美较为敌对，其中圣像破坏运动是一种负面的审美艺术事件，表明美育受阻，这一时期美育在知识系统中也是缺位的。虽然中世纪存在反美育的倾向，但是它的神学传统建立在"上帝至善至美"的前提下，并使用艺术、戏剧等方式进行表现。如拜占庭绘画以感性形式包含精神世界的信息，使人观赏、使人祈祷，成为神的精神世界的象征。中世纪的音乐以经文歌、叙事歌、行吟曲和回旋歌歌颂神，带动了音乐学习与乐感的培养。8世纪查理大帝建立学校，用拉丁文传授"七艺"，包括诗篇、乐谱、赞歌、年与季的计算及文法等的教学。他在给鲍格尔夫主教的信中就指出："你们既是教会的战士，就应当名副其实，思想虔诚，谈吐文雅，行为端正，语言流利，不要忽略文字的学习。"② 所以中世纪美育实践具有两面性的，它反美育，但也用艺术手段对人进行教化。

（三）文艺复兴到18世纪

这是一个酝酿美育思想的阶段，缺少体系化的思想家。当时一些艺术的公共化与普及化，包括美术学院的产生、艺术馆的产生、展览的出现，特别是"艺术学院"的教育模式成为近代欧洲美育的重要模式。意大利的崇古之风不仅彻底塑造了意大利人的审美趣味，也提升了欧洲上层人士的审美趣味。高雅的趣味征服了野蛮的风格，古典主义成为一种占据主导地位的审美趣味，这表现在人们收藏古物的热情和对古典建筑风格的偏好上。如法国枫丹白露宫收藏了大量古物，有人戏称该王宫是"所有古董的避难所"。自文艺复兴以后，在英、法等欧洲国家出现了"绅士教育"的思潮，绅士必须具备五个方面的品质：健康的体魄、德行、智慧、礼仪和学问。英国哲学家约翰·洛克写了《教育漫话》一书，其中说到"在缺乏教养的人身上，勇敢就会成为粗暴，学识就会成为迂腐，机智就会成为逗趣，质朴就会成为粗鲁，温厚就会成为谄媚"。③ 有良好的教养，是绅士美好品质的表现。18世纪开始流行旅行，增加了自然的审美经验，产生自然美育。艺术教育逐渐体制化和普遍化，英国学校开设戏剧，意大利贵族教育中开设音乐、修辞学和绘画等课程，提升品位教育。这些因素构成了美育诞生的原因。到18世纪中后期，美术的专业刊物和展览产生，专门的剧评人和艺术评论家出现，大家提升了对艺术的认识，意识到审美可以教育人。"水晶宫"世界博览会的工业设计惊艳了整个世界，英国开始认识到艺术的重要性，学校纷纷开设图画课，英国掀起近代工业美术运动，使艺术设计融入大众的生活审美视野。

（四）德国古典美学和19世纪

这一时期是整个西方美育思想发展中最重要的阶段和高峰，德国古典美学家们共同丰

---

① 朱光潜. 西文美学史：上卷［M］. 北京：人民文学出版社，1997：88.
② 周一良，吴于廑. 世界通史资料选编：中古部分［M］. 北京：商务印书馆，1974：40.
③ 洛克. 教育漫话［M］. 徐大建，译. 上海：上海人民出版社，2014：72.

富、展开了美育理论的方方面面，人的自由成了审美活动和美育的核心目的，对人的自由的理解也达到了最深刻的地步。如康德把人当作目的，自由观念构成了审美的前提，审美判断只有通过自由才得以生成、理解。美"是一种无利害的和自由的愉悦"。[①] 康德强调美的先验性和纯粹性，将它提升到最高自由的境界。黑格尔认为，"审美带有令人解放的性质"。[②] 同时，"美的概念都带有这种自由和无限；正是由于这种自由和无限，美的领域才解脱了有限事物的相对性，上升到理念与真实的绝对境界"。[③] 黑格尔给予了美育崇高地位。1795 年，席勒第一次在《美育书简》正式提出"美育"概念，《美育书简》也成为第一部美育宣言书。他论述了现代人性的分裂，认为美育是"促进鉴赏力和美的教育"，其目的为"培养我们的感性能力和精神能力的整体达到尽可能有的和谐"。[④] 美育工具就是艺术，美的源泉就是在艺术典范中启开的。他提出未来是审美的王国，这是人类所追求的最高目标。席勒突显美育对实现完整人格形态和人性自由的意义，在一定程度上纠正了康德的主观唯心主义，成为康德与黑格尔之间的重要桥梁。19 世纪中叶，英国美术理论家约翰·拉斯金提出"艺术社会主义"概念，认为环境对美育尤为重要，他提出意象艺术教育计划，将历史和自然这两门学科的学习并入艺术学科进行综合美育。19 世纪是现代性形成的时期，大学制度、艺术的现代制度和教育制度都促成了现代性，整个美育思想形成规范。

（五）20 世纪

20 世纪上半叶，自然主义的代表人物桑塔耶纳指出，人的精神是一种自然的运动，并从这个角度提出美是生命的和声。美国心理学家维克多·罗恩菲德关注人格、心智与创造力培养，其著作《创造与心智成长》谈到艺术教育以儿童为中心，培养人格完整、身心健全、有创造力的人。罗恩菲德的美育观不仅面向健全的儿童，而且针对残障儿童构建了"艺术治疗"体系。托马斯·门罗的新自然主义，把艺术教育、艺术哲学与艺术心理学结合起来。20 世纪后期，美育思想具有了当代性。20 世纪 80 年代，美国教育家艾斯纳等人提出"学科中心理论（本质主义）"的 DBAE（Discipline-based Art Education）模式，主张艺术教育需要回归学科本质进行深层建构，从美术创作、美术批评、美术史和美学四个维度重构艺术教育，这成为综合发展艺术教育课程的新起点。美国芝加哥"CAPE 计划"不仅融合人文和科学学科介入美育，还集合社会力量，在大中小幼学校形成"一体化"美育统一思想和实践。2006 年第一届"世界艺术教育大会：构建 21 世纪的创造力"在葡萄牙里斯本举行，联合国教科文组织制定了《艺术教育路线图》。该线路图中提出了艺术教育的四大目标：①支持人类的教育权利及文化参与。②发展个人的能力。③提高教育质量。④推进文化多样性的表达。[⑤] 它以人的健全发展、综合素养提升为旨归，与美育目标高度统一。

---

① 康德. 判断力批判 [M]. 邓晓芒，译. 北京：人民出版社，2002：45.
② 黑格尔. 美学：第一卷 [M]. 朱光潜，译. 北京：商务印书馆，1996：147.
③ 黑格尔. 美学：第一卷 [M]. 朱光潜，译. 北京：商务印书馆，1996：148.
④ 席勒. 席勒美学文集 [M]. 张玉能，编译. 北京：人民出版社，2011：270.
⑤ UNESCO.Road Map for Arts Education [R/OL].（2006-03-09）[2020-03-16].https://unesdoc.unesco.org/ark:/48223/pf0000390135_chi.

二、中国美育发展

（一）古代

从西周开始，我国进入自觉的美育活动阶段。这一时期"礼"的观念出现，"诗教"在人文修养中的地位有所提高。西周时，已将礼乐教化（包括音乐、舞蹈、诗歌）列入国家政策，其主要分为社会性的礼乐教化（乡学）和个体的礼乐修养（国学）两个方面。在《周礼·地官》里，明确了"礼、乐、射、御、书、数"的"六艺"之教。"六艺"以现实的感性生活为出发点和归宿，重视培养人的人际关系、审美情感、生活技能、文字书写和数量计算，不仅有智、体，也有美的训练。同时，西周的礼乐教化已经初步分化为"礼教""乐教""诗教"三种形态。

春秋时期，贵族的教养重视的是礼而不是乐，但乐与礼成表里之势。乐，修内；礼，修外。礼是协调人际关系、界定社会身份、提升生存技能的要求与方法；乐是配合礼的愉快情感之表现。儒家继承"六艺"之教的传统进行不断发展，以诗、礼、乐为美育的途径。孔子的美育宗旨是"志于道，据于德，依于仁，游于艺"，他说人格完善就要"兴于诗，立于礼，成于乐"，诗教和乐教是美育的主要内容与工具。孟子则特别强调人性修养的情感愉悦性，认为人性修养的最高境界也是审美境界。儒家美育特色不仅在于"修养""慎独"，更在于其德育的愉悦性、诗意性、大众性及风俗性。道家的老子反对以礼乐教化进行人格培养，力图建立一种理想的超越现实功利、与"道"合一的审美人格，主张人格修养要"致虚极也，守中笃也"。庄子美育观的重心从礼乐批判转向对现实人生的思考，追求一种"法天贵真，不拘于俗"的理想人格。可以说，儒、道各自形成了人格理想，如儒家的君子、圣人，道家的至人、神人。这以后儒家继续对诗、礼、乐等的美育价值与意义进行了多方阐发，发展出比较系统的美育观，构成了中国古代美育思想的主体。

（二）现代

20 世纪前半叶，我国美育处于启蒙阶段。王国维、梁启超、蔡元培、陶行知、朱光潜等人，吸取西方美育思想来化合中国美育传统，为美育的确立播下了种子。

王国维在 20 世纪初撰写和编译了若干篇美育文章，被研究者认定为我国倡言美育的第一人。他在《论教育之宗旨》一文中指出，教育包括身体能力的教育与精神能力的教育。前者为体育，后者为智育、德育、美育三个部分。"美育者一面使人之感情发达，以达完美之域；一面又为德育与智育之手段。"[1] 王国维在《孔子之美育主义》一文中提出，孔子"其教人也，则始于美育，终于美育"。[2] 王国维的这些主张使中国美育在学科定位、理论内涵、方法途径、功能取向、实施方案等方面确定了初步框架。可以说，王国维乃开中国美育先河之第一人。

梁启超首次提出了"趣味教育"的概念，"趣味"能够引发快乐与幸福，必然包含有审美与艺术。有"趣味"的生活，人生才是完满的。美学应该研究植根于生活之中的有意

---

① 王国维. 论教育之宗旨 [M]//佛雏. 王国维哲学美学论文辑佚. 上海：华东师范大学出版社, 1993: 252.
② 王国维. 论教育之宗旨 [M]//佛雏. 王国维哲学美学论文辑佚. 上海：华东师范大学出版社, 1993: 256.

义、有价值的"趣味生活"。

蔡元培提倡"以美育代宗教",他认为美育是自由的,而宗教是强制的;美育是进步的,而宗教是保守的;美育是普及的,而宗教是有界的。1912年在北京召开的全国临时教育会议上,通过了民国教育方针:"注重道德教育,以实利教育、军国民教育辅之,更以美感教育完成其道德。"① 1927年他还特设"全国艺术教育委员会"。蔡元培以教育方针形式奠定了美育基础,推动了美育的制度化。

陶行知提出"生活即教育"观点,认为生活中存在很多审美因素,如烧饭就是一种艺术。他在1925年所出版的论著《民国十三年中国教育状况》中,对小学、中学的艺术教育课程进行了设置。他所创办的育才学校,其课程组则包括音乐、绘画、戏剧、文学、舞蹈、自然科学与社会科学,把美育落实到了课程。

朱光潜从人生论出发阐发美育功能,认为美育作用是促使本能冲动和情感的解放,眼界的解放和自然限制的解放。他在《谈美》中说:"要求人心净化,先要求人生美化。"② 他在《谈美感教育》提出智育、德育、美育"三育",他把美育当作"使人在丰富华严的世界中随处吸收支持生命和推展生命的活力",培养"全人"而不是"畸形人",因此美育成为一种使人生获得自由的方式。

中国教育界在20世纪初就开始借鉴西方艺术教育体制,陆续建立艺术学院,如北京女子高等师范学校的音乐体育专科、上海的美术专科学校等,这使学校美育迈上一级新台阶。在学术组织和学术研究方面,1919年由上海艺术专科师范学校发起成立了"中华美育会",1920年出版了《美育》月刊,这标志着美育制度的完备。但是总体上,美育属于起步阶段,还未成为教育的中心。

(三) 当代

早在1950年,我国就明确规定德智体美育的教育方针,此时学校美育体制初具雏形,但是成熟的美育学术机制还远未形成。20世纪50年代的美学大讨论,使得美学本质、特性等问题受到关注,同时,也带动了美育价值、功能的思考。新时期(即改革开放和社会主义现代化建设时期)以来,美育趋于成熟,美育理论开始自觉地走向以审美生活为主的研讨与建构,以生活与存在论为维度的审美价值观的确立。马克思关于教育与时间、教育与社会分工、审美发展与时间的创见,使"德智体美劳全面发展"成为美育核心概念的一部分。1985年以来,《中共中央关于教育体制改革的决定》等一系列文件出台,"素质教育"一词更是被明确提出与普遍认可。2020年中共中央办公厅、国务院办公厅印发了《关于全面加强和改进新时代学校美育工作的意见》,2023年教育部下发了《教育部关于全面实施学校美育浸润行动的通知》,美育越来越受到重视,地位也越来越高。

在当代美育理论学术进程中,以"审美生活即享受与幸福"作为美育思想的核心是蒋孔阳的独到贡献。李泽厚的美育思想是以情感本体论为中心来构建的,形成了关于人类本体论的美育思想(包括新感性)和以"时间"概念为向度的美育思想。在他看来,建

---

① 陈学恂. 中国近代教育大事记 [M]. 上海:上海教育出版社,1981:229.
② 朱光潜. 谈美 [M]//朱光潜全集:第2卷. 合肥:安徽教育出版社,1987:6.

立新感性就是通过审美活动来塑造与成就新的人性形态，情感的教化与养成是审美活动的目的，也成为审美活动的功能。随着对美育研究、探讨的深入，美育从单一的情感教育扩展到了人性教育、人文教育、人生教育的空间，学者们广泛关注感性、人性、人格、生存方式等，美育将融入整个教育系统之中，打开一个更加广阔的局面。可以想见，当代中国美育将呈现出越来越好的前景。

知识回顾 1-1

欲回顾本章重要知识点，请扫描查看知识回顾 1-1。

课后赏析

《审美教育书简》

作者：弗里德里希·席勒（德国）

译者：冯至，范大灿

出版时间：2022 年

出版单位：上海人民出版社

作品简介：《审美教育书简》（图 1-7）由 1793—1794 年席勒写给丹麦王子克里斯谦公爵的 27 封信组成，1795 年经整理出版。此书的核心是追求人类本性的完善，提倡理性的自由。它是"审美现代性"创生的划时代文献。席勒从人本主义的立场出发，深刻批判了启蒙理性的弊端，提出恢复感性的合法性，解除理性对感性的粗暴专制，并在此基础上阐述了具有现代性意义的美和美育范畴。弘扬人的感性本质、揭示和批判现代社会人性的分裂和异化、赋予美和美育鲜明的现世性和此岸

图 1-7 《审美教育书简》

性、把美和审美作为人的生存范畴来理解，构成了席勒美育理论现代性的基本特征。

课后思考

1. 如何理解美的本质？古代解释与现代解释有何不同？
2. 美感有什么特点？有哪些层次？
3. 美育包括哪些方面的教育？
4. 美育的功能有哪些？
5. 中外美育发展有什么不同？
6. 大学美育的重点是什么？大学生应该具备哪些审美素养？

第二章　自然之美

学习目标

了解自然美的发展历史，掌握自然美的基本类型，理解并体验自然美。

能力目标

通过学习本章，提升欣赏自然美的能力。

案例导读

　　桂林山水，是自然之美的典型代表。"桂林山水甲天下，玉碧罗青意可参"是南宋时期文人王正功为桂林写下的千古绝唱，其大意为：桂林的山水天下第一，山峰有如碧玉之簪，江水宛若青萝之带，其中意境，深远丰厚，值得仔细欣赏。桂林位于我国广西壮族自治区，是世界著名的旅游城市，也是中国首批国家历史文化名城，千百年来一直是举世闻名的旅游胜地。

　　桂林山水以秀丽的山峰、神奇的岩洞、清澈见底的江河为主要代表，奇特的喀斯特地貌是桂林山水得天独厚的自然条件（图2-1）。桂林山水中，阳朔县有长约80千米的漓江沿岸峰林地貌，这里千峰交错环抱，与碧波荡漾的漓江相互呼应，舟行江上，仿佛置身世外仙境；深入岩洞，又恍若进入一个神话世界，因此，有"阳朔山水甲桂林"的说法。

图2-1　桂林山水

第一节　自然美概述

自然美，是指各种自然事物呈现的美，它是社会性与自然性的统一。它的社会性指自然美的根源在于实践，它的自然性指自然事物的某些属性和特征（如色彩、线条、形状、声音等）是形成自然美的必要条件。自然美泛指日月山川、虫鱼鸟兽等自然事物中蕴含的美。一直以来，自然都是人类赖以繁衍生息的前提条件，人类与自然的关系构成了人类历史发展的关键。因而，对自然美的欣赏成为人类审美活动中的重要组成部分。

从个人层面来说，自然美在审美教育中具有十分重要的意义：它可以使人们了解山川大河与民族风物，认识祖国的幅员辽阔、民族殷繁、物产丰饶，激发爱国主义情感；它可以展示大自然的奥秘，吸引人们去探寻自然界中各种事物和现象的性质、特点与变化规律，丰富人们的知识，开阔人们的视野；它还可以使人们热爱生活、净化心灵，培养积极乐观的心态。从国家层面来说，我国对于自然美的重视与保护，主要体现在生态文明建设上：2012 年 11 月，党的十八大报告提出了"大力推进生态文明建设"的战略决策，从重要地位、严峻形势、思想理念和本质特征等 10 个方面绘出生态文明建设的宏伟蓝图；2017 年 10 月，党的十九大报告指出，要"加快生态文明体制改革，建设美丽中国"；2022 年 10 月，党的二十大报告将"人与自然和谐共生的现代化"上升到"中国式现代化"的内涵之一，再次明确了新时代中国生态文明建设的战略任务，总基调是推动绿色发展，促进人与自然和谐共生；2023 年 7 月，习近平总书记在全国生态环境保护大会上强调，要全面推进美丽中国建设，加快推进人与自然和谐共生的现代化。

可以说，对于自然美的欣赏与保护，既关乎个人的生命体验，又与国家的建设乃至整个人类命运共同体的未来紧密相连。在美学研究领域，中西方自古就有对自然之美的探索与思考，自然美既是中国古典美学的核心范畴，也是西方美学史上的重要概念。

一、对自然的发现：中西美学史上的自然美

（一）中国古典美学中的自然美

1. "道法自然"

一般认为，中国古典美学中对自然美的发现始于先秦时期，以崇尚自然的道家美学为代表。"道"是老子哲学的中心范畴，所指向的是宇宙的本体和生命，而"道法自然"既是"道"的性质和特点，又可以视为先秦时期人们对于自然的审美态度。老子《道德经》第二十五章有言："人法地，地法天，天法道，道法自然。"[①] 其大意是，人遵循地的规律特性，地效法于天，天以道作为运行的依据，道任其自然。从这一观点出发，老子意在强调一种浑然天成地看待自然事物之美的意识。与西方哲人认为艺术起源于对自然的模仿不同，"道法自然"的美学观主张在创作中呈现自然的根本规律，重在写意，而非对自然逼真地刻画。换而言之，人应该顺应自然的规律与法则，以"无为"的态度对待自然，追求

---

① 老子. 道德经 ［M］. 陈徽，译注. 上海：上海古籍出版社，2023：94.

人与自然的和谐共生。

因此，自然美并不在于改造自然，而在于"付物自然"，使人在面对自然时感受到自然的纯真、淳朴、恬淡与超然，达到淡然超越、天人合一的境界。尽管"道法自然"的本意不在审美，但它却概括了那些高度成功的艺术创造的特征，为后世古典美学中关于自然美的讨论奠定基调。司空图的"著手成春""妙造自然"之论，钟嵘《诗品》中的"自然英旨"之说，苏轼在《答谢民师书》中提到的"文理自然"，姜夔的"自然高妙"之言，均受其影响。

2. "比德"

如果说道家用"道"将自然美上升到天地宇宙之间，那么儒家的美学观则把自然之美与社会生活联系起来。孔子说的"岁寒，然后知松柏之后凋也"与"知者乐水，仁者乐山"，意在言明自然之美并不全是自然的本然属性，而是与人的主观情志密切相关。也就是说，人们欣赏自然美所得到的愉悦，正是出自在对自然的欣赏中包含着道德的内容，孔子由此开创了一种关于自然美欣赏的"比德"理论。

"比德"即以自然比附道德，将自然作为人的德性的象征，亦即把气象万千的大自然的美丑，自觉地与人们的精神生活、伦理道德观念联系起来。而后，荀子进一步阐释了"比德"的观点，提出"君子比德"。

在《荀子·宥坐篇》中，记录了孔子观赏向东流去的河水，赞赏水滋润万物之"德"，颂扬水向下而流动的"义"，认为水浩浩荡荡没有穷尽之"道"，流动的水在孔子眼中蕴含着"勇敢""公正""明察""善于教化"以及坚定的意志。这种将自然山水与人的美好品德相联系的"比德"意识，使自然由物理的存在物转化为美好道德的象征，在我国的美学史、文学史和艺术史上都产生了深远的影响。人们不仅按照这种"比德"的审美观来欣赏自然美，也以此来塑造自然事物的艺术形象。山川日月、鸟兽虫鱼都被赋予了人的感情，成为某种道德的化身和象征。例如，在中国文化中，燕雀、乌鹊代表小人，鸾鸟、凤凰及植物中的梅、兰、竹、菊代表君子。这样一来，自然山水就被赋予了人的价值判断，导致我国山水诗、山水画等艺术作品蕴含着中华民族独特的山水寄情、托物言志的表达方式。

3. "性灵山水"

"性灵山水"的审美观源于明公安派代表人物袁宏道提出的"性灵说"。"性"指性情、天性，"灵"指灵气、心灵，"性灵"则是指一个人真实的情感欲望。袁宏道在《叙小修诗》中说"弟小修诗，……大都独抒性灵，不拘格套，非从自己胸臆流出，不肯下笔"，[1]"独抒性灵，不拘格套"的主张旨在强调创作直抒胸臆，表达真实情感，尊重创作个性，反对模拟抄袭，依凭自己真实而独特的性情，不受任何格式、套路的限制。这样创作出来的艺术作品即便有不完美之处，"亦多本色独造语"。

从这个角度来说，"性灵山水"不同于"比德"山水的审美范式，体现出人们对于自然之美的不同态度。与"道法自然"注重顺应自然规律和"比德"所强调的赋予自然事物情感不同，"性灵山水"侧重于对自然人性的追求与个性的解放，强调人的喜怒哀乐、爱好情思与聪明灵慧等心理活动都来源于自然，是生而有之的天性，艺术创作应是情感的

---

① 袁宏道. 袁宏道集笺校［M］. 钱伯城，笺校. 上海：上海古籍出版社，2008：187-188.

自然流露。于是，对美的追求就与对人性解放的追求联系起来。

在袁宏道的山水游记中，多用拟人的方法来刻画山水，体现出鲜活生命的感性特征。此外，他所关注的不仅仅是自然景观，还有世俗的人生与游历者的个人情趣，因此极大消解了山水比德、托物言志的表达结构。[①] 在这种观念的影响下，雅俗共赏、率真灵动的审美趣味颠覆了以往崇高庄重的审美取向，对于自然美的"性灵"式欣赏与表达冲破了人们在现实中面对的种种束缚，使人与自然山水之间的关系变得丰富多彩起来。

(二) 西方美学中的自然美

1. 作为背景的自然

与中国古典美学的自然审美观相比，西方美学对于自然的发现是沿着不同的轨迹发展起来的。如果说中国古典美学是从"内在于我"的观点看自然，从而得其美；那么西方美学是从"外在于我"的观点看自然，从而得其真。[②] 也就是说，在中国古典美学中，自然山水是人的心灵投射，人的美好品德与审美价值在文化传统中被寄托其中，回答山水"为什么美"；但是在西方传统美学中，自然作为一种外在于人的背景而存在，是需要进行客观分析的对象，人们需要先探索自然山水的本质构成，解决"是什么"的问题，因而对自然美的欣赏就具有鲜明的思辨色彩与强烈的理论意识。

西方对于自然的发现肇始于古希腊。古希腊哲学米利都学派超越巫术神话的混沌创世思维，将"水""气""火"等具体的感性物质作为自然万物的"始基"，由此开启了古希腊自然哲学的序幕。"自然"在存在论意义上被设定为"世界""宇宙"，在物理学意义上被设定为具体的物质，在宇宙论意义上被设定为"本源"，在理性哲学意义上被设定为"本质""规律"。[③] 到了柏拉图的理念论那里，"自然"被视为文艺模仿的对象，它是指"位于开端的东西"，与"灵魂的存在"相等同。[④] 因此，"自然"更直接地通向理念世界，它处于现实世界和艺术世界的最高层，与"木匠造的床"和"画家画的床"相比更"美"，所以在这个时期，自然之美接近于理念之美。而后，亚里士多德提供了更为明晰的解释，在他看来，"自然"包含着双重含义：一是指某种引导自然运行的过程或力量，亦可称为"形式"；二是指该自然过程的产物。在此基础上，自然既意指那看得见、摸得着的世界，又意指那只能被心灵感触到的力量，人们推测，世界便是由它所形成的。[⑤]

延伸阅读 2-1

欲学习更多相关内容，请扫描查看延伸阅读 2-1。

2. 自然美的当代新变

(1) 环境美学与自然美。

20 世纪 60 年代，环境美学在欧洲兴起，并成为一门备受关注的学科，它主要探讨人的生存环境与人之间的关系，以及在这种关系的影响下出现的审美态度与审美模式。自然事物、自然环境、人类环境以及日常生活环境都被纳入环境美学的研究范围。近代科学技

① 周翔飞. 建构"性灵"山水：三袁游记观照方式与审美取向之比较 [J]. 江淮论坛, 2017 (3)：159-164.
② 王一川. 中西方对自然美的发现 [J]. 江汉论坛, 1985 (6)：48.
③ 谷鹏飞. 西方自然美观念的四次转型 [J]. 晋阳学刊, 2011 (4)：65.
④ 柏拉图. 柏拉图全集：第 3 卷 [M]. 王晓朝, 译. 北京：人民出版社, 2003：654.
⑤ 塔塔尔凯维奇. 西方六大美学观念史 [M]. 刘文潭, 译. 上海：上海译文出版社, 2006：298-299.

术的发展为人类大规模的开发建设提供了方便，但也给环境造成了巨大的影响。环境的恶化和生态系统的破坏，使人们逐渐认识到保护我们赖以生存的环境的重要性。与现代美学所主张的审美静观模式不同，当代环境美学致力于人对环境的积极融入，亦即"人居环境"的互动性。

西方环境美学的代表人物阿诺德·贝林特提出了人与环境的"介入式"审美模式。他认为，环境在当代所面临的挑战：一是工业主义所带来的一系列技术革新，二是当代世界的社会变革和知觉的变化。而这些变革所产生的新材料、对象和技巧已进入艺术世界当中，并深刻影响了艺术家的语言和实践，因而我们在审美活动中的知觉模式被重新塑造成不同的新形式。[①] 介入式的审美模式具有连续性、知觉的一体化以及参与三个特征，也就是说，人类在面对环境时只有将观照性的欣赏转变为积极的参与，恢复自然环境与日常生活的连续性，才能重拾因工业主义的膨胀发展而被掩盖的自然美。

中国环境美学的代表学者陈望衡同样关注到了这种由人与环境之间的交互产生的自然美。在他看来，环境美学以"生活"（居）为主题，环境审美体现为"宜居""安居""利居""和居""乐居"五个层次。[②] 可见，环境美学对自然美的发现侧重于人类文明与生活环境和谐共生的整体性。

（2）生态美学与自然美。

区别于环境美学将自然视为自然环境，强调人类与环境的互动性，在 20 世纪 80 年代兴起的生态美学把自然视为生态系统、生命共同体，并将其范围扩大至包括人类在内的所有生物，着眼于整个生态系统的有机性。西方生态美学的奠基人奥尔多·利奥波德认为，在生态学的指导下，人与自然的关系不再是相互独立的，人实际上只是生命共同体中的普遍一员，并没有现代人学所认为的那种超越自然事物的优越性。[③] 换句话说，人类只是自然界中的一部分，人与自然之间的关系应该是相互依存的。因此，人类应该摆脱以人类为中心的观念，更多地关注生态系统的整体稳定和平衡。

生态美学视角下对自然美的发现，是要尊重和保护生态系统，追求人与自然的和谐共生，倡导在欣赏自然的过程中结合科学理解和个人感受，以更深入地理解大自然的魅力和价值。曾繁仁是中国生态美学的先驱者之一，他认为，中国传统生态美学的基本特征是"生生之美"，即注重生命与自然的和谐共存。中华传统文化中所体现的生态精神主张人与自然和谐统一，中国哲学中的"天人合一"是其旨归。

欲学习更多相关内容，请扫描查看延伸阅读 2-2。

生态美学与传统美学相比，在自然审美上的突破在于颠覆了传统的人类中心主义。在曾繁仁看来，自然审美问题主要包含两个方面：一是并不存在一种实体性的自然美，自然美是一种人与自然关系中的美；二是自然审美并非"自然的人化"，而是人与自然共生的审美关系，是诗意的栖居。由此，生态美学不仅是一种美学理念，更是一种生活方式和价值观念。

延伸阅读 2-2

① 贝林特. 艺术与介入 [M]. 李媛媛，译. 北京：商务印书馆，2013：50.
② 陈望衡. 再论环境美学的当代使命 [J]. 学术月刊，2015（11）：118.
③ 程相占. 西方自然美学当代转型的内在逻辑：兼论自然美学、环境美学与生态美学的区别 [J]. 天津社会科学，2021（5）：182.

二、自然美的类型与特征

（一）自然美的主要类型

纵观美学史中对于"自然美"的论述以及人们对世界自然资源的考察，"自然美"可以分为以下三种类型：

1. 壮美

壮美是形容自然事物雄壮、粗犷、刚健、豪放的审美形态，自然景观中的奔腾骏马、百尺飞瀑以及凌空彩虹等都可称为壮美。在中国古典美学中，唐代司空图所说的"雄浑""劲健""豪放"，清代姚鼐提及的"阳与刚之美"都与壮美相通。王国维在《红楼梦评论》中也提到了"壮美"一词，"美之为物有二种：一曰优美，二曰壮美……若此物大不利于吾人，而吾人生活之意志为之破裂，因之意志遁去，而知力得独立之作用，以深观其物，吾人谓此物曰壮美，而谓其感情曰壮美之情"。[①] 这里将西方美学中关于崇高的论述与中国古典美学中的阴阳刚柔说结合起来。西方美学中的"崇高"观与壮美的内涵相近。在康德看来，崇高有数学的崇高，如高山大海的体积，还有力学的崇高，如暴风雨的气势。崇高的特点在于"绝对大"或"无限大"，使人的理性在面对对象时产生超越感观尺度和抗拒恐怖的能力，在内心唤起自己的力量和对对象的优越感，于是感到对象的崇高。如此来说，壮美是人在审美实践中发现和创造的审美特性，是对人的刚强、劲健、豪迈等本质力量的确证，它在内容上体现了人的刚健、豪迈等气概以及一往无前的精神，在形式上表现为粗犷、硕大、高亢、铿锵等特征，给人以强烈的刺激，震撼人心，激起人愉快与振奋相混合的情绪体验。[②]

典型示例

图 2-2 为圣堂山顶壮美景观。站在山顶，仿佛可以触摸到头顶的数条白练般的白云，天空湛蓝，远处的云霞慢慢散去，令人恍如置身仙境。这种震撼人心的自然景观的壮丽之美，只要亲身经历一次便永生难忘。

图 2-2　圣堂山顶壮美景观

---

① 王国维. 红楼梦评论 [M]. 上海：上海古籍出版社，2011：3-4.
② 朱立元. 美学大辞典：修订本 [M]. 上海：上海辞书出版社，2014：54-55.

2. 柔美

柔美指的是事物纤巧、雅致、秀婉、柔和的审美形态，与壮美、崇高、阳刚之美等相对。涓涓细流、静谧的湖面、朝暮的霞光、一望无际的草原、湛蓝的天空与白净的云朵等，都是柔美在自然中的不同形态。中国古典美学中的"阴柔之美""婉约""秀丽"等说法都与柔美相通。清代姚鼐提出了"阴柔"之说，并将其提升至审美高度，"得于阴与柔之美者，则其文如升初日，如清风，如云，如霞，如烟，如幽林曲涧，如沦，如漾，如珠玉之辉，如鸿鹄之鸣而入寥廓；其于人也，漻乎其如叹，邈乎其如有思，暖乎其如喜，愀乎其如悲。"① 这就是将淡雅、高远与飘逸等风格都归入阴柔之美中。西方美学说的"优美"也可作为理解柔美的参照。康德提出，优美带给人的是一种促进生命，使生命处于放松状态的感觉；席勒视优美为人处于松弛、自由、和谐状态中的美；立普斯则认为凡不是猛烈、粗暴的，而是柔和、稳静的便是优美的。可见，柔美最基本的特性是和谐，审美主体与审美客体处于和谐统一的关系中，从而产生单纯、柔和、平静、舒展的感受，使人心旷神怡、神清气爽。

●典型示例

图2-3为象州丰收水库的柔美景观。此时，夕阳的余晖将整个水库染成了金黄色，微风拂过湖面，荡起层层涟漪，而远处的山峦，与水中的树木、近处的渔船，甚至连站在渔船上的渔夫、海滩边上的围栏，都随之轻轻摇动，就像有人正在水库上弹奏着一支优美的曲子。其中的宁静与柔和之美，给人一种抚慰人心的感觉，让人久久沉醉其中，不愿离开。

图2-3 象州丰收水库的柔美景观

3. 奇美

奇美是指事物奇异、独特、神秘、异乎寻常的审美形态。山峰的险峻、钟乳石的千姿百态、自然晶体的奇幻色彩、浩瀚的星空与绚丽的极光，无不展现出大自然的奇异之美。在中国古典美学中，明代李贽的"奇崛"之美，以及清代刘熙载所说的"怪诞""诡异"之美，都可以看作是对奇美的阐释。审美心理学认为，人在审美中有一种基本的、普遍的心理趋向，即追求新的刺激、新的满足，要求对象新颖独特、奇异变幻，提供尽可能多的信息，使人从中探知到未知的世界，享受到未经验过的美感。② 因而可以说，大千世界的种种奇景、奇象、奇观与奇貌能够满足人类与生俱来的好奇冲动，人类由此对自己闻所未闻的新奇事物产生好奇、探知的欲望，获得新的刺激、新的知识和惊奇、新异

---

① 姚鼐. 姚鼐文选 [M]. 周中明，选注. 苏州：苏州大学出版社，2001：174.
② 邱明正. 审美心理学 [M]. 上海：复旦大学出版社，1993：105.

的审美体验。

欲学习更多相关内容，请扫描查看延伸阅读 2-3。

延伸阅读 2-3

（二）自然美的基本特征

一般认为，美主要分为自然美、社会美与艺术美，其中，自然美与社会美共同构成了现实美，艺术美因受到艺术加工而与现实美相对，自然美是自然生成的美，社会美与艺术美是人工创造的美。[①] 如此说法固然方便理解，却也掩盖了自然美内涵的丰富性。杜学敏曾提到自然美在三个层面的不同内涵：作为宇宙本体论美学范畴，自然美即浑然天成，是天地万物自然自足的本然状态；作为社会存在论美学范畴，自然美即自然而然或"从心所欲不逾矩"，是人生最高境界的自由状态；作为艺术即艺术美学范畴，自然美即"芙蓉出水"，是艺术的审美理想或最高境界。[②] 因而从本质上看，自然美与社会美、艺术美之间存在着千丝万缕的联系，这种联系首先体现在自然美同时包含着社会美、艺术美，三者相互影响并相互交融，由此延伸出自然美的三种基本特征，即客观性、人文性与形式性。

1. 客观性

自然作为一种客观存在，具有客观性，主要体现在构成自然美的形状、颜色、体积等是自然物本身的属性，因而客观性是自然美最重要的属性。中国美学史上，20 世纪 50 年代的美学大讨论就针对自然美的客观性展开了论述，其中，以蔡仪为代表的客观派认为美是自然本身的属性，不依赖于人而存在。但需要注意的是，自然美的客观性并不意味着"自然事物的美与不美，则是自然事物本身的事，和人对它的认识、欣赏与否是无关系的"。[③] 在这里，李泽厚的说法能够作为参考。李泽厚以社会性作为出发点来理解美的客观性，在他看来，美是人类社会的产物，它依存于人类的社会生活，其客观性和社会性是不可分割地统一着的。美的社会性并不是美的主观性，而是美的客观性，因为美一方面不能脱离人类而存在，另一方面又不依存于个人的或社会的主观美感。"美是客观存在，但它不是一种自然属性或自然现象、自然规律，而是一种人类社会生活的属性、现象、规律。"[④] 从这个角度上来说，自然美也是一种客观社会存在，因为自然在人类社会中是作为人的对象而存在着的，那么此时的自然就与人类的生活存在着一种具体的、客观的社会关系，它本身已成为一种"人化的自然"。

2. 人文性

上文说到的"人化的自然"，间接说明了自然美的又一个特征：人文性。"人化的自然"最初是由马克思在《1844 年经济学-哲学手稿》中提出，旨在强调人的感觉是由于存在着人化的自然界才生产出来的，[⑤] 因而自然美的产生也是因为原初的自然界受到人类对象化活动的影响。用叶朗的话来说，自然美的发现与欣赏，自然美之所以拥有生命，离不

---

① 朱立元. 美学大辞典：修订本 [M]. 上海：上海辞书出版社，2014：44.

② 杜学敏. 自然审美与自然美的基本特性 [J]. 西部学刊，2014（11）：19.

③ 蔡仪. 蔡仪美学讲演集 [M]. 武汉：长江文艺出版社，1985：9.

④ 李泽厚. 论美感、美和艺术：兼论朱光潜的唯心主义美学思想 [M]//四川省社会科学院文学研究所. 中国当代美学论文选：第一集. 重庆出版社，1984：123.

⑤ 马克思. 1844 年经济学-哲学手稿 [M]. 刘丕坤，译. 北京：人民出版社，1979：79.

开人的胸襟，离不开人的心灵，离不开人的精神，最终离不开时代，离不开社会文化环境。在一个特定的文化环境中，山川映入人的胸襟，虚灵化而又精致化，情与景合，境与神会，从而呈现一个包含新的生命的意象世界，这就是自然美。自然美是历史的产物，① 从而也是建立在自然基础之上的人类文明的产物。自然美的人文性在当代有了新的形态。刘成纪认为，生态美学的出现使自然在美学中的位置有了发生全新变化的必然性，即它不再是单纯需要人赋予意义和审美价值的客体，而成为与人共在的主体；审美活动的实现不再以"自然的人化"为唯一途径，而是增加了"人的自然化"这一反向生成的维度；人与自然的审美关系也不再是单纯的"人审自然"，而是双方在交互主体中的互动和共赏。② 可见，自然美并不等同于风景价值，它的存在也不仅仅是为了人类的愉悦，人文性体现的应当是人与自然的双向互动。

3. 形式性

自然美之所以具有艺术般的表现力，关键在于其形式性。自然美的形式性即存在于自然事物之中的形式美，如色彩、形状、线条和声音都具有特殊的审美意义。从整体上看，自然界的万事万物，无论是山川河流的线条、虫鸣鸟叫的声音，还是花草树木的形状与色彩等，都具有各自的独特形式。从这些形式的交织中体现出的高低疏密、错落有致，使得整个自然能够呈现出和谐而又富有层次的审美效果。此外，自然美的形式性还表现在其动态变化上。自然界的事物总是处在不断运动与变化的状态之中，而这种变化又充满了规律性与秩序感。例如，日月的升降、季节的轮回、生物的繁衍等，这种形式上的动态美使自然美不再局限于静态的景象，而是充满了生机与活力，令人感受到生命的奥秘和伟大。

第二节　自然美的欣赏与体验

自然美既存在于人迹罕至的自然景观中，又与我们的生活环境接轨，因此，对于自然美的欣赏与体验深刻影响到我们在日常生活中的处世态度与生活方式，同时与一个国家乃至人类共同的未来轨迹息息相关。2017 年 5 月，习近平总书记发表题为《推动形成绿色发展方式和生活方式是发展观的一场深刻革命》的重要讲话。讲话中指出，推动形成绿色发展方式和生活方式是贯彻新发展理念的必然要求，我们要坚持节约资源和保护环境的基本国策，坚持节约优先、保护优先、自然恢复为主的方针，形成节约资源和保护环境的空间格局、产业结构、生产方式、生活方式，为人民创造良好生产生活环境。同时，我们应把推动形成绿色发展方式和生活方式摆在更加突出的位置，充分认识形成绿色发展方式和生活方式的重要性、紧迫性、艰巨性。同年 10 月，习近平总书记在党的第十九次全国代表大会上提出了"人与自然是生命共同体"的论断，他指出，"人与自然是生命共同体，人类必须尊重自然、顺应自然、保护自然。人类只有遵循自然规律才能有效防止在开发利用自然上走弯路，人类对大自然的伤害最终会伤及人类自身，这是无法抗拒的规律。"可

---

① 叶朗. 美学原理 [M]. 北京：北京大学出版社，2009：193.
② 刘成纪. 自然美的哲学基础 [M]. 武汉：武汉大学出版社，2008：281.

以说，唯有将保护自然环境的意识与我们的生活方式切实地结合在一起，我们才能够真正地守住自然美，共建人与自然的生命共同体。对此，如何去欣赏自然美，如何在欣赏自然的过程中获得愉情悦志的审美体验，成为我们培养自然审美的观念意识与生活方式的关键。

一、时空变化中的自然美

（一）时间与自然美

1. 自然时间中的自然美

在四季的轮换中，我们常看到春天粉嫩的花朵、夏日凉爽的绿荫、秋天金黄的麦穗和冬日洁白的雪景，这些都是自然美随着时间的推移而发生动态变化的体现。自然时间中的自然美主要分为不同时间同一景物的自然美与同一时间不同景物的自然美两种。

（1）同一自然景物随着季节、气候及时令的变化会呈现出不同形态的自然之美，这是一种令人惊叹的现象。太阳在早晨东升之时朝气蓬勃，在傍晚西下之时悲壮肃穆；风在春天奏响融融暖意，又在秋天传来萧瑟与冷峭。北宋画家郭熙曾言："真山水之烟岚，四时不同：春山淡冶而如笑，夏山苍翠而如滴，秋山明净而如妆，冬山惨淡而如睡。"[1] 自然美的动态变化使自然事物在不同时间呈现出多姿多彩的审美效果，予人以层出不穷的审美感受。

（2）自然时间中的自然美还表现在同一时间不同景物的自然美上。唐代白居易就有"人间四月芳菲尽，山寺桃花始盛开"的诗句。我国南北领土纬度跨越将近50度，东西经度跨越约60度，幅员辽阔，地形地势复杂。清晨的雾气缭绕，傍晚的渔舟唱晚，皆是东海岸线独特的自然美景。南部地区则以热带雨林和丰富的生物多样性著称。热带雨林中的繁茂植被，各类昆虫和鸟类的叫声，构成了一幅生机勃勃的画卷。西部地区则呈现出高山高原的壮丽景色，雪山、草原、湖泊等自然景观给人以静谧和崇高的美感。北部地区以其广袤的平原和丰富的地貌著称，沙漠、戈壁、草原等自然景观展现了大自然的雄伟壮观。辽阔的疆域使不同自然景观能够在同一时间里竞相呈现。当清晨第一缕阳光照亮最东边的海岸线时，位于西部的新疆仍笼罩在漫天星光之下；当大雪还在北方的土地缓缓落下时，南边的山间已繁花似锦，焕发出盎然的绿意。在时间的变换下，不需要人类的点缀，大自然自会给其自身以动人的妆容。

2. 历史时间中的自然美

自然时间的变化为不同景观蒙上了奇幻的面纱，而在历史时间的进程中，自然美同样展现出独特的审美价值。

欲学习更多相关内容，请扫描查看延伸阅读2-4。

大自然既是人类的朋友，也是人类历史发展的见证者。自然中存在着历史的痕迹，而历史事件中也记录了自然奇观。位于宁夏银川的黄沙古渡景区不仅是一个自然景观，更是一处历史文化宝库。它有康熙渡黄河的古渡口，也有昭君出塞和亲留在大漠的月牙湖，它还曾是古代丝绸

延伸阅读2-4

---

[1]　郭思，刘维尚. 林泉高致［M］. 北京：中国纺织出版社，2018：29-30.

之路的重要节点，见证了无数商旅往来和文化交流的场景。江苏苏州的虎丘景区，就有剑池、憨憨泉、试剑石、千人石等多个与历史事件相关的自然风光。杭州的西湖也有三潭印月、平湖秋月、曲月风荷、雷峰夕照等十大人文景观。自然与历史的交织，既使人类亲近大自然，感悟生机勃勃的自然之美，也让自然景观成为领略历史文化底蕴的绝佳之地。

（二）空间与自然美

想要更好地欣赏大自然的美，我们首先需要选择恰到好处的观察位置。大自然的景色多姿多彩，变幻莫测，从不同的观景位置进行欣赏，注意观察的远近、正侧、俯仰等变化，往往会带来截然不同的审美体验。观景位置主要分为远景、中景与近景三种。在山水之间，登高远眺，可以欣赏"会当凌绝顶，一览众山小"的壮美景观；临水而居，亲近自然，则可领略"水光潋滟晴方好，山色空蒙雨亦奇"的清新之美。拿喀斯特地貌来说，远景，是十万大山波澜壮阔的壮美之景；中景，是溶洞内钟乳石奇异姿态的奇美之景；近景，是涓涓细流与花草树木的秀美之景。因此，如何选择恰到好处的观景位置，对于欣赏自然美来说十分必要。

1. 如何欣赏远景

远景的欣赏主要适用于山川大海、瀑布湖泊与原始森林这样雄伟壮阔的风景。当我们登高远眺，在遥远的地平线上，山脉如同巨龙蜿蜒，云雾缭绕，给人以神秘而庄严的视觉冲击。仰观银河般的瀑布，汹涌的水流飞泻直下，磅礴的气势让人们折服。原始森林中，参天大树遮天蔽日，阳光穿过树叶的缝隙洒在大地上形成斑驳的光影，宁静而祥和。图2-4德天瀑布即为远景观赏的代表作。

图 2-4　德天瀑布

2. 如何欣赏中景

中景景观，一般适用于田野、园林、村落等人文与自然相结合的地方。在古朴悠然的村落中，青瓦与田野相互映衬，呈现出和谐美好的乡间生活场景。园林中的石山、流水、亭台阁楼等建筑与绿树繁花相得益彰，给人以清新淡雅的审美体验。图2-5北京颐和园即为中景观赏的典型代表作。

3. 如何欣赏近景

花草、树叶、石头以及昆虫鸟兽等自然生物则需要用近景的方式来观赏。在花草丛中，各种花卉争奇斗艳，花瓣色彩斑斓，散发出浓郁的芳香。散落在林间小道的石头则有大有小，形态各异，或棱角分明，或光滑圆润。此外，近景的独特之处在于能够近距离观察鸟兽昆虫的外貌特征、行动轨迹与生命样态，了解它们的生态习性，从而感受到大自然的神奇与生物的多样性。从远景、中景再到近景的切换，从遥远的山脉到宁静的田野再到近在咫尺的昆虫，我们能够从视角的变换中领略到大自然的无穷魅力，也为我们的生活带来无尽惊喜。图2-6广西上腊江村河即为近景观赏的典型代表作。

图 2-5　北京颐和园

图 2-6　广西上腊江村河

欲学习更多相关内容，请扫描查看延伸阅读 2-5。

延伸阅读 2-5

二、欣赏者的状态与自然美

（一）强健的体魄与自然美的互动

1. 探访自然的身体条件

欣赏自然美少不了在自然环境中长途跋涉，因此，强健的体魄必不可少。野外摄影师可以说是自然美最得力的探寻者和记录者之一，他们所处的地方可能是寒冷的南北极，也可能是炎热的南非地区，还可能是条件艰苦的高原地区，甚至可能是气候多变的无人区，要在这些极端环境中捕捉到自然美的瞬间，没有强健的体魄就无法胜任。所以，拥有一个健康的身体是成为一名优秀野外摄影师的首要条件。尽管我们不会像野外摄影师那样常年处在极端自然环境之中，但我们在户外跋山涉水寻找自然美景时，同样有可能会面对如恶劣天气、身体受伤等突发情况。因此，良好的体能和心理素质是我们探访自然美的必要条件之一。

具体而言，在户外探险、徒步旅行及登高攀岩等活动中，体能至关重要。并且，我们需要具备良好的身体适应能力，没有心脏病、高血压等严重疾病，到高海拔地区时没有严重的高原反应等。同样重要的是，我们还需要具备欣赏自然美的意志动力，这就是说，拥有强健的体魄不仅是为了应对户外赏景时的各种挑战，更是为了让我们的心灵更加充实和坚定。在徒步、登高、攀岩等运动过程中克服困难、挑战自我，能够让我们切实地感受到大自然的神奇力量，从而更深入地理解和尊重自然，使我们在面对生活中的其他挑战时，更加从容自信。

除此之外，在探访自然之前，我们还应该学习一些基本的野外生存知识，掌握一定的野外生存能力。只有具备良好的身体素质和心理素质，我们才能在艰苦的自然环境中以最好的状态来感受自然美的魅力。

2. 与自然互动的身体体验

欣赏自然美，不仅是视觉方面的观察，我们的听觉、嗅觉及触觉等都在发挥作用，因而是涉及全身心感官的审美活动。我们在看到小鸟身上颜色鲜艳的羽毛时，也能听到它们那悦耳的叫声，嗅到花朵散发出的芳香，感受到微风轻抚我们的发丝，阳光照在皮肤上传来阵阵暖意，由此我们身体和心理上的紧张感便得到缓解。正是因为亲近自然对我们的身心均有益处，到自然景区旅行逐渐成为人们缓解工作压力与生存焦虑的主要方式。面对一望无际的蔚蓝大海与雄伟壮丽的瀑布山川，我们的视野会变得开阔，心境会得到提升；仰望生长在悬崖峭壁的坚韧生命，我们不禁会感叹生命的顽强与绚烂；当我们看到百年老树的年轮，亲手触摸粗糙的树皮，感受岁月留下的痕迹，我们的内心将会充满对自然生命的敬畏与尊重。

在旅行的过程中，我们除了感叹大自然的鬼斧神工，还能够感受在这个自然环境下孕育出的风土人情，从繁忙的现代生活中暂时解放出来，获得精神上的喘息。这些身体与自然互动的直观体验，让我们对自然美有了深入的感知与理解，使我们的感官得到充分的刺激和锻炼，也令我们的心灵更为敏锐和丰富。

因此，与自然互动对身体健康的影响显而易见。有研究表明，自然界中发现的一些物质，如负氧离子，可以对人类生理和心理健康产生有益的影响。此外，与在室内环境中进行活动相比，人们在自然环境中散步或骑车通常会体验到更多的积极情绪和更少的疲惫。① 在这个时候，我们就通过实际的审美实践切实地体悟到人与自然生命共同体的深刻内涵，人与自然共生共存，是因为人类同大自然共处一个生态系统，相互影响，相互依赖，因而才有了生命的无限可能。

（二）愉情悦志与自然美的显现

人们的想象力是欣赏自然美的影响因素之一。自然事物的形状、色彩、声音、气味等元素为想象力提供了丰富的素材，自然美的显现往往离不开人们的奇思妙想。在欣赏自然美景的过程中，每个人都可以根据自己的认知和判断，对自然景观展开不同程度的想象。例如，面对一片落叶，有的人会意识到这是秋天到来的讯息，而有的人会联想到落叶归根，这是生命的轮回。

1. 想象力

自然事物的外在形态是人们想象力得以发挥的主要原因之一。溶洞中千姿百态的钟乳石就是施展想象力的天堂，这一个像亭亭玉立的少女，那一个像憨态可掬的小白兔，两层堆叠的钟乳石被命名为"猪八戒背媳妇"，如同石柱般的钟乳石被视为孙悟空的金箍棒，而整个溶洞又被称作宝殿、龙宫与仙境……众人的想象力让本是静态的钟乳石溶洞被赋予了动态的生命之美。此外，自然事物的习性也是人们想象力的切入点。中国古典美学中"比德"观的产生就源于人对自然的想象，荷花之所以有"出淤泥而不染"的品质，是古人观察到它绽放在泥潭中却仍旧洁净无瑕；梅、兰、竹、菊之所以被誉为"四君子"，是因为这四种植物独特的自然属性和习性在人们想象力的作用下被赋予了象征性意义。在民间传说与文学作品中，想象力更是将自然之美发挥得淋漓尽致。以月亮为主题的故事就已数不胜数，嫦娥奔月、玉兔捣药、吴刚伐桂、天狗食月、猴子捞月、玉斧修月等，都是古人对月亮的认识和想象。可见，自然事物在人类想象力的浸润下充满了诗情画意。

---

① 斯特格，范登伯格，迪格鲁特. 环境心理学导论［M］. 于尤尤，高健，马亿珂，译. 北京：中国环境出版社，2016：41—42.

2. 乐观的心态

乐观的心态也是影响自然美显现的关键因素。当我们以乐观的态度面对自然时，就会发现自然界的万事万物都充满了生机与活力，哪怕是一块不起眼的石头、一棵并不挺拔的小树，抑或是一朵颜色不太鲜艳的野花，我们都可以从中看到独特的自然之美。有了这样的心态，无论是面对大自然的挑战，还是面对生活的困境，我们都能够拥有从容应对的力量。

在对自然的审美活动中，乐观的心态主要体现在三个方面：

首先，积极的态度是欣赏自然美的重要基础。当代诗人余秀华在她的诗作《下午，摔了一跤》中写道："提竹篮过田沟的时候，我摔了下去，一篮草也摔了下去，当然，一把镰刀也摔了下去。"[①] 当她摔得四脚朝天，刚刚采好的草也都散落在地时，她没有埋天怨地，而是睁开眼睛，看到"云白得浩浩荡荡，散落一地的草绿得浩浩荡荡"。[②] 可见，拥有积极乐观的心态，总能在看似困难的环境中发现不同寻常的美。

其次，欣赏自然美也需要恒心和耐心。众所周知，想要看到日照金山、孔雀开屏、极光与彩虹以及日出与日落等景象，都需要足够的恒心和耐心。在北京的颐和园，为了拍摄阳光穿过十七孔桥的那一瞬间，再现"金光穿孔"的场面，人们需要提前到达找好机位，而后便开始漫长的等待。而若想亲眼观看长白山天池的神秘真容，更是需要经过长时间的跋涉和耐心的等待。

最后，探寻自然美要懂得知足常乐。即便是在经过漫长的等待过后没能看到彩虹和极光，也不必因此而灰心丧气。尽管最终目的没能达成，但沿途的风景同样赏心悦目。无论是春天的嫩芽、夏天的骄阳，还是秋天的落叶、冬天的雪花，都是大自然赐予我们的礼物。

欲学习更多相关内容，请扫描查看延伸阅读2-6。

延伸阅读 2-6

乐观的心态能够帮助我们欣赏自然美，反过来，欣赏自然美也能够培养我们乐观的心态。当我们摆脱世俗的纷扰，全身心地投入自然的怀抱中时，漫步在林间小道，聆听鸟叫虫鸣，感受微风轻拂，看到山花烂漫、芳草如茵，我们的身心得到舒展，情感也得到满足；仰望星光闪烁的天空，面朝广阔无垠的大海，俯瞰生机勃勃的大地，拥抱天高海阔般豁达的心境。如此，我们不禁感叹生活的美好，也对未来充满了希望。

知识回顾 2-1

欲回顾本章重要知识点，请扫描查看知识回顾2-1。

课后赏析

纪录片《美丽中国》（Wild China）

出品单位：中视传媒股份有限公司
摄制：中国中央电视台（CCTV）和英国广播公司（BBC）
导演：Phil Chapman
首播时间：2012 年 6 月 11 日

---

①② 余秀华. 月光落在左手上 [M]. 北京：北京十月文艺出版社，2020：6.

作品简介：《美丽中国》（图2-7）是第一部表现中国野生动植物和自然人文景观的大型电视纪录片，是中国中央电视台和英国广播公司第一次联合摄制的作品。

影片从长江以南的稻米之乡开始，到酷热的西双版纳雨林、极寒的珠穆朗玛峰、中国的标志长城、中华文化发源地黄河流域以及蜿蜒曲折的1.8万千米海岸线等，历时四年拍摄，使用航拍、红外、高速、延时和水下等先进摄影技术，记录了大量珍贵、精彩的画面。

《美丽中国》分为《锦绣华南》《云翔天边》《神奇高原》《风雪塞外》《沃土中原》《潮涌海岸》六集。拍摄了中国五十多个国家级野生动植物和风景保护区、八十六种珍奇野生动植物和三十多个民族生活故事，展现中国自然人文景观。

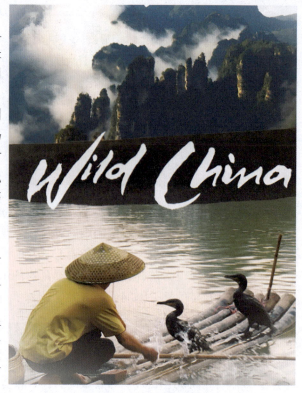

图2-7 《美丽中国》

《美丽中国》曾荣获第30届"艾美奖新闻与纪录片大奖"最佳自然历史纪录片摄影奖、最佳剪辑奖和最佳音乐与音效奖。

 课后思考

1. 自然美在中国美学史上有什么特征？请举例论述。
2. 自然美在西方美学的发展过程中经历了哪几个阶段？
3. 自然美有哪些类型？请举例论证。
4. 自然美的体验需要哪些要素？
5. 在当代美学研究中，自然美有哪些新的转向？

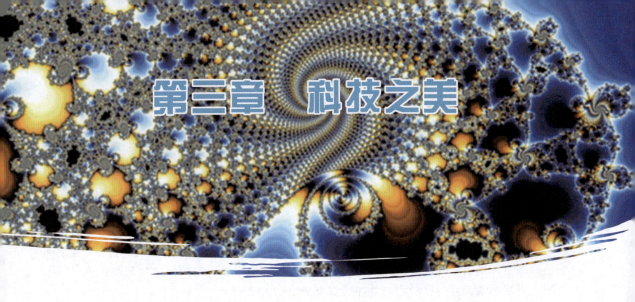

第三章 科技之美

📖 **学习目标**

了解科技美的定义、表现、特征与鉴赏，提高对科技活动审美要素、趣味和特征的认识。

📋 **能力目标**

通过丰富审美认知，增强对科技实践中的美的理解，提升科技美的鉴赏能力。

📚 **案例导读**

图 3-1 是杭州亚运会数字火炬人"弄潮儿"点燃圣火的画面。2023 年 9 月 23 日晚，第 19 届亚洲运动会开幕式在中国浙江杭州奥林匹克中心体育场隆重举行。"弄潮儿"，这个由超过 1 亿名亚运会数字火炬手汇聚而成的"数字火炬人"，经过最后几千米的"奔跑"，最终点燃了奥林匹克中心的"钱江潮涌"主火炬塔，成为亚洲奥林匹克历史上的经典时刻。由此可见，"数字人"已经进入寻常百姓之家，成为日常生活中常见的"科技

图 3-1 杭州亚运会数字火炬人"弄潮儿"点燃圣火的画面

之美"的表现。除了现代体育赛事电视直播，现代科技还运用于人类生活的方方面面，从衣食住行到生产生活，从工作学习到消费娱乐，科学技术及其所创造的各种美轮美奂又方便实用的"人工制品"改变了人类社会的发展模式，重塑了人类审美经验世界。因此，科技实践与审美生活构成了重要的对应关系，科技美也成为美学研究的一个重要领域。

第一节 科技美概述

科技美是科学美与技术美的合称，具体表现为人类从事科学技术活动过程及其结果中所产生和呈现的审美现象与审美形态，主要内容包括"科学研究中的美"和"技术产品中的美"。科学美是人类在科学探索、实验和发现过程体现出来的对于合乎规律性、规范性的结果的一种感性认识；技术美则是人类科学实践所塑造的技术对象中合乎美的规范和感性形态而表现出来的美。因此，科学美是理性精神中体现出来的情感性与韵律感，技术美则是科学实践产品内在功能与外在形式有机统一的结果。

一、什么是科技美？

科技美强调创新性和实用性。它要求科技产品不仅要在功能上合乎人类对真善美理想的要求，还要在外观设计、用户体验等方面体现出其现实价值，也就是说，科学技术造物必须实现"合规律性"与"合目的性"的有机统一。例如，人们在设计与生活、学习与工作相关的智能设备过程中，常常将这些融合了科学技术要素的"人造物"是否具有流线型的外观、清晰的显示界面、美观的造型、舒适的体验感以及超越使用价值的精神气质视为检验它们价值高低的标准，这也是现代人对技术产品中所体现出来的科技美的最直观认识。

科技美也十分注重技术要素与艺术品位的融合。科技进步的核心价值导向是满足人民日益增长的对于美好生活的向往，受声、光、电、全息投影、VR（虚拟现实）/AR（增强现实）/MR（混合现实）、Web3.0、人工智能等新媒体、新技术、新观念的影响，当代科技造物中的美融合了人类社会对于想象性、思想性、观念性、技术性、功能性与趣味性等多重审美要素的共同体验[1]。因此，科学技术的实用性既要服务于产品本身的工具价值，体现其为人类的生存提供便利的社会功能，而且要在精神层面给人类带来舒适、美好与和谐的认知体验。

科技美还强调其功能与美感的生长性与可持续性。虽然科学技术造物的生产以服务人类为价值追求，但也应与人类的生存环境有机融合。人类在追求科技美的过程中，除了强调它们的"实用美"与"功能美"，更要注意它们对人类生活及其环境的影响，如可选择环保的材料和消耗少的生产工艺，以减少对环境的破坏，让科技进步与生存环境和谐相互成全，共同作用于美的可持续发展。

延伸阅读 3-1

欲学习更多相关内容，请扫描查看延伸阅读 3-1。

二、科技美的形态与特征

科技美是一个相对宽泛的概念，主要描述人类文明在科技实践领域所追求的规律性、

---

① 刘海峰，张林川. 关于公共空间中景观雕塑艺术的形态美学探析 ［M］. 雕塑，2021（6）：47-49.

艺术性与审美感知。科技进步及其所引发的"美的观念"的更新与进步会对人类生活和社会发展产生深远的影响。

（一）科技美的基本形态

科技美主要包括科技的形式美、感官美和体验美三个层面，它们之间相互联系，共同构成了科技活动的审美底色。

1. 科技的形式美

科技的形式美主要指的是科技产品在设计、制造、使用和反馈过程中所展现出来的形式美感和艺术内涵。它涉及产品的外观、结构、色彩、材质等多个方面，是科技与艺术相互融合的审美体现。

首先，科技产品的外观设计是形式美的重要因素。一个设计精良的科技产品，其外观往往具有简洁、流畅、对称等美学特征，能够给人带来精神的愉悦和心灵的享受。

其次，科技产品的结构是形式美的重要体现。科技产品通常具有复杂的内部结构，这些结构不仅需要满足功能性的需求，还需要在视觉上呈现出和谐、统一的美感。一些高精度的机械设备，其内部零部件的排列和组合往往呈现出精密有序和谐的美感，这种美感是科技与艺术的完美结合。

最后，色彩和材质的选择是科技产品形式美的重要方面。科技产品通常会采用一些特定的色彩和材质来增强其形式美。例如，高端电子产品会采用金属材质和精致的色彩搭配，以营造出高贵典雅的氛围；智能家电则会采用柔和的色彩和环保的材质，来强调其舒适性和环保性。

◉典型示例

图 3-2 是大众汽车经典甲壳虫款造型设计图。大众汽车的这款经典"甲壳虫"造型，将科学技术设计的日常生活理性（简单大方、舒适流畅）与艺术作品的典雅美观追求（形象复古、赏心悦目）结合起来。这种设计理念凸显了科学技术服务并优化人类生活需求的理念，很好地展示了科技美的文化韵味与艺术内涵。

图 3-2　大众汽车经典甲壳虫款造型设计图

总之，科技的形式美不仅体现在产品的材质和外观上，还体现在其结构与性能层面，体现出"以人为本"的功能属性。科技的形式美为我们提供了新颖的美学视角，使我们以更加全面深入的方式去欣赏和理解科技的力量和贡献。

2. 科技的感官美

美感经验虽然是情景交融、物我同一的"高级精神愉悦"[①]，但它也必须基于人类感

———————————

① 叶朗. 美学原理 [M]. 北京：北京大学出版社，2009：113.

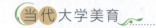

官体验而产生。科技美之所以发生，首先源于科技造物对于人类感官的生理刺激。因此，科技的感官美主要指的是科技产品或技术为人类带来的直观的美的感受，它通过人类受到大脑两半球控制的视觉、听觉、触觉等感官而直接传达。

视觉愉悦是科技感官美的最主要表征。科技产品常以其精美的外观、清晰的画质、丰富的色彩及和谐的造型等要素为人们带来美的享受。例如，数字高清电视/电影、摄像机和投影仪等设备常以其细腻逼真的色彩还原技术为观众呈现出生动逼真的视觉画面。

● 典型示例

图 3-3 是科幻电影《头号玩家》（2018 年）中主人公佩戴 VR 眼镜的场景剧照。3D 数据眼镜和数据服等高科技设备通过在现实和虚拟世界之间建立联系而为用户提供沉浸式的游戏与观影体验，令人仿佛身临其境。

图 3-3　科幻电影《头号玩家》中主人公佩戴 VR 眼镜的场景剧照

听觉快感也是科技感官美的重要因素。许多科技产品通过高保真立体声的音效设计为听者带来悦耳动听的音响体验。无论是智能手机、混合音响还是蓝牙耳机，它们都能通过精准的声音还原和音效处理为用户带来清晰、逼真的听觉感受，让他们沉浸在美妙的旋律之中。

除了视听两种感官体验，触觉、味觉和嗅觉感官也在科技感官美中发挥着重要作用。一些经过精心设计和优化的科技产品或人工环境，通过增强互动过程中的触觉、味觉和嗅觉体验来让用户在使用过程中获得美的感受。如智能手机的触摸屏、电脑的键盘和鼠标以及游戏的手柄和操作杆等通过采用舒适的材质、细腻的触感设计，为用户的使用和游玩行为带来舒适愉悦的触觉体验；一些特殊的电影院通过制造烟雾和香气的手段来增强观众观影过程中的嗅觉和味觉体验。总之，随着科学技术的发展，科技的感官美也会越来越丰富，它为人们带来的感官享受也会越来越多元。

3. 科技的体验美

科技的体验美是形式美和感官美的升华，它主要体现在人们与科技产品互动过程中所获得的愉悦感受和心灵共鸣，这种体验美不仅是感官层面的满足，更是情感、认知和精神层面的愉悦。

科技的体验美是一种综合性的感受，它涵盖了便捷性、高效率、舒适感、愉悦感和成就感等多个方面。首先是功能升级带来的便捷性和高效率。当人们使用一款操作简便、功能强大的科技产品时，他们就能够更快速、更高效地完成任务，获得优质的生活。

其次是新颖体验所激发的好奇心和探索欲。科技产品往往蕴含着先进的科技原理和创新的技术手段，这些对于人们来说往往具有神秘感和吸引力。

再次是人性化设计带来的舒适度和愉悦感。一些智能穿戴设备的人性化设计常常为用户创造出亲切舒适的生活场景，让他们感受到生活的幸福美好。

最后是"智享生活"所带来的成就感和认同感，帮助人类实现"本质力量"的确证。这是科技的体验美最为核心的价值追求。科技的体验美还表现在其不断创新和进步的过程中。随着科技的不断发展，新的产品和技术不断涌现，为人们带来了更多的选择和可能性。

（二）科技美的特征

1. 科技美的形式特征

科技美的形式特征也是多样的。

首先是简洁性。这种简洁性不仅体现在外观设计上，也体现在功能和操作上。科技产品常以简洁明了的形式蕴含丰富深邃的内涵，它不仅有利于用户理解其性能，也方便他们对产品进行操作，从而获得使用的快乐。

其次是均衡性。这种均衡性不仅表现为科技产品物质构成的匀称感，而且表现为其结构形式的对称性，还表现为其整体形态上的平衡、有序、"合目的性"与"合规律性"。

再次是融合性。这种融合性体现在科技产品总是试图将科学和艺术、技术与设计、人工与天然有机融合，构建一种既蕴含人的创造力和想象力，同时又十分符合自然规律的审美产品。在这个科技制品中，各个部分之间相互协调、相互成全，共同构成完整和谐的审美对象。

最后是持久的创新性[①]。科技发展进步的目的不仅是帮助人们追求产品的实用价值，还有为人类不断解放想象力和创造力提供内在的驱动力。

2. 科技美的感官特征

科技美的感官特征主要体现在科技产品通过不同的感官渠道为人们带来丰富持久、深刻细腻和赏心悦目的审美体验上。

首先是诉诸耳目的最直观的视听震撼。科技产品精致、独特的外观设计，流畅的线条组合，和谐的色彩搭配与完整的结构形态，都会给人带来视觉上的冲击，让人产生审美愉悦；音乐、影视与游戏中动感逼真、节奏明快、旋律和谐的音效，能够让听者产生身临其境的沉浸感，充分体验到天籁之声的旋律之美。

其次是作用于人的口腹身心的身体感受与生理刺激。触觉体验丰富了感官之美的内涵与层次，嗅觉和味觉体验扩展了人们对美的想象，而身心的触动增强了生理层面的审美感受。正因为如此，海伦·凯勒才会动情地写道："对我来说，季节变换的华丽场面是一部激动人心永无止境的戏剧，它的情节从我的手指尖上涌流而过。"[②] 从凯勒的实际经验来看，触觉和嗅觉等感官所获得的感受确实可以丰富和升华人类的审美经验。

最后是潜藏于心理-精神层次的隐秘但蕴藉深厚的情感触动。这是一种由科技产品本身的情感蕴藉功能所激发的更深层次的、超越物质层面的审美体验，它主要源于人与人之

① 陈元贵. 大学美育：第二版 [M]. 北京：高等教育出版社，2023：26.
② 海伦·凯勒. 我的人生故事 [M]. 王家湘，译. 北京：北京十月文艺出版社，2005：152.

间情感的共鸣、思想的交流及灵魂的契合。科技产品所承载的传统文化、艺术元素和亲情伦理能够引发人们的心理-精神共鸣。例如，2023 年 1 月，央视《2023 中国诗词大会》节目现场曾惊现一位跨越时空的"先生"——苏东坡数字人。苏东坡数字人是古联（北京）数字传媒科技有限公司（中华书局全资子公司）基于古籍文献和数字技术研发的科技造物，"他"以艺术化的表现形式来呈现其互动功能，让人们在使用产品的同时，也感受到文化传承，接受艺术熏陶。随着这项技术的成熟，数字人在审美领域有望成为人类的"情感分身"，"即通过数字技术将因故去世的亲人人格特征数据化，在数字空间中生成一个类似的'代替人格'载体，用以寄托亲人的思念与情感诉求。"① 由此可见，这种新时代的科技造物对于人类审美领域的扩展具有重要作用。

3. 科技美的体验特征

科技美的体验特征首先体现在它的高度互动性和参与性上。首先，与传统的美学体验不同，科技美更加注重用户的参与和互动。对于网络游戏、数字电影等新媒体艺术作品，用户不再是被动地欣赏，而是可以主动地参与其内容生产的过程，通过操作、控制、反馈等方式与其中的主要角色进行互动，推动故事情节发展，从而获得个性化、多样性的审美体验。

其次，科技美具有跨界的融合性特征。科技产品往往融合了多种技术和艺术形式，如虚拟现实、增强现实、混合现实以及人工智能（AI）等，这些技术的结合为用户带来了前所未有的虚实融合审美体验。当下元宇宙（Metaverse）、通用人工智能（AIGC）和生成式预训练转换器（GPT）等技术不断成熟，科技美的这种跨界融合的审美属性可以更好地服务人类生活，"科技改造生活"的美好愿景也因此更有吸引力。

再次，科技美具有实时性和动态性。科技产品通常具有实时反馈和动态变化的特点，用户在使用过程中可以实时感知到产品的状态变化，并根据需要进行调整。这种实时性和动态性使科技美的体验更加真实、生动和具有挑战性，用户可以在互动中感受到科技带来的无限可能。

最后，科技美具有个性化和定制化的特点。科技产品在设计和使用过程中充分考虑了人的情感需求和心理感受，通过智能化的虚拟交互、温馨的氛围营造及即时性的数据抓取等方式来触动用户的情感。这种定制化和个性化的设计体验更能够引起用户的情感共鸣。

第二节 科技美的鉴赏

一、科技美欣赏中的主体与客体

主体即欣赏者。他们是具备审美感官和审美能力的人类，能够主动地感受、体验、理解和评价包括科技美在内的所有审美形态。主体在科技美欣赏中发挥着主导作用，他们通过自身的感知和理解，赋予科技美以内涵、意义和价值。

客体即欣赏对象。它们包括各种科技产品、科技现象以及科技过程中所蕴含的审美要

---

① 鲍远福．"数字人"如何讲好中国故事［EB/OL］．［2023-09-11］．https://wenyi.gmw.cn/2023-09/11/content_36819910.htm.

素。客体在科技美欣赏中发挥着积极能动的作用，它提供了欣赏的素材和基础，是主体进行审美活动的对象。

在科技美欣赏中，主体与客体之间的关系是相互影响的。主体通过自身的感知和理解去认识和欣赏客体，客体则以其独特的魅力吸引着主体，激发主体的审美情感和审美想象。同时，主体与客体也是相互制约的。客体的客观性和普遍性对主体的审美活动具有一定的限制和约束作用，而主体的审美经验和知识背景也会影响他们对客体的感知和理解。

（一）当代大学生的基本科技美素养

当代大学生的基本科技美素养主要体现在基本科技知识、基本审美知识和跨学科视野三个方面。

1. 基本科技知识

首先是要对基础科学原理有大致了解。科技美的根源在于现代科学的基本原理，无论是物理学中的力学、光学，还是化学中的反应原理，抑或是生物学中的生命机制，都是构成科技美的基石。因此，当代大学生需要掌握和理解这些科学原理。

其次是要对科技发展的历史脉络有所认识。了解科技发展的历程，可以帮助大学生更好地理解科技美的演变和进步。从古代的四大发明，到现代的互联网、人工智能、材料科学及航空航天技术等，科技发展的每一步都蕴含着人类智慧的结晶，也展现了科技美的独特魅力。

再次是要对当前科技前沿动态加以关注。随着科技的快速发展，新的科技应用和产品层出不穷，如航天技术、新材料、大数据、量子计算、物联网、区块链和人工智能大模型等。保持对这些前沿科技动态的关注，可以使大学生感受到科技的美感。

最后要是对科技与人文知识系统的交融有充分的认知。科技美不仅仅在于科技本身的先进性，更在于其如何与人类的生活、文化、情感相融合。因此，需要具备对人文社会科学的基本认识，从而更好地理解和欣赏科技与人文的和谐统一。

2. 基本审美知识

首先是要对美的基本问题、美学史以及美学学科的历史有基本的认识。美的基本问题在古希腊就有了讨论并延续至今。美学学科的创立及其对美学基本问题的阐释影响着人们关于美学思想、美学观念和美学问题的理解。当代大学生应该具备对这些美学问题的理解能力。

其次是要了解人类审美活动的主要内容和基本特征。审美活动几乎涉及人类社会实践的所有精神领域。从"美本质"的大讨论，到美感的分析，再到审美问题的社会学探讨，都涉及了人类对于审美活动和审美现象主要问题域的理解，它们也是构成当代大学生人文素养的重要内容。

再次是要熟悉人类审美活动的主要领域，充分认识人类生活中不同领域共同包含的审美属性。自然美、社会美、艺术美、科技美，构成了人类审美领域的主要方面，这些领域中的相关内容都是当代大学生必须掌握的基础知识。

从次是要从理论思辨的角度对美的基本范畴和表现形式有所了解。美的基本范畴通常是由一些学术性的概念和术语来加以概括的，古今中外美学思想发展过程中形成了九种基本审美范畴，包括优美、崇高、悲剧感、喜剧感、丑、荒诞、沉郁、飘逸与空灵等不同概念，而这些基本概念在欣赏科技美的过程中也有所体现。

最后是要从人类审美经验的普遍性角度了解美育的基本知识，明确美育在当今世界的紧迫性，以此构建属于自己的审美人生。

3. 跨学科视野

要对科技美有深入理解，就需要在审美教育中培养当代大学生的"跨学科思维"与"跨学科视野"，提升他们运用"跨学科素养"认识、分析和解决美学问题的能力。"跨学科概念是帮助学生理解真实世界中复杂现象的思维工具"，科学、技术、工程、数学、社会学和人文艺术领域（包括美学）的内容都"具有跨学科性，能够整合知识获取、方法运用、工具使用以及批判性反思等方面，从而培养学生的跨学科综合素养"[1]。跨学科视野是一种研究和学习的基本方法，它超越了单一学科和专业的界限，旨在将不同学科的知识、理论和方法进行嫁接与融合，以形成对某个问题更全面、深入、多元的理解。跨学科的优点在于，它能够打破传统学科的局限性，拓宽研究或学习的视野，提供更丰富的理论支持和实证依据。

跨学科视野在教育、科研、社会实践等领域也有广泛的应用。例如，在教育领域，跨学科教学已经成为一种重要的教学模式，旨在培养学生的综合素质和创新能力；在科研领域，跨学科研究已经成为推动科学发展的重要动力，有助于解决一些复杂的问题和挑战；在社会实践领域，跨学科视野也能够帮助我们更好地理解和应对社会变革和发展中的各种问题。科技美涉及艺术、设计与科学等多个学科，横跨人文科学、社会科学、自然科学等多个领域，这对当代大学生的跨学科视野要求很高。

（二）科技美对门类艺术的渗透

科技美已经充分渗透到当代艺术诸门类的审美实践过程中，构建了丰富多元的审美话语范式体系。

1. 科幻影视与科幻游戏

科幻影视是采用科学幻想元素作为叙事主题、以科学技术（影像）作为主要意义生产方式、以"未知现象""未来世界""未明经验"为故事情节、以想象力建构为主要手段推动叙事，并最终以新兴媒介作为内容传播渠道，实现创意、运营与消费过程的影视艺术作品集合，包括科幻电影、科幻动漫、科幻剧集以及科幻短剧等多种类型。科幻影视经常使用想象的未来世界和未知经验作为叙事的背景，用宇宙飞船、机器人、外星生物、时间旅行或其他超级科技和超自然现象等元素来彰显它们与现实生活之间的差异。科幻影视在塑造区别于日常经验的"异域""他者"或"怪谈"的同时，也构建了某种"陌生化认知"方式[2]，借此引导观众在领略幻想世界魅力的同时反思现实生活，产生审美愉悦。

延伸阅读 3-2

欲学习更多相关内容，请扫描查看延伸阅读 3-2。

科幻游戏，顾名思义，是以科学幻想为核心元素和叙事内容构建的游戏。科幻游戏是依托于互联网和新技术而构建叙事场景的"电子游戏"的一种，它们通常拥有一个完整且

---

① 范冬萍，杨波. 复杂性科学视野下大科学教育理念与跨学科学习系统策略［J］. 系统科学学报，2023（4）：35-39.

② 苏恩文. 科幻小说变形记：科幻小说的诗学和文学类型史［M］. 丁素萍，李靖民，李静滢，译. 合肥：安徽文艺出版社，2011：4.

独特的科幻世界作为故事背景，辅以精彩的交互性故事线，并结合各种科幻设定，为玩家带来沉浸式的游戏体验。科幻游戏在视觉、音效、剧情等方面都融入了丰富的科幻元素，如未来世界、超级科技、外星文明、时空穿越、末日危机等。玩家可以在科幻游戏中体验到科技的力量和魅力，探索未知的宇宙世界，解决各种科幻谜题，甚至参与星际战争等激动人心的想象性活动。深度的沉浸感、高强度的互动性、跨越现实和虚拟世界的参与感、对新技术的高要求以及游戏世界所构建的"超真实"体验，共同构成了科幻游戏主要的审美话语表达方式。在新技术的支撑下，当代科幻游戏正逐步完成从简单娱乐（人与人的简单互动）到深度娱乐（人与人同人与机器的复杂互动）的功能转化，演变为一种"后人类"的生活方式。科幻游戏所构建的这种"沉浸式的深度娱乐正在实现审美转向"[①]。除了娱乐性质，科幻游戏还具有教育和科普的功能，它们能够激发玩家对未知领域和新知识的好奇心，培养他们的探索精神和科学思维。

欧美国家的科幻游戏一直伴随着其科幻文化产业的发展而发展，从早期的沙盒游戏（如《地牢围攻》《龙与地下城》等）到第一人称射击游戏（如《使命召唤》《辐射》等）再到经营类游戏（如《星际争霸》《第二人生》等），形成了庞大的游戏产业体系。中国的科幻游戏起步较晚，但21世纪以后也逐渐产生具有民族文化特色的品牌，诸如《戴森球计划》《光明记忆：无限》《女娲号》《无尽的拉格朗日》等作品。近年来，随着科技的发展和普及，科幻游戏逐渐成为承载科幻内容的优质载体，越来越多的玩家通过科幻游戏感受到了科技美的魅力。

●典型示例

国产科幻游戏《戴森球计划》（图3-4）作为策略经营类沙盒游戏，彰显出了现代科技的想象之美。虽然模拟经营类游戏的艺术吸引力在各式各样的游戏中被玩家成功验证过了，但《戴森球计划》依然魅力四射。尽管其中的许多科学原理与生活经验有些偏差，但在给自己划定的区域里，它肯定会排在最优秀的队伍里。从当前玩家的游戏体验来看，它是一部潜力爆表、值得更多玩家关注和游玩的作品，尤其是在星际世界中构建自己的工业帝国、面向星辰大海的冒险征途，展示了科学创新与技术想象的审美前景。

图3-4 国产科幻游戏《戴森球计划》（2021年）宣传海报及游戏界面

---

① 孔令顺，彭婷婷. 游戏、科幻与元宇宙：命运共同体的影像建构［J］. 上海大学学报（社会科学版），2024，41（1）：105-117.

2. 新媒体文学与艺术

新媒体文学是指利用新媒体平台进行创作、传播和阅读的文学形式。它融合了传统文学和新媒体技术，利用互联网、移动设备等新媒体平台，通过超链接和网络站点进行文学内容的创作、传播、阅读和再生产。新媒体文学具有更强的互动性、超链接性、非线性和跨媒介性，而超文本小说（hypertextual fiction）是它的早期形式。《牛津英语词典》收录了"超文本"这个词条，并将其解释为"一种不是以单线排列，而是可以按不同顺序来阅读的文本，尤其是那些让这些材料的读者可以在某一特定点予以中断对一个文件的阅读，以便参考文本或图像，这些文本或图像是以相关内容的方式相互连接的"。[①] 1987 年，M. 乔伊斯（Michael Joyce）在美国计算机协会（ACM）第一届超文本会议上发表了超文本小说《下午，一个故事》（*Afternoon, a story*）。他在小说文档每一"页"的底部设置了多重选择的链接按钮，它帮助小说文本实现了故事情节发展走向的多路径选择，点击不同的链接按钮，小说叙事就会走向不同的结局。超文本小说的意义及结局也因读者选择的差异而呈现出多义性和不确定性，从而拓展了文学叙事的深度和可能性[②]。早期的新媒体文学更像是一种带有文学性特征的新媒介技术实验作品。

新媒体文学经过不断发展，如今已经形成类型丰富多样、形态异彩纷呈的"家族谱系"，包括常见的文学类型，如网络小说、网络散文、网络诗歌、网络剧本、网络游戏脚本、"图文体"文学[③]等，以及各种无法明确定义的"文学性"文本的集合。在中文网络世界中，网络文学已经构成当代新媒体文学的主体，并成为中国新时代文化的主要形态。新媒体文学是当代文学发展的重要方向之一，它借助新媒体平台的力量，推动了文学观念的更新和嬗变，拓展了人类想象力的疆域，也为读者带来了全新的审美接收体验。

欲学习更多相关内容，请扫描查看延伸阅读 3-3。

延伸阅读 3-3

3. 人工智能艺术

人工智能艺术是指利用机器语言、程序指令和数据库技术共同作用于创作过程的当代新艺术形态。通过算法语言、深度学习、智能模拟和人工训练等技术，人工智能（机器人）可以在一定程度上模仿人类艺术家的思维方式、艺术风格和审美经验，借助于超级计算机的运演功能，在新媒体平台上"自动"生成具有一定艺术性的作品，这就是人工智能艺术的具体形式。由此可见，人工智能艺术的首要特征是"技术性"，其次是它在思想内容层面对"人性"的模仿，再次是它生成过程的"数据化"和"智能性"。人工智能"作者"意识是一种仿拟人脑意识的双向信息反馈机制，它使得"作者"创作的"机心"趋同于人类的"文心"，并萌生与"文心"相对应的信息化"创作意图"。而"作品"的创造性是基于智能程序对原始素材与（人类）目标意图的对比、模仿、修正与融合，最终产生"艺术创作"的审美形式创造。

人工智能艺术的发展经历了多个阶段。1973 年，世界上最早的人工智能艺术系统 AARON 面世，它能够进行自动绘画。而让人工智能艺术真正走进人们视野的，是谷歌公

① 黄鸣奋. 超文本诗学 [M]. 厦门：厦门大学出版社，2001：12.
② 黄鸣奋. 数码艺术学 [M]. 上海：学林出版社，2005：369.
③ 鲍远福. 语图思维与新媒介"影文体"的意义传播 [J]. 南京邮电大学学报（社会科学版），2018（5）：82-94.

司于 2015 年开发的视觉程序 Deep Dream，它通过更为特殊的算法演绎手段创造出各种足以以假乱真的迷幻画像。此后，诸如 OpenAI 的 DALL-E、微软的 NUWA-Infinity、英伟达的 GauGAN、开源的 Disco Diffusion 以及中国百度公司的"文心一格""文心一言"等人工智能绘画软件/程序接连诞生，人工智能艺术正以前所未有的速度崛起。

人工智能艺术包含两种主要形式：

一是人工智能作为艺术家的创作辅助工具，由艺术家主导和操控其完成的艺术作品。最具代表性的就是人类操纵人工智能大模型绘制出来的静态或动态的图像/影像作品。

● 典型示例

图 3-5 是国内大模型"文心一言""随机"绘制的风景画。人工智能绘画在技术大模型日趋成熟的当代依然是新鲜事。这幅由国内大模型绘制的风景画，将古典绘画的韵味与现代科技的质感有机结合起来，远处的高山科技感十足，空中的骄阳与云层错落有致，近处的湖泊和树影笼罩在祥和的烟云之中，欣赏者从中可以看到清晰致密的色彩呈现，也可以领略源于传统绘画艺术的内在意境追求。

图 3-5　国内大模型"文心一言""随机"绘制的风景画

二是人工智能作为类似人类艺术家这样的创作主体，发挥其"主观能动性"和"智能制造"的特点，在没有人类干预的前提下自主创作出的艺术作品。2024 年 2 月 15 日，OpenAI 公司发布了首个文生视频模型 Sora。Sora 不仅是一个简单的视频生成工具，更是一个能够理解和模拟现实世界的智能系统。依托文字描述的 Sora 能够迅速生成长达 1 分钟的复杂视频，其中包含多个角色、特定类型的动作，以及精准的主题和背景细节，从某种程度上讲，人工智能程序已经像人类一样自主"思考"和"创作"了，这一划时代的成果也宣告了人工智能技术在科技美创造领域的全新突破。

图 3-6 是由文字生成视频的 Sora 大模型制作完成的"树叶大象"视频中的一帧。科学技术这种无中生有又能隐藏人类以往审美经验的能力令人叹为观止，其本身也是一种科技美的体现。

人工智能技术不仅改变了当代艺术创作的方式，也改变了人

图 3-6　2024 年 3 月 18 日 Sora 生成的"树叶大象"

们对"艺术作品"的认识，更对艺术品的审美鉴赏和体验产生了明显的影响。"当机器说出它的感受和感知经验，而我们相信它们所说的是真的时，它们就真正成了有意识的人。"① 当我们相信人工智能创制的视频是真的时（比如我们相信真的存在"树叶大象"），那么人工智能本身也取得了同人类艺术家一样的"主体性地位"。这一转变不仅仅是"奇点来临"那么简单，它对人类审美经验的重塑作用也是划时代的。这是因为，通过数据抓取、自主生产和智能制造而产生的人工智能艺术作品为我们提供了全新的审美体验。同时，它引发了人类关于艺术作品、创造力、想象力和人类主体性的反思，进一步促进了审美话语体系的嬗变。

二、科技美欣赏中的人文伦理

在欣赏科技美的过程中，主体性问题是一个核心话题。

首先，观众在科技美欣赏中并非被动地接收信息，而是积极地参与和创造。他们通过自身的感知、理解和想象，与科技作品进行互动，从而产生独特的审美体验。

其次，科技美欣赏中的审美过程也是观众自我表达的一种方式。在科技作品所构建的审美艺术世界中，观众通过自己的审美选择、评价和反馈向外界展示自己的审美趣味、价值观和思维方式。这种自我表达的公共性也促进了不同主体的交流和对话。

最后，这种主体性体现在欣赏者对科技作品的再创造上。科技作品中的美往往具有开放性和多义性，欣赏者可以根据自己的理解和想象，根据自身的科学素养和艺术储备对作品进行再解读和再创造。

综上所述，在科技美的欣赏过程中，审美主体的确证主要通过以下三个方面实现：

1. 综合感官的调动

在科技美欣赏中，综合感官的调动是一个关键过程，它涉及视觉、听觉、触觉、嗅觉和味觉等多个感官的协同作用。综合感官的调动在科技美欣赏中具有多方面的意义。它能够使观众更加全面、深入地了解和感受科技产品的美感和价值，提升整体审美体验的质量。同时，通过调动多个感官，观众能够更加深入地参与到科技美的欣赏过程中，与产品产生更强烈的情感共鸣。

2. 沉浸体验

科技美欣赏中主体的沉浸体验与作品的生成机制是相辅相成的。沉浸体验是观众在欣赏科技作品时因为多感官的参与而达到忘我、专注与投入状态。这种完全沉浸在虚拟场景中的体验能够极大地增强观众对作品的感知和理解，营造"共情"的审美体验。与此同时，科技作品的意义生成过程（从构思、设计、制作、呈现到接收诸环节）也完全服务于构建这种"如梦似幻"的虚拟现实互动情境，以最大限度地满足观众的这种"沉浸体验"，使之获得审美愉悦。因此，在科技美的欣赏中，观众的沉浸体验与作品的完成机制相互作用。一方面，作品的完成机制为沉浸体验提供了可能；另一方面，沉浸体验又能深化观众对作品的理解和感知，使作品的意义得到最完美的呈现。

---

① 雷·库兹韦尔. 人工智能的未来：揭示人类思维的奥秘 [M]. 盛杨燕，译. 杭州：浙江人民出版社，2016：203.

3. 科学与审美的融合

人类的科学与审美活动看似是两个截然不同的领域，但是在科技美的欣赏过程中，人类科学理性与艺术审美之间可以完美地融合在一起。这种融合不仅拓宽了审美实践的内容边界，也提升了科技产品的人文品质。

欲学习更多相关内容，请扫描查看延伸阅读3-4。

延伸阅读 3-4

值得一提的是，科学为审美提供了丰富的素材和灵感。科学的发展不断揭示出自然界的奥秘和美丽，从微观的粒子世界到宏观的宇宙图景，都为艺术家们提供了无尽的创作源泉。例如爱因斯坦的质能转换公式在形式上就具有一种简洁凝练的美感。另外，审美也可以推动科学的发展和创新。艺术家们对世界的独特感知和表达方式，也可以激发科学家们的想象力和创造力，推动他们去探索未知的领域。因此，通过科学与审美的结合，人类可以更加深入地理解和探索世界的本质，丰富自己的精神世界。在科学和艺术的共同推动下，人类还能够创造出更加先进、美好、和谐的社会体系，推动人类文明朝高质量可持续的方向发展。

知识回顾 3-1

欲回顾本章重要知识点，请扫描查看知识回顾3-1。

课后赏析

《科学之美：改变世界的前沿科学漫谈》

作者：墨子沙龙，朱燕南，潘杜若
出版社：人民邮电出版社
出版时间：2023年4月

作品简介：《科学之美：改变世界的前沿科学漫谈》（图3-7）中所选入的作者不乏诺贝尔奖、沃尔夫奖、突破奖等重要奖项获得者。本书共分为五个部分，分别为科学·思考·畅想、走进量子世界、探寻未知世界、新材料和新技术、生命科学的意义。哪怕跨越了千年时空，跨越了万里重洋，人类也会不约而同地选择去探索科学。在本书中，读者将了解到科学家们探索的动机是什么；量子计算跟数学计算有何不同，它强大的计算能力从何而来；"生如夏花之绚烂，死如秋叶之静美"，现代生物学如何解释生命和死亡；为什么要了解生物的结构；什么是引力波，引力波天文学将带给我们什么……对于这些深刻而充满诱惑力的问题，伟大的科学家们为读者分享了他们的思考。本书既有对前沿科学问题的探讨，又充满了科学家对科学人生的思索，非常适合对科学感兴趣的读者阅读。

图 3-7　《科学之美：改变世界的前沿科学漫谈》

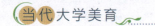

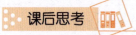课后思考

1. 请结合人类科技的发展历史，谈一谈科学技术与人类美学观念更新的关系。

2. 科学美和技术美的区别和联系是什么？

3. 如何理解人工智能艺术的审美艺术特征？

4. 科技美的发展对审美活动中人的主体性产生了哪些影响？请举例说明。

5. 在欣赏科技美的过程中，我们应该如何规避科学技术滥用引发的伦理风险？

6. 科技美与审美教育有什么关系？谈谈你的理解。

第四章　生活之美

 学习目标

了解生活各方面审美知识，提高生活审美素质、生活审美趣味。

 能力目标

通过丰富审美认知，增强生活审美意识，提升生活美的实践能力。

案例导读

袞（gǔn）服本指袞冕服，明英宗时将袞冕服的十二章纹加于常服上，成为其后皇帝视朝时通常穿着的礼服。自此皇帝常服改称"袞服"成为定式。图4-1为展出于中国国家博物馆的明朝黄缂丝"十二章纹"皇帝袞服。它在形制上为圆领、大袖、右衽、窄袖口的袍式。在织造工艺上，通体采用的是相传"一寸缂丝一寸金"的织中之圣——缂丝工艺，颜色为象征皇权的明黄色。

图4-1 袞服

在纹饰上，采用的是十二团龙和日月星辰的十二张吉祥图案，分别缂织在前后身及两袖部位，中心为一条蛟龙，两侧为八吉祥纹样，每一团龙又单独构成一组圆形图案，周身还遍布二百七十九个佛家万字（"卐"）、二百五十六个"寿"字、三百零一只蝙蝠、二百七十一个如意图形，十二章纹包含了至善至美的帝德，其余纹饰则有万寿洪福、吉祥如意的含义。袞服表现出服饰之美，它是生活美学中的组成部分。

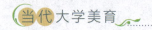

第一节　生活审美表现

美学，在生活领域，不仅是一种关乎"审美生活"之学，更是一种追求"美好生活"的幸福之道。不管是与人们基本生活息息相关的衣食住行，还是艺术生活方式涉及的琴棋书画等，当人们怀着对美的追求，生活便展开为一幅美妙图景，耐人寻味。

一、服饰之美：身体的美饰

服饰之美不仅是学习服装的款式、色彩、材质等外在形式，更重要的是理解服饰背后的文化、历史、审美观念，以及它们如何表达个人身份、情感和社会价值。作为身体的美饰，服饰审美与人体自身息息相关。大学生应当建立健康的服饰审美观念，提高审美品位。同时，学习服饰美学，不仅能够提升自己的审美能力，还能学会如何通过着装来表达自己的个性和情感，增强社会交往能力。

（一）服饰之美的概念

美，是一种复杂的体验和感受，它既包括视觉上的愉悦，也包含对事物内在价值的认识和欣赏。对于作为人身体外延的服饰，刘熙在《释名》里认为："衣，依也，人所依以芘寒暑也。""裳，障也，所以自障蔽也。"刘熙解释了衣裳的基本实用功能，即有保护、遮蔽之用。实际上，除了御寒保暖、防护自避的最基本的实用性功能，作为"人之盛饰"，服饰更有其社会文化象征功能和艺术审美的功能；因此，人们可以从服饰中分辨出社会成员性别、民族、职业身份地位以及一定程度的文化修养和审美观念；而当服饰的依存背景——人与社会为时间所消解后，服饰本身所包含的穿着、象征与展示的三重性，直观上便只剩下展示艺术性审美对象的一面。

服饰之美，既是一种视觉艺术的表现，也是文化、社会、个人思想情感的外化。当我们用审美的眼光审视服饰时，便可以从外到里感受到服饰形制、元素、织造、配色配伍上匠心制作的工艺美、艺术美，以及服饰背后的设计理念所包容的美好诉求、文化底蕴美等，并为其造型工艺、文化意蕴、艺术风尚和情思向往所吸引所打动。

（二）服饰与人类文化

郭沫若先生曾在1956年为北京服装展题词："衣裳是文化的表征，衣裳是思想的形象。"从古至今，服饰一直是文化交流的重要载体，是价值关切和意识形态的外显，服饰形象可以不假语言向人们传达美好情思。人们将寄托和向往物化为具体的服饰。作为文化表达的一种形式，服饰不仅是个体的随意选择，更是文化传统、社会价值和集体认同的反映。在不同的文化背景下，人们对服饰之美有不同的理解和追求。

不同文化背景形成服饰审美的差异。在东方文化中，服饰美学往往强调自然和谐、内敛含蓄。中国的旗袍以其优雅的线条、含蓄的设计来展现女性的温婉；日本的和服则通过精致的图案和层次感的搭配，表达对自然美和季节变换的敏感；韩国的韩裙、印度的纱丽、越南的奥黛等，都用自己的方式展现着各自民族文化理解和传承中的韵味。西方的服饰美学则更加注重形体的展现和个性的表达。从古希腊罗马时期对人体美的赞美，到现代时尚界对创新和个性的追求，西方服饰美学展现了对理想形体的追求和对自我表达的重视。

服饰是文化身份和社会地位的重要标识。特定的服饰风格、图案和配饰，可以展现出个体或群体的文化背景和社会归属。例如，非洲部落常常通过色彩鲜艳的布料和传统图案来表达对祖先和土地的敬意；苏格兰的格子裙则是苏格兰文化的象征，反映了对家族传统的尊重。

在服饰文化历史漫长的发展过程中，也出现过一些社会审美心理的异化现象，如：古代中国有"楚王好细腰，宫中多饿死"的记载；西方有追求腰肢苗条而风靡一时的束腰，束腰过程中因肋骨过度受压而插破内脏致死的情况在 19 世纪的欧洲屡有发生；还有非洲巴东族以"长颈"为美，给妇女终身戴上沉重的铜圈等。这些都是以伤害身体健康为代价的畸形审美观念，是本末倒置的，应予以摒弃。

服饰美的文化内涵丰富而深刻，它不仅展现了人类对美的追求和欣赏，更反映了文化传统、社会价值和个体身份的多样性。通过了解不同文化中的服饰美学，我们可以更好地理解和尊重世界的多样性，促进文化交流和理解。服饰作为一种文化表达，激励着我们不断探索和创新，以更加开放和包容的心态去欣赏和融入这个多彩的世界；同时，在信息发达、审美乱象丛生的当代，也要注意甄别，树立健康、积极向上的审美意识，提高个人审美素养。

(三) 服饰的外在形式美

造型（款式）、色彩、面料（材质）是服饰设计中符号性质层面最基本的元素，也是服饰外在形式基础三要素。其中，造型（款式）是直观呈现服饰特色的元素，如流传几千年的传统中国袍服的基本形制特色是一片式的褒衣博带，而西方服饰总体来说是更精确裁剪的合体修身，二者从造型（款式）上呈现出巨大的差异。色彩能够引发不同的情感反应，表达不同的风格和意境；了解色彩理论，如色彩的三原色、色轮、色彩心理学，可以通过运用色彩搭配原则，增强服饰的视觉冲击力，表达特定的情感和风格。材质面料是决定服饰风格和功能的重要因素，从天然纤维到合成纤维，不同的材质有着不同的特性和美感；了解各种材质的特点，如棉、麻、丝、羊毛的舒适性、透气性、保暖性等，以及如何通过材质的选择和搭配，来创造出既美观又实用的服饰。在以上三元素基础上，辅以图案纹样、配饰配伍等，多元素相辅相成，依照形式美法则，即变化与统一、主次、比例、平衡（对称与均衡）、节奏与韵律、强调与细节等，共同织就人们的审美之裳。除此之外，服饰的外在形式美还通过风格、工艺、配饰、图案纹样等元素体现。

(四) 服饰的内在意蕴美

服饰的内在意蕴指服饰呈现出的意象世界，是着装者或设计师的思想、情感、意义、概念、精神和要表达的理念，在服饰上呈现时人的审美观念，相比外在形式有更高层次的审美价值。例如，中国古代"王权"体现在帝王的冕服上，等级尊卑落脚于官员"补子"图案上，阴阳五行与"天人合一"理念践行在服饰"五行色"中。西方中世纪神权附身于哥特式建筑特色的服饰上，贵妇的尖顶帽、绅士的尖头鞋以及服装左右不对称的奇异色彩，与建筑的尖塔拱门和彩色玻璃遥相呼应。图 4-2 为身着洛可可裙的法国蓬皮杜夫人，此图将"以繁为美"的观念展现在巴洛克、洛可可繁缛奢华的衣裙上,将女子对玲珑曼妙凹凸有致的审美向往具化为"束腰"、膨大的"裙撑",将男子对力量的追求依托在羊角袖、垫肩的设计上……服饰的内在意蕴,是克莱夫·贝尔[1]"有意味的形式"之意味,也是使服饰美得更深刻的原因。

图4-2　身着洛可可裙的法国蓬皮杜夫人

(五) 服饰搭配的艺术

服饰搭配是一种日常生活中的实践艺术,它涉及服装与环境、服饰美与人体的搭配。与环境,中国古有谚语"花下宜素服,对雪宜丽装",而国际上将服装与环境的关系概括为 TPO (Time/Place/Occasion) 原则,讲究外观在情景架构中所具备的社会意义与环境的映衬须合时宜;与人体,对于色彩、配饰的选择与组合,需要结合自身肤色、形体、气质等来扬长避短,通过搭配来表达个人风格和情感,帮助人们在日常生活中更好地展现自我。

二、饮食之美:舌尖上的美味

中国古语有云:"民以食为天。"饮食作为人类生存的基本需求,除了基本的果腹作用,在物质资料丰富不愁温饱的今天,更是人们享受生活、领略美感的重要途径。钱学森先生也主张将饮食烹饪纳入艺术领域。而饮食之美相较于其他艺术形式,其特别之处在于,除了能直接调动味觉,饮食还能同时调动诸多审美感官共同作用。美食之于舌尖,犹如画作之于眼睛,音乐之于耳朵,它不仅满足味蕾的需求,更触及心灵的深处。一道道精致的菜肴,其色、香、味、形和谐统一,带领人们进行一场场美妙的体验之旅,激发了人们对美好生活的无限向往。

(一) 饮食的官能体验美

1. 色之美

饮食之色调动视觉官能,是食物给人的第一印象,色之美指食材、食物颜色新鲜、艳丽,火候到家,搭配协调。一盘色泽鲜艳、层次分明的佳肴,能够瞬间吸引人们的目光,激发人们的食欲。红色的番茄、绿色的青菜、黄色的玉米……这些大自然赋予的色彩,不仅美观大方,更蕴含着丰富的营养。而烹饪大师们通过巧妙的配色技巧,使食物更加诱人,令人垂涎欲滴。

2. 香之美

香气是食物的挥发性物质,刺激人的嗅觉,是食物的灵魂。一道美味佳肴,往往在香气四溢中展现其独特魅力。炖、炒、烤、蒸……不同的烹饪方式,激发出食物不同的香

---

① 克莱夫·贝尔 (Clive Bell, 1881—1964),英国形式主义美学家,当代西方形式主义艺术的理论代言人. 他在《艺术》一书中提出,艺术是一种"有意味的形式"命题.

气，再辅以香料的运用，更让香气千变万化。八角、桂皮、香叶等传统香料，与现代的各式调味品相结合，共同谱写出一曲曲美妙的香气乐章。

3. 味之美

味道是食物的核心。烹调之调，即中国讲究的酸、甜、苦、辣、咸"五味调和"。"恰到好处"即味觉上的和谐之美，不同味道比例以及主味的呈现，又使菜肴各具风味。糖醋里脊的甜酸可口、麻辣火锅的麻辣鲜香、清蒸鱼的细腻鲜美……辅以清茶解腻、辣酒助兴，搭配得宜，味觉体验直接连接心灵享受，让人们在品尝的过程中，感受到生活的多姿多彩。

"色香味俱全"是一道合格美食的基本要求，也是烹饪技巧下饮食本身具有的性质，而当饮食被赋予了人文内涵，美食才拥有了深层次的美的品格。

(二) 饮食的人文赋能美

可以说，饮食的历史就是人类的历史。在漫长的人类历史中，饮食衍生出丰富的文化内涵，在饮食色香味之外的追求，即是人们对高品质生活向往的表现。

1. 造型美

造型是饮食追求艺术的体现。高级精致的餐饮讲究摆盘装饰和雕琢造型（图4-3），而造型又是丰富多样的。如中国菜肴的造型就有动物、花卉、风景、文字等形状，或简约大气，或精致小巧，或栩栩如生，或意境深远……形态各异、造型多样的饮食呈现，不仅赏心悦目，还给人以高艺术品位满足感。

2. 餐具美

美食必伴以美器，盛装美食的碗碟盘杯勺筷等，不仅要求工艺精巧、式样新奇，如精美的"九龙杯""琉璃壶""盘龙碟"等，以及朱漆皮胎彩绘葫芦式餐具盒（图4-4），而且讲究彼此配套、整齐划一、色调和谐；更要与食物相配，古有"葡萄美酒"须配"夜光杯"，今有牛奶马克杯、红酒高脚杯等。另外，餐具的金、玉、瓷等材质也与场合以及主人身份匹配。讲究的餐具能使人们获得更愉悦的进餐体验，是影响审美心理的重要一环。

图4-3　食雕艺术　　　　　图4-4　朱漆皮胎彩绘葫芦式餐具盒

3. 名称美

江苏徐州名菜"霸王别姬"原名为"龙凤烩"，其实是王八（鳖）和鸡的炖菜；"百年好合"是百合煨莲子；"龙凤呈祥"是炖鸡肉蛇肉。这些菜名或者雅致巧妙，或者寓意深刻，或者引发人的好奇心，都能给人以趣味性的美感享受，令人印象深刻。

4. 礼仪美

《礼记·礼运》中有言："夫礼之初，始诸饮食。"[①] 从最初的祭拜祖先神灵，到后来的强调社会等级秩序，以及现在为展现尊重和教养，从进食方式到筵席宴飨，古今中外都有宴请规则和餐桌礼仪。古代王公贵族待客时"以乐侑食""钟鸣鼎食"，以乐舞助兴以增进食欲。如今，我国有"食不言""筷子不可插立饭碗"等要求，西方人就餐则对刀叉使用和摆放有严格要求，这些无不充斥着人文礼教之美。

延伸阅读 4-1

总之，饮食不止满足人的口腹之欲，更蕴含丰富的审美文化价值。可以说，我们在品味美食的同时，也在品味生活，领悟美妙人生。

欲学习更多相关内容，请扫描查看延伸阅读 4-1。

第二节　生活审美追求

一、乡村生活：质朴自然的呈现

在质朴的乡村自然环境中，"无丝竹之乱耳，无案牍之劳形"更容易使人实现"向人的自身复归"的目的，所以陶潜归园田居时悠然叹道"久在樊笼里，复得返自然"。法国启蒙运动领袖卢梭也认为人的出路在于"回到自然"。在快速发展的现代社会中，乡村生活以其独特的魅力和质朴自然的生活方式吸引着人们的目光。

（一）自然乡村生活之美

以审美视角观察乡村自然环境，会产生乡村生活方式的审美体验。公鸡打鸣唤醒清晨，潺潺溪水从田野旁蜿蜒而过，灶台内火光闪烁，屋顶上炊烟袅袅……这宁静自然、充满烟火气息的乡村日常，便是"倦鸟"们记忆深处要归的"巢"，是游子们安放乡愁的"窝"。可以说，乡村居民的依恋、城市居民的向往，宿命感和归属感共同筑就出乡村生活诗意栖居的记忆场域，自然乡村拥有"貌其本荣，如所存而显之"就让人流连忘返的魅力。

除了景色优美、怡然自乐，乡村生活的美还体现在其生活中的点点滴滴。如农耕文化、民风民俗中蕴含着智慧和美德；又如传统民居、古桥水榭等乡村建筑中蕴含居住美学中的简朴与和谐共生的审美理念；还有民间绘画、编织、陶艺、剪纸、民族服饰等乡村手工技艺，如东丰农民画、满族剪纸、象山竹雕，还有民歌、劳动号子等：展现乡村美学的丰富多样及其宝贵的美学价值。

乡村文化传统中的美学精神深植于敬畏自然、崇尚简朴、重视社群和谐等。例如，中国的传统村落建筑遵循"天人合一"的哲学，如安徽黄山脚下的宏村，位置讲究依山傍水，其古朴的徽派建筑与周围的自然景观融洽缱绻，呈现一派自然景观和人文布局的和谐

[①]　戴圣. 礼记正义·礼运第九：卷 21 ［M］. 阮元校刻. 十三经注疏. 北京：中华书局，1980：1415.

共美。而非洲的马赛村落，则通过共同参与部落仪式和庆典，强化了社群间的紧密联系和和谐，体现出区别于城市生活的邻里和美等精神。以上这些都呈现出人类最纯粹质朴的审美样态。

（二）艺术介入的乡村之美

萨利派村是波兰克拉夫市的一个小村落，在艺术家的介入下，这里的民居、教堂、食堂等建筑体内外皆被绘上花卉图案。彩色花卉元素遍布该乡村每一个角落，连交通指示牌、养蜂箱、屋外墙体和村民屋内陈设都有花卉元素的介入，使这个寂寥的村庄充满了生气和童话色彩，吸引了大量的外来游客，在美化乡村生活的同时，促进了当地经济的发展。

不得不说的是，如今我国的乡村艺术建设工作也发展态势良好。2023 年 12 月 9 日，"中国乡村美育联盟"揭牌仪式暨主题论坛在上海市宝山区罗泾镇举行，该联盟的成立，旨在联合全国高校的艺术力量，广泛深入地开展乡村美育工作，将艺术的种子播撒在乡村的大地上。目前，我国有很多乡村在艺术改造后变得更美，当地人的生活也因此变得更好。

江西婺源被誉为"中国最美的乡村"，只因当地将普通的油菜花景观打造成了一种令人震撼的美丽而壮观的人造景观——江西最美丽的油菜花在婺源江岭和篁岭（图 4-5）。走进江岭和篁岭，粉红的桃花、洁白的梨花，与层层金黄的梯田油菜花、白墙黛瓦的民居相辉映，构成一幅唯美的天然画卷。婺源篁岭为了让人高空赏花，还打造了一条 300 米的高空栈道和一条 1 260 米的索道，使游客可以俯瞰整个油菜花海。坐高空缆车俯瞰烟雨云霞下万亩梯田花海和梦幻田园，让人春心荡漾，浪漫心爽。婺源篁岭也因此被誉为"全球十大最美梯田"之一。

图 4-5　江西婺源篁岭的油菜花景观

乡村艺术建设的手法多样，除了如江西婺源自然风貌的艺术改造，还可以以艺术为功、以美为媒、以数字技术等现代技术为手段，结合节日庆典、民风民俗、手工艺品、信仰观念等一切有形和无形的因素对乡村空间进行再生产，如组织民俗歌舞活动和美术创作，建立"乡村博物馆"等。

总的来说，艺术介入乡村是要从让乡村生活更美好的角度出发，通过整理地方人文资源，挖掘和展示其宝贵价值。而经过艺术化改造的乡村景观和空间也越来越贴合城市游客

对古老乡村的浪漫想象和审美趣味，因此，乡村艺术建设在振兴乡村的同时，为乡村生活美学内容也增添了浓墨重彩的一笔。

(三) 现代视角下的乡村生活美学

在现代社会背景下，乡村生活美学的版图有了新的内容。它除了探讨如何保护和发展乡村生活的美学价值、民俗非遗传承、传统文化保护，以及分析城乡互动、乡村旅游、乡村振兴等现代发展策略如何与乡村生活的美学追求相结合，从而探索可持续发展的新路径，还被重新诠释为一种追求自然、简约和真实的生活方式。现代乡村生活美学强调从繁忙的都市生活中抽离，回归自然与宁静的怀抱。例如北欧的乡村设计，以其简洁的线条、自然的材料和对光的精妙运用而闻名，因而"北欧风"也成为现代人在建筑装修上喜爱的一种简约风格；又如日本的侘寂生活哲学，因其崇尚简约、质朴、自然事物不完美中的美感而颇受追捧；再如越来越多的城市居民寻求周末田园生活体验，如参与有机农场的劳动、住进乡村小屋等，不仅体现了对健康生活方式的向往，以及对乡村生活平和、节奏缓慢特质的欣赏，也揭示了现代人对乡村生活美学的新理解和新需求。

二、城市生活：喧嚣繁华的精致

在快节奏、高压力的城市生活中，寻找和创造美的空间成为现代人的一种挑战和必需。发现城市生活中的美，在繁忙的日常中保持精致的生活态度和审美追求，有助于提升生活品质和精神境界。

(一) 城市自然风貌之美

城市因其庞大包容而成为具有审美意义的艺术，即仅从视觉层面进行观照，城市就已具备审美对象的属性。城市中纵横交错的交通设施、车水马龙的街道和川流不息的车辆，林立的高楼大厦、恢宏的地标建筑，以及搭配其间的园林绿地、湖泊河流等自然景观，每一处都是一幅生机勃勃的城市生活美景。

城市的物质审美图景包括自然与人工两种，而由物质要素构成的城市空间的外部形体，即城市轮廓线，以及城市各构成要素，如建筑、植物、山脉、水体等，它们所具有的对称、比例、均衡、秩序、节奏等统一与变化的相互关系，具有某些形式美的特征，符合形式美的规律，这些形式美规律与人类在长期历史发展中所形成的深层心理结构相对应，形成一种同型同构的关系，从而引起人心理上的满足，让人产生美感[1]。

(二) 城市人文气质之美

作为"文化的容器"，城市积淀着人类的审美体验，灌注着住民的人文情怀[2]。城市里的人文气息赋予钢筋水泥的城市以丰富的"人情味"，使城市生活不再苍白乏味。而在城市的历史中，审美与人情的元素交汇，彰显出独特的地方个性，成为连接城市与人的重要纽带，因而不同类型的城市因其不同的人文风貌而各有独特的美感。

1. 历史底蕴古都型

这类型的典型城市有北京、西安、南京等。北京的故宫、颐和园，西安的大小雁塔、

---

① 马武定. 城市美学之一 [J]. 规划师，2000（4）：88-92.
② 王强. 城市美学的重构从"城市美化"到"生活美学"[J]. 东吴学术，2017（4）：101-107.

华清池，南京秦淮河畔的夫子庙等历史古迹，以及北京南锣鼓巷、西安钟鼓楼、南京高淳老街等历史街区，都散发着古都浓郁的文化气息以及历史沉淀的遗韵。在这些城市里，宽阔的街道和宏伟的建筑群交相辉映，互相诉说着历史的沧桑和现代的辉煌。漫步古都，倾听每片砖瓦的前朝往事，不失为人间一大美事。

2. 经济繁荣现代型

典型经济繁荣现代型城市如上海、深圳等。城市中耸立的摩天大楼、繁华迷人眼的外滩，璀璨的东方明珠、流光溢彩的平安金融中心……摩登和传统同在，丰富的艺术文化和强大的科技力量共存，共同体现了现代大都市包罗万象、充满活力的独特气质。

3. 自然景观和民俗风情旅游型

保留大量自然景观的城市，其典型代表如苏州。苏州有拙政园、留园、虎丘等园林名胜，以及水乡特色的古镇、古运河等，其独树一帜的艺术和建筑风格总是让人陶醉其中；而江南水乡的韵味和园林文化的深厚意蕴，也更是让人流连忘返。

具有浓郁民俗风情的城市如丽江古城、喀什古城。丽江古城依山筑城，临水为街，家家流水，户户垂柳。这座古城里的四方街、木府等景点，以及火把节、三多节等节日中，蕴含着浓郁的纳西文化。喀什古城的西域风情，则蕴含在"巴扎"（即集市）中随处可见的民俗特色木雕、铁艺、绘画、服饰美食和工艺品中。另外，喀什还有维吾尔古建筑的高台民居、富丽堂皇的香妃墓宫殿建筑群、唯美的叶尔羌汗王宫（图4-6）……游人行走此间仿佛转身就会遇到可以许三个愿望的"阿拉丁神灯"，其感受妙不可言。

图4-6　南疆风情叶尔羌汗王宫

欲学习更多相关内容，请扫描查看延伸阅读4-2。

延伸阅读4-2

第三节　现代生活美学

一、旅游：体验别样的空间与生活

生年不过百，在有限的生命里，"读万卷书，行万里路"可以丰富生命体验，增加生命厚度。想象世界里的驰骋固然自由，但终归百闻不如一见，不如去实地领略一番。自古以来，旅游就是人类休闲娱乐活动中必不可少的一个项目。早在两千多年前，我们的大圣哲庄子就曾满怀深情地呼道："山林与！皋壤与！使我欣欣然而乐与！"[1]

---

[1] 庄周. 庄子·外篇（《知北游》第十二）[M]//陈鼓应. 庄子今注今译（下）. 北京：中华书局，2023：592.

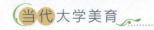

（一）旅游的审美主体心理动机

1. "逸"的追求

当代人的旅游动机之一，是和古人一样的对"逸"的追求，即常常想要从当下的生活空间和状态中超脱出来，有一种对自己惯常生活进行疏离的需要。而旅游是一次对时间和空间的超越，同时是对理性和感性的超越，当超越理性与感性之后，就可以与客体保持一种审美关系。比如，在旅游过程中，人们可以既不关心科学认识分析操作的逻辑性，又摆脱狭隘功利目的的心理束缚，而与客体保持一定的心理距离，只沉浸于其美感享受过程中。这种"只事耕耘，不问收获"的态度，是人在旅游过程中与审美对象缔结审美关系的重要心理基础，所以可以暂时忘却现实生活的苦闷，满足审美需求。

2. 探索求知

现代通信和交通发达，对于个人从书本或者现代媒体中获取的认识，人们有了实地去感受实物的需要和能力，因为纸上谈的，总也不如夹着青草和泥土清香混杂附近小溪清冷潮气的风扑向面颊来得真切动人，总也抵不过目睹或富丽堂皇或气势恢宏的场面所带来的心灵震撼。

3. "乐感"追求

据祁志祥先生《乐感美学》一书所述："美"就是存在于现实和艺术中的"有价值的乐感对象"；而人们追求的这种"乐感体验"，指一种触景生情而被激活的美感心理反应。在旅游过程中，审美主客体相邂逅，直接诱发了审美主体令人快慰和欢悦的心理体验。旅游产生美感的过程，是从悦耳悦目开始，不断地向悦心悦意、悦志悦神的审美经验提升，这也是由表及里、渐次升华"乐感"的创造过程；从最初的与官能快感相联系的"视听盛宴"，逐渐步入"精神饕餮"的境地，这样的体验，比来自生活现象的纯感性多一层内在底蕴的理性境界，而对照来自形而上的逻辑理性，则又多一层人间烟火味，洋溢着悠悠的生活气息①。因而这种旅游过程中独特的乐感体验，总引得人们对其流连忘返。

4. 主体意识的回归

在生活重心异化为外物的当代，主体人的自我意识逐渐被消解，而旅游有助于个人意识的觉醒。首先是自然的复归。在旅游时，特别是在自然山川景色面前，人总是无意识地突破人类文明社会规约去寻找自己感性的自然之"根"，趋向逐渐实现对自然的复归②。其次是人格的升华。当审美者忘情于山水人文，可以达到高扬志气、澄静心胸，从而产生陶冶情操、修身养性的效果。最后是自我个性唤醒。旅游的同时，也是唤醒审美主体自身的过程，当对外界新事物的感知通过自我感官席卷而来时，主体意识逐渐回归到自身感受上，从而找回自我，成为自我生命主角。

（二）旅游审美客体特征

旅游是审美活动的一种，旅游按地点可分为城市或农村旅游、国内或国外旅游，按旅

---

① 庄志民.《乐感美学》与乐感体验：以获港古村审美为例［J］. 上海文化，2018（2）：101-106.

② 庄志民. 旅游美学的本体论思考［J］. 华东师范大学学报（哲学社会科学版），1994（5）：83-85.

游的主题可分为自然主题旅游和人文主题旅游。当代具体旅游方式包括观赏风光绮丽的自然景观，感受形式多样的风俗民情，品尝不同风味的美食佳肴，参与各种有趣的文化娱乐活动，以及搜奇览胜，遍访文物古迹与建筑园林，欣赏绘画雕塑、书法篆刻与音乐舞蹈，还有认识历史人物、了解历史事件、诗词歌赋、神话传说等。因此，旅游的审美客体是复杂的综合体，其具备美的或奇的、趣味的、崇高的、恐怖的、怪诞的等性质。

(三) 旅游的意义

审美是感性超越的过程，这体现为对时空的超越、对日常工作中理性的超越，从而回归人的感性需要，再通过活泼的生命体验，最终超越感性，从而能动地从生命存在的意义上获得美，完满生活、成就生命。日常生活既充满着感性的愉悦，也承载着深沉的精神期望。生活本身的丰富性造就了旅游审美的丰富性，生活美学视角下的旅游审美是激发、是唤醒、是重新发现。旅游审美本质上是对生命归属和文化价值的寻觅，其本体意义在于成就审美的人。

从文化发展层面来说，旅游文化能同时实现多种不同特质不同功能的文化现象的交汇或统一，例如，传统文化与现代文化的交汇，本土文化与域外文化的交汇，自然美与社会美、艺术美的交汇，静态美与动态美的交汇，审美体验与健身体验的交汇，审美功能与教化功能的交汇，物质享受与精神享受的交汇等。另外，旅游文化产业对拉动经济、刺激消费、增强综合国力的直接贡献与间接贡献的交汇，对于形成一个以旅游文化为空间坐标点的立体交叉结构①有着不可或缺的作用，所以对人类文化发展也具有重要意义。

二、消费：品质与性价比

(一) 当代消费特点

当代消费现状是：人们在满足基本物品消费之后还有进一步的消费欲望，并且消费对象也不再满足于单纯的物品实用价值；消费者的行为已经变为与物相关的"感性"与"意义"的消费。法国学者鲍德里亚指出："消费是一种符号操作的系统性行为……为了构成消费的对象，物必须变成符号。"② "今天的消费主要不是在物品的物性功能，而是差异性的符号。"③ 因此消费对象实际上已完成从物的消费到符号的消费的转变。而消费活动正日益趋近于充满精神快适和浪漫气质的审美活动。

(二) 消费美学形成机制

在消费社会和审美泛化时代的双重语境下，作为人类感性活动的消费和审美已经发生了"范式融合"，而且这种融合关系具有深刻的内在逻辑，即表现为"消费的审美化"和"审美的消费化"这一共时性的互逆过程，该过程在消费和审美的对象、方式、经验等层

---

① 诸丹. 城市旅游文化的美学意义 [J]. 西南民族大学学报（人文社科版），2003（9）：297-300.
② 鲍德里亚. 消费社会 [M]. 刘成富，全志刚，译. 南京：南京大学出版社，2001：47.
③ 鲍德里亚. 符号政治经济学批判 [M]. 夏莹，译. 南京：南京大学出版社，2009：22.

面都有显著体现①。也就是说，当代人的消费观和消费行为呈现出一种审美倾向。而坎贝尔说："消费的核心行为并不是产品实际的选择、购买与消费，而是追求产品形象所赋予自身的想象的快乐，'真实'消费很大程度上是这种'精神'享乐主义的产物。"② 可见，消费既然以具有审美属性的物品作为自己的对象，那么消费方式也必然被审美逻辑所浸染，消费于是开始剔除其低级的生理肉身性，转而向精神层面跃升，消费快感摇身一变成了一种精神愉悦。这种以精神快感和"浪漫伦理"为主要特征的消费方式，至少在表现形式上已与审美活动几无差别了。也就是说，现代的许多消费活动，基本属于一种审美活动了。

消费活动接近审美活动，从而产生了"消费美学"，这种现象产生的原因，来自经济社会客观方面的"造梦"手段。首先，专业的说法是，以一种理想化的话语表述与价值言说去营造"白日梦"这一心理补偿式的观赏情境，以幻觉经验的释放去满足与刺激消费者的快感与想象，使市场动态不断驱动符号价值的审美取向，逐渐令"生产符号""受众期待""引导消费"之间达成趣味共谋③。简单来说，就是商家通过给消费者编织一个买到商品后的美丽梦境，比如让消费者产生自己穿上这件衣服也会像模特一样美丽且有魅力这样的想象，完成一次审美和消费的引导。此外，审美和艺术被设计成消费品的一个结构性环节，又进一步造成商品和包装、内质和外表、硬件和软件的换位。原先是硬件的物品，也就是物品品质本身，如今成了附件；而原先是附件的美学，赫然占了主位。也就是说，由于审美化的深度介入，在使用价值变成符号价值载体的同时，后者又变成了美学和艺术的载体，而且正是这种占据主导地位的审美外观变成了消费的真正对象④。其次，浅显的说法是，当今的产品，外观的审美和艺术设计成了更吸引消费者眼光的因素。由于消费主体日益膨胀的审美心理需求和精神追求，随着经济的发展、大众文化的泛滥，消费者精神空虚和思想困顿，放纵作为感性行为的消费行为的同时，作为精神性的动物，仍然有心灵的苦恼与追求，渴望摆脱空虚与无聊而实现自由，于是，或是依托宗教皈依彼岸世界，或是依靠哲学追寻理念世界，或是借美学追求审美境界⑤，这体现在消费对象上，就是对消费品实用价值背后蕴含的精神文化和美学价值的迷恋。

（三）现代消费方式案例：别致的文创

在现代消费需求中，除了基本衣食住行的消费、感官愉悦方面的消费（如香薰香氛、音乐声响、美食饮品、视觉艺术等），最大特点是对精神文化产品的消费，而文创产品的兴起便是颇具代表性的说明。

文创产品，联合国教科文组织的定义为：具有传达意见、符号与生活方式的消费品。那些蕴含极其深厚的文化价值的艺术品，一方面，大多是博物馆藏品或者保护文物，远离日常生活，另一方面，其存在形态不方便日常接触，比如庞大的古建筑，所以其文化价值

①④ 李金正. 论消费与审美的范式融合及其内在逻辑：兼谈作为一种文化批评的"消费美学"[J]. 山东社会科学，2015（6）：77–84.

② 费瑟斯通. 消解文化 [M]. 杨渝东，译. 北京：北京大学出版社，2009：33.

③ 范嘉迪. 符号景观·文本互涉·趣味共谋：DC 漫改电影谱系的消费美学传播范式 [J]. 电影新作，2020（3）：153–156.

⑤ 仲霞. 后现代身体美学批判与体验美学的建构 [J]. 厦门大学学报（哲学社会科学版），2017（2）：8–13.

和审美功能往往被束之高阁。在这样的背景下，文创产品的出现，使蕴含着美学价值和社会教育功能的文化创意品批量化地被生产出来，经典文化也可以借由文创产品这个载体进入寻常百姓家，且这种传播的速度和范围是以往仅仅以静态展出的藏品所不能及的。从消费文创产品而产生的这种以日常生活为范畴的美感体验，使人与环境交织激荡后能产出美的产物，因其触手可得，而大受欢迎。

文创产品不仅具有观赏性的审美价值、文化性的学习价值，还具有实用性的功能价值。其产品类型丰富多样，包括书籍、印有古代书画内容的瓷盘或壁纸等文化产品，还有彩妆、护肤品、文具、服饰、日历、茶壶、钥匙扣等日用品，甚至还有动漫、文化主题输入法皮肤等电子产品。文创产品实现了古代文化与现代生活的有机结合：将文化根植于文创产品中，既能满足消费者的日常使用需求，又在无形之中向公众传播了文化；将与藏品有关的历史故事、文化内涵、人物形象、文物中潜藏的气质等，真实有效地挖掘出来并加以利用，也使其与传统文化进行了深度融合。

典型示例

一度风靡全球的故宫文创和纸胶带系列产品（图4-7）中，有五种中国传统纹饰颇受欢迎——万字纹、梅花冰裂纹、祥禽瑞兽纹、花鸟纹和文字纹。其中，烫金万字纹和纸胶带运用了从皇帝服饰中截取出的万字纹，寓意万寿无疆；梅花冰裂纹和纸胶带的纹饰取自"梅花玉版笺"（清代的一种高级纸笺），冰裂纹的破碎美感加上梅花的冰清玉洁呈现出高雅的韵味；雕梁焕彩和纸胶带的设计灵感源自宫殿屋顶檐角的琉璃装饰，象征风调雨顺；墨彩花鸟和纸胶带的纹饰源自"大雅斋"瓷器上的花鸟图，展现古时文人风貌；雍正御批纹和纸胶带上的文字纹表现出雍正皇帝的文采和魅力，颇受消费者的追捧。

图4-7 故宫文创和纸胶带系列产品

欲学习更多相关内容，请扫描查看延伸阅读 4-3。

第四节　生活主体人之审美

人物美可以从三个层面进行观照：一是人体层面，美感由其形体的比例、曲线、色彩等人体表面形态的美，以及骨骼、肌肉、皮肤、毛发等层次，甚至牙齿、指甲等细部状态共同显现；二是气质层面，涉及人的音容笑貌、神采气度等，也就是中国人所说的精气神；三是行为层面，包括服装饰品的装饰、礼仪的行为举止等体现出品位、人格和教养等，以及其他行为中表现身体美有关的一切方面。这三个层面共同构成一个充满生命力的意象，这意象的美是由机体良好的生理和心理状态综合显示出来的——身体和精神的健康之美、行为体态的和谐之美、人格气度的完善之美。

一、身体之美：健康+美丽

（一）身体的自然美和装饰美

人类很早就对自己的身体具有了审美趣味。《诗经·卫风·硕人》云："手如柔荑，肤如凝脂，领如蝤蛴，齿如瓠犀。螓首蛾眉，巧笑倩兮，美目盼兮。"两千余年前的审美评价就已具体到身体的各个部分。身体之美在于其感性形式美，包括自然美和装饰美。其中，自然美是健康的身体状况所呈现出来的美感，如形体的全身曲线流畅，毛发皮肤色泽美观等；装饰美是身体细部的修饰美感，如面部化妆、耳环、美甲等。形体发肤的审美是对人体外形轮廓和精神面貌的直接审美，而装饰美可以体现一定的审美意趣。

对身体自然美的审美意趣又有性别、时间段、阶层和地域的差别，是动态的、综合的、多元的，但同时也有一些共有审美现象。中国在秦汉以前，对于女性体态是追求健壮硕大的美感，如《诗经》中《卫风·硕人》："硕人其颀，衣锦褧衣。"《陈风·泽陂》："彼泽之陂，有蒲与蕑。有美一人，硕大且卷。"魏晋南北朝时期，其形体审美就变为"袅娜腰肢淡薄妆，六朝宫样窄衣裳"的淡妆清瘦。唐朝时期又以丰腴肥硕为美，正所谓"环肥燕瘦"，各有其美。到了近代，此时实现了女性解放，女性变得独立、强大和干练，追求如男性一般的力量，所以女性在服装上设计"垫肩"来增加肩宽以达到视觉上的力量感。从以上内容可知，对女性身体的审美意趣是动态变化的。同时，审美意趣还受到地域和文化的影响。比如，中国喜欢"樱桃小嘴"，非洲部落以嘴大为美，埃塞俄比亚南部唇盘族的摩尔西人至今还流行给女子"割唇"的习俗，他们还喜欢用大泥盘填充撑大嘴唇以达到"大嘴"的目的。另外，对肤色的审美同样有地域和时代的差异性，如黑种人以黑为美，而亚洲黄种人追求以白为美，可美国白种人自 20 世纪 20 年代开始，却开始流行以黑为美，要将皮肤晒成"古铜色"或者"小麦色"……

人体装饰美的审美更具有强烈的历史性、地域性、流动性和民族文化特性。首先，妆容的流行就有悠久的历史。中国自秦汉时期就有"秦始皇宫中悉红妆翠眉"；东汉刘熙

《释名·释首饰》记载"以丹注面曰勺……"，其中"以丹注面"而来的"红颜"就是面部着红色脂粉；西汉《楚辞·大招》曰："粉白黛黑，施芳泽只。"妆容的悠久历史不仅体现在中国，西方在古埃及时期妇女就已用暗绿色物质涂抹眼圈进行修饰，古希腊罗马时代也有记载给妓女面部涂铅白……

除了妆容，身体其他细部的装饰审美也有其历史文化特性，比如现代主流欣赏整齐的白牙，而在平安时期的日本和东南亚一代却流行以"黑齿"为美，甚至兴起过以牙齿不整齐为时尚的风尚。对于人体的装饰，还包括皮肤文身、美甲、鼻环耳坠的人体修饰，以及饰物的佩戴，包括发饰、项链、戒指、手链、足链等，这些都是人们在人体层面追求美、欣赏美、享受美的表现。

在身体外形上的审美，尽管有诸多差异，但从审美意识史上却可见一些主流上通用的形式美法则。公元前2世纪，希腊医师盖仑在《医书》中正式提出了身体美的概念，并认为按许多医学家和哲学家的学说，身体美在于各部分之间的比例对称。除此之外，他还认为，当人体外部达到骨肉均衡、比例恰当、体态协调、整体和谐等时，即可引发审美愉悦。

（二）现代人体外形美的构成要素和审美倾向

由于前文提到的人体装饰美的特性难有标准，这里只略谈一下自然形体美的要素以及主流认可的一些标准，而这一切标准都围绕"健康"这一关键词，因此，健康的躯体是美的前提和基础。构成美的形体要素有：

1. 容貌

容貌指人脸庞的外部形态及其神色、气色，是人体美的集中映像，也是进行人物审美的第一要素。首先，五官构成了面部上的审美元素，而从五官组合的范畴角度审美倾向有明眸皓齿、眉清目秀、杏眼桃腮、唇红齿白、剑眉星目、五官端正、眼睛"炯炯有神"、鼻子"挺拔俏丽"、嘴巴"樱桃小嘴"等。从审美标准角度看五官组合，具体比例如同在人体绘画上讲究的"三庭五眼"，其中"三庭"即指脸的长度比例，把脸的长度分为三个等分，从前额发际线至眉骨，从眉骨至鼻底，从鼻底至下颏，各占脸长的三分之一；"五眼"指脸的宽度比例，以眼形长度为单位，把脸的宽度分成五个等分，从左侧发际至右侧发际，为五只眼形。两只眼睛之间有一只眼睛的间距，两眼外侧至侧发际各为一只眼睛的间距，各占比例的五分之一。

2. 皮肤状况

车尔尼雪夫斯基说："说到人体，这世界上最美的东西，也是半透明的，我们在人身上不止是看到一个外表，人体通过皮肤焕发着光彩，因而赋予人的美以百般的魅力。"[1] 健康的肤色使人心生向往，不管是"白里透红"还是"黑里透红"，健康的皮肤呈现出来的细腻、光洁、有弹性，使人容光焕发，也具有独特的审美价值。

3. 形体

美的形体主要包括比例良好，骨骼、肌肉和脂肪匀称。审美是动态流变的，永远不会存在精确而绝对的形体美标准，但各民族会有一定的形体美标准以作参考。我国也有一些

---

① 车尔尼雪夫斯基. 生活与美学［M］. 周扬，译. 北京：生活·读书·新知三联书店，2012：94.

形体美的标准，如"躯干骨骼发育正常，四肢长而直，关节不显粗大突出，头顶隆起、五官端正、与头部配合协调，双肩平正对称、男宽女圆，胸廓饱满，腰细而结实，腹部扁平，臀部圆翘，腿修长而线条柔和，踝细足弓高"等；具体比例如"身高与头部七比一"，上下身比例为黄金分割，女性三维比例为"胸围＝身高×0.515、腰围＝身高×0.34、臀围＝身高×0.542"的形体较为理想[①]。

（三）塑造美的身体

1. 运动健身和形体塑造

运动健身能够增强体质，使运动者拥有健康的身体、强健的体魄，同时塑造美好的形体。男性可以借助器械进行力量训练，发达肌肉；女性可以通过健美操、瑜伽、舞蹈等结合一定的力量训练，塑造理想的体形。

2. 体态矫正

在日常立行坐卧中注意姿势，比如行走时收腹挺胸，勿弯腰驼背脖颈前倾；坐姿端正，勿跷二郎腿以防脊柱侧弯等。

3. 良好作息，均衡营养

现代人在工作中时不时有应酬，压力很大，为取得进步，往往以牺牲睡眠时间和不均衡饮食为代价，这种行为反而会使情况更加糟糕，陷入恶性循环。良好作息和均衡营养是健康身体的基本保证，因当作头等大事予以重视。

4. 面部化妆

前文了解到化妆已有久远的历史，是爱美人士追求姣好面容的手段，也是社会人的礼仪需要。但要注意，妆容应与自身以及场合相配，要根据自己的五官和风格恰到好处、恰如其分地进行化妆修饰，切勿盲目浓妆艳抹以至于"东施效颦"。

5. 医疗整形美容

在现实生活中，当有人身体出现畸形、缺陷等，可借助高超的现代医疗整形美容技术予以弥补。随着医美技术的发达，文眉、割双眼皮、垫鼻、祛斑、整牙、隆胸甚至抽脂、削骨等整容行为已经屡见不鲜，是人们渴望改变身体不足追求形体美的表现，但是注意切勿走向"技术主义"。由于当今的医美技术整体存在一些重大的问题，如不够个性化、难以达到浑然天成的效果，以及并未达到全无风险的水平，因此出现了许多"批量生产"的"科技脸"，使僵硬的面部失去了灵动感的同时，还存在安全隐患，美更是无从谈起，反而得不偿失。

欲学习更多相关内容，请扫描查看延伸阅读4-4。

延伸阅读4-4

二、礼仪之美：仪式感里的尊敬

现代礼仪是礼节、礼貌、仪态和仪式的统称，是人们在社会交往活动中，在仪容、仪表、仪态、仪式、言谈举止等方面约定俗成的，共同认可的行为规范。主体人的礼仪礼节一般是个人性的，且不需要借助其他物品就可以完成，譬如磕头、鞠躬、拱手、问候、着

① 成远镜，朱晶. 生活美学［M］. 长沙：湖南大学出版社，2007：23-27.

装等；而仪式大多是集体性的，并且一般需要借助其他物品来完成，譬如古代五礼，即吉礼（祭祀之事）、嘉礼（冠婚之事）、宾礼（宾客之事）、军礼（军旅之事）、凶礼（丧葬之事）等。人类最早的礼仪是祭祀礼仪，它主要表达对天地鬼神的敬畏和祈求。以下讨论的礼仪主要是主体人以动作和行为表达人与人或者人与事物关系的一种行为方式。人们通过这种礼仪传达一种情绪、心意和思想意识，如信任、尊重、臣服、祝贺、敬畏等；这是一种用感性的行动将复杂的人伦关系、高低贵贱的等级关系等演绎出来的方式，即用行动解释社会珍视的价值或理念的方式。

人的礼仪行为对日常行为的超越，使这一过程具有戏剧性的性质——礼仪参与者升降揖让、酬唱盘桓，增加了庄严肃穆或温馨典雅的气氛，使身体之美在纯粹的意义阐释中得到淋漓尽致的发挥；人们在社会行为中会注意按照礼的规则来约束自己的行为，使之更符合社会的审美，更具有深刻的内涵和美的韵味。这样，人的礼仪行为就变成了美的行为，也成为礼仪美的呈现。

（一）礼仪美的表现

1. 中西方的礼仪渊源

注重礼仪已不是某国某地区的问题，而是世界性的存在，从东方的礼仪之邦到西方的绅士文化，只是各地在礼仪内容和形式上略有不同罢了。中国素有"礼仪之邦"的美称，自古在不同场合便有许多礼仪规范，如《礼记》中《曲礼上》对"侍坐"之礼有具体规定："侍坐于君子，君子欠伸，撰杖屦，视日蚤莫，侍坐者请出矣。""侍坐于长者，屦不上于堂，解屦不敢当阶。就屦，跪而举之，屏于侧……"又如《女儿经》中女子行为规范的记载为："喜莫大笑、怒莫高声、笑莫露齿、行莫摇裙。"据《论语·乡党》载，孔子在"乡党和宗庙朝廷"时有不同的言谈举止的"礼"：在乡党，孔子"居之"，"乡党，父兄宗族之所在，故孔子居之，其容貌辞气如此"；而在宗庙朝廷，孔子"便便言，唯谨尔"，"宗庙，礼法之所在；朝廷，政事之所出，言不可以不明辨。故必详问而极言之，但谨而不放尔"。孔子在不同场合都有礼仪的行为，是因为在孔子看来，"外有礼乐，内有仁义"，其主张的"克己复礼为仁""里仁为美"，即说礼是仁的外在表现，也是美的形式，礼仪美与道德美具有一致性，因此"仁"者必定要有礼。同样，在西方信奉基督教的国家中，人们的言行要用《圣经》来规范。《圣经》中有很多有关教徒们如何为人处世的礼仪要求，如要求教徒尊敬他人，孝敬父母，办事要光明正大等①。

延伸阅读 4-5

欲学习更多相关内容，请扫描查看延伸阅读 4-5。

2. 当代社会的礼仪表现内容

礼仪美的践行是社交文化知识的学习和实践过程。整洁大方的个人仪表，得体的言谈，高雅的举止，良好的气质风度等，是个人具有礼仪美的基本要求。在全球一体的今天，礼仪美也融入了更加多元化和包容性的元素，如商务礼仪、国际礼仪等成为新的礼仪实践领域，体现了现代社会对礼仪多样性和实用性的需求。

---

① 黄少卿. 略论礼仪的涵义、特征及其美学意义 [J]. 上海大学学报（社会科学版），1998（2）：100-104.

（二）礼仪传承：礼仪的当代实践价值与反思

"仁义礼智信"是中华传统礼仪文化的核心价值观，也是社会主义核心价值观的重要源头①。

1. 践行礼仪传统对个人的影响

首先，礼仪唤醒人性的"尊严"，从而使人更具"人性"。中国古人认为"礼"表明了人与动物的本质区别："今人而无礼，虽能言，不亦禽兽之心乎？夫唯禽兽无礼，故父子聚麀。是故圣人作，为礼以教人。使人以有礼，知自别于禽兽。"② 这些古言智慧，在今天仍然值得借鉴。其次，礼仪促进理想人格的形成。传统礼仪文化通过约之以礼、行之以礼以及重礼贵和，来促进理想人格的形成。其中约之以礼强调以礼治国、以礼立身，重在为社会个体成长创造良好的环境；行之以礼强调人们相处时要用礼和守礼，重在培养人们尊崇礼、安于礼、行依礼；重礼贵和强调以礼处理各种社会矛盾和纠纷，从而达到修己安人的目的。最后，践行礼仪可以提高个人修养，完善个人形象。礼仪教育可以提高人们的人文素质，提升审美素质，增强人际交往能力，以适应社会需要。

2. 传承礼仪文化对国家和社会的价值

首先，传承礼仪文化宣扬人类共同价值追求。与西方国家向世界宣传的"普世价值"相似，我国宣扬的传统礼仪文化中，诚信、尊重、和谐等理念都有效地向世界宣扬了中国人崇尚礼仪文明的精神追求。其次，传承礼仪文化可以弘扬孝文化。在全球人口老龄化加重以及我国日趋严重的社会养老形势下，传统礼仪文化弘扬的"孝道"逐渐延伸出"关爱老人就是关爱自己"等尊老养老的道德理念，而传播孝道和养老成为政府、社会、家庭的共有责任，孝文化也因此形成。最后，传承礼仪文化可以促进国家软实力的提升，促进和谐社会的构建。

3. 践行传统礼仪的反思

传统礼仪的传承要求个人和社会明礼、守礼、行礼，但如果舍本逐末，只是拘泥于外在的形式，礼不仅不是美的，甚至成为丑的、恶的，成为戕害人性的桎梏。历史上有一些所谓的"道学先生"，满口仁义道德，按照所谓老祖宗的条条框框来教训人，形式主义泛滥，不懂"礼"的真正意义，不顾具体的现实情况，结果造成了以礼"害人""吃人"的丑恶社会现象，因此，"取其精华"，传承美的、适应当代社会发展的礼仪是必要的。

总之，礼仪之美在提升个人和社会的文化素质方面发挥着不可或缺的作用。它不仅是文化传承的重要载体，也是建设文明社会的基石。通过学习和实践美的礼仪，我们不仅能够提升自我修养，增进社会和谐，还能够促进文化的多样性和文化自信的建立。

欲回顾本章重要知识点，请扫描查看知识回顾4-1。

知识回顾 4-1

---

① 陈亚惠. 传统礼仪文化的传承与创新［J］. 人民论坛，2017（23）：136-137.
② 戴圣. 礼记·曲礼上［M］//礼记. 长春：吉林大学出版社，2021：15-16.

课后赏析

古代服装、器物之美赏析

作品名称：纪录片《如果国宝会说话》第二季第十七期《素纱单衣》

出品单位：CCTV9

导演：徐欢

内容导引（纪录片解说词）：两千多年前的一天，西汉长沙丞相利苍的妻子——辛追夫人下葬，贴身侍女挑出她最喜爱的几件衣服，仔细叠好、封箱，放在她的棺木旁。这一件是她的最爱。它没有衬里，轻薄、通透、柔软、神秘。可以想象当辛追夫人把它套在各种华服的最外面，华服上艳丽的纹饰在这层薄纱下，若隐若现。她走到哪里，哪里就是宴饮聚会的焦点。——这就是素纱单衣（图4-8）。

图4-8　《素纱单衣》

课后思考

1. 服装如何搭配才穿起来美？
2. 服装设计三要素是什么？古代服装三要素分别有哪些特点？
3. 服装形式美法则有什么？如何体现这些形式美法则？
4. 史书上记载的"钟鸣鼎食"指的是哪个层次的人群的饮食生活水平和气派？
5. 东西方的居所有哪些差别？可以通过哪些方法美化居所空间？
6. 乡村生活中的美学元素和美学精神有哪些？美化乡村生活的方法有哪些？
7. 从审美角度看，城市有哪些类型？城市参与美学的体现是什么？
8. 如何塑造美的形体、培养美的风度？

第五章　文学之美

学习目标

掌握文学运思方式、文学语言特色、文学形象、文学意蕴、文学文体、文学风格，以及文学与文化诸多概念、范畴与命题的相关知识。

能力目标

运用上述概念、范畴，认识、分析和理解文学之美，提高文学欣赏能力、审美文化实践与创造能力。

案例导读

那些想睡觉的人，不是因为疲倦，而是出于对睡眠的怀念，试遍了各种消磨精力的方法。他们聚在一起不停地聊天，一连几个小时重复同样的笑话，甚至把阉鸡的故事演化到令人无法容忍的地步。那是一个讲不完的故事，讲故事的人问大家要不要听阉鸡的故事，如果大家说"要"，他就说没让大家说"要"，而是问大家要不要听阉鸡的故事；如果大家说"不要"，他就说没让大家说"不要"，而是问大家要不要听阉鸡的故事；如果大家都不说话，他就说没让大家不说话，而是问大家要不要听阉鸡的故事；而且谁也不许走，因为他没让人走，而是问大家要不要听阉鸡的故事。就这样继续下去，整夜整夜重复这一恶性循环。[①]

这段文字节选自加西亚·马尔克斯的《百年孤独》（图5-1），是整部长篇小说里多处令人印象深刻的充满魔幻现实主义色彩与风格的段落之一，具有巨大的理论阐释与文学欣赏空间。这时的马孔多被一种传染性的怪病——集体失眠所笼罩，如同他的另一部力作《霍乱时期的爱情》中的传染性疾病霍乱。在文学中，疾病往往变成文学修辞与文化隐喻。

---

① 马尔克斯. 百年孤独 [M]. 范晔，译. 北京：南海出版公司，2011：40.

在小说里，马孔多的居民一开始没人在意，恰恰相反，人们都因不用睡觉而兴高采烈，因为那时候马孔多有太多的事情要做，时间总不够用。他们夜以继日地工作，很快就把活儿都干完了，凌晨三点便无所事事，听着音乐钟数华尔兹的音符。不仅如此，印第安女人向他们解释，失眠症最可怕之处不在于让人毫无倦意不能入睡，而是会不可逆转地恶化到更严重的境地，遗忘。也就是说，患者慢慢习惯了无眠的状态，就开始淡忘童年的记忆，继之以事物的名称和概念，最后是个人的身份，以致失去自我，沦为没有过往的白痴。此时此刻，他们还没有领教这种怪病的厉害，虽也感到由此而来的些许无聊，尚能凭借"阉鸡"这类简单重复没完没了的故事搞笑胡闹。乌尔苏拉从母亲那里学过各种草药的效用，熬制了乌头汤让所有人服下去，可他们仍然睡不着，整天醒着做梦。在这种清醒的梦幻中，他们不仅能看到自己梦中的形象，还能看到别人梦中的情景。

图 5-1　加西亚·马尔克斯《百年孤独》

人生如梦，文学艺术向来被精神分析学派视为白日梦，马尔克斯这部小说的深刻内涵及伟大之处，远在它表面的魔幻叙事之上，它让其他作家叹为观止，原来小说居然可以这样写！这部杰作于 1967 年出版，时至 1982 年，终因它无与伦比的文学魅力，荣获诺贝尔文学奖。

第一节　文学的文心之美

一、文心雕龙

何谓文学之美？文学美在何处？

文学之美多元而多维，若对其进行审美面面观，文学之美首先美在文心。

文学家是世界的情人，世界在情人的眼中如此之美，正如仓央嘉措在其《最美的情郎》中所写的那样：

> 住进布达拉宫，我是雪域最大的王。
> 流浪在拉萨街头，我是世间最美的情郎。

在文学王国，诗歌向来是无冕之王，向来被视为文学中的文学。法国文学家福楼拜说："艺术广大已极，足以占有一个人。"作为源远流长的艺术，文学之所以能俘获人心，靠的正是它的文心，亦即诗心。文学之美，美在文学家的心灵，文学家也因此被世人授予"人类灵魂工程师"的无上称号。

用富有诗意的文学性话语来说，就是命运给了一个人一张颗粒无收的脸庞，文学之美

却可以让他拥有一颗五谷丰登的心灵。

加拿大文学批评家弗莱认为，"文学是神话的移位"。文学情思蕴藏着人类的原始心象与集体无意识。从这个观点出发，文学之美的核心，是人类初始心灵的发扬光大，精神家园的蓦然回首，赤子之心的自然流露，集体心象的魂牵梦绕，生动而深刻地体现了人类文学心灵图景的源远流长，艺术结晶的深厚积淀。

> 童子者，人之初也；童心者，心之初也。
>
> 于是焉又知美名之可好也，而务欲以扬之而童心失。知不美之名之可丑也，而务欲以掩之而童心失。
>
> 天下之至文，未有不出于童心焉者也。[①]

文学对于人类而言，其产生与发展，就像一个人的心路历程，始于童心童趣，见于文心诗心。文学家们，往往像一群长不大的孩子，如同《红楼梦》里"无事忙"的"富贵闲人"贾宝玉，怀一份赤子之心，与大千世界邂逅，逐一见证其间发生在所有女性身上的悲惨命运，真的是"千红一哭，万艳同悲"。

心学为体，万学为用。精神意义与文化意义上的心的观念是人类文明初始的重要发明，也是人间悲欣交集不移的中心。人类为什么会有文学？文学为什么会如此之美？这一问题首先应该内求于心，它是文学得以生发的初始代码，也是文化得以光大的内在逻辑。若从文化人类学、艺术人类学以及叙事人类学的高度对人类文明进行现象学和心灵考古学的研究，则会惊讶地发现，人类文明的惊艳之处就在于它像《一千零一夜》中智慧而勇敢的山鲁佐德那样，居然是通过讲故事来激发生命的多巴胺、唤醒身心的内啡肽来应对外部困境，于烈烈风尘之中激励与保全生命以求得物种生存的。从结绳记事的古老岁月起，人类似乎天生就是讲故事的能手，天生就对故事有着强烈的心理需求与执着梦想，这在人类幼崽身上表现得尤为突出，这是人类与生俱来的原始心灵结构所主宰和决定的。地球生物中唯有人会编故事和讲故事，故事堪称原始人类的定心丸与定海神针。正如历史哲学家尤瓦尔·赫拉利在其三部曲之一《人类简史》中所阐发的那样，人类从来就擅长在想象的现实与虚构的实体间信马由缰，天马行空，异想天开，追梦未来。人类有没有未来，人类有什么样的未来，从某种意义上说，取决于人类饱经沧桑的脸上透着怎样的故事，远眺前方的视线隐着怎样的梦想，用尤瓦尔·赫拉利的话说，就是继续讲述人类命运共同体齐心协力共克时艰的故事的能力。

欲学习更多相关内容，请扫描查看延伸阅读5-1。

正是在这个意义上，论及文学的定义与本质，文学理论家们才会不约而同地在文学的思维方式上大做文章，试图弄清文学产生的心理机制与内在根源，认为文学艺术的形象思维，乃是人类心灵的返祖现象，也就是说，文学思维不过是人类神话思维、原始思维、野性思维、巫术思维、图腾思维等古老思维定式与惯性在不同社会历史文化时期的拓展延

延伸阅读5-1

伸而已。由于人类初心的这种天真与任性，心灵极度自由，想象力如鱼得水，因此海阔天

---

① 李贽. 童心说 [M]//焚书：卷三. 北京：中华书局，2022.

空的神话传说在世界各个原始文化系统中才会如雨后春笋，层出不穷。

正是因为如此，作为神话移位的文学，其虚构与想象，才会表现出曹雪芹所说的那样，"假作真时真亦假，无为有处有还无"，正如他笔下的不朽巨著《红楼梦》那样，凌虚蹈空，无中生有，草蛇灰线，伏笔千里，充满了俯拾即是的谐音梗和散落一地的大小脑洞，一会儿是太虚幻境，一会儿是真如福地，一会儿是假语村言（贾雨村），一会儿是真事隐去（甄士隐）。难怪法国文学理论家罗兰·巴尔特指出，"文学就是用语言或对语言弄虚作假。"天下本无事，作家自编之。故事里的事，说是就是，不是也是；故事里的事，说不是就不是，是也不是。文学，在很大程度上，就是在想象与虚构出来的有关他人的故事里，流下读者自己真实的眼泪。

在文化工业的后现代社会，在人工智能的高科技时代，网络文学的文心所雕之龙，更加得天独厚，如鱼得水，如龙从云，玄幻穿越，神游于元宇宙与虚拟现实之中。

二、美在文心

文学美在文心。在读取人类心灵密码与扫描人类心灵图景方面，文学功莫大焉，无与伦比，美不胜收。文学之美，在文心所雕之龙，但这"文心所雕之龙"，可谓"神龙见首不见尾，瞻之在前，忽焉在后，翩若惊鸿，婉若游龙"。画龙点睛使这文心所雕之龙一飞冲天，一鸣惊人。曾几何时，文学无愧于人类文化的龙头老大，文心所雕之龙的龙骧龙腾龙飞龙行之姿，可谓各显其妙，各尽其美，不可方思，难以言传。李白"安能摧眉折腰事权贵，使我不得开心颜"的仙心，杜甫"安得广厦千万间，大庇天下寒士俱欢颜"的仁心，王维"空山不见人，但闻人语响""行到水穷处，坐看云起时"的禅心，李煜"问君能有几多愁，恰似一江春水向东流"的伤心，以及千古文人侠客梦的剑胆琴心，诸如释道颜的"桃花寻剑客，不语笑春风"，贯休的"满堂花醉三千客，一剑霜寒十四州"，贾岛的"十年磨一剑，霜刃未曾试。今日把示君，谁有不平事"，辛弃疾的"鲸饮未吞海，剑气已横秋"，苏东坡的"一点浩然气，千里快哉风"，燕垒生的"一朝英雄拔剑起，又是苍生十年劫"……

欲学习更多相关内容，请扫描查看延伸阅读5-2。

被称为摇滚哲学家的齐泽克认为，由于现实与生存的残酷与严峻，人类发展出了一套出色的说谎技能和欺骗本领，这也是人在江湖身不由己的事情，不如此则难以谋生与求存。大哲维特根斯坦更是早在八岁便有惊天一问："如果说谎能够带来好处，为什么要说实话？"人类渴望实话实说，最终多是言不由衷。说真话也许只需要一个理由，说假话却有成千上万个借口。就像安徒生童话《皇帝的新装》中所讲的那样，在举

延伸阅读5-2

国谎话连篇之际，小男孩的童言无忌是多么的难能可贵。文化既有正本清源将人类带向存在的亮光之处的一面，也有文过饰非、似是而非、讳莫如深、深藏若虚的一面。在文化的乔装打扮与意识形态的别有用心的作用之下，人类所有的意识和认识，都不能简单地等同于事实，更多的是阐释和过度阐释，自作解人，自以为是乃至自欺欺人的曲意回护与辩说。意识形态以及人类文化的虚假性和欺骗性，就在于"挂羊头，卖狗肉""拉大旗，作虎皮"，皮里阳秋，说一套，做一套。以前不知道，但已这么做；现在虽明了，但仍这么做。这些，便是世道人心。文心诗心，源于人心，但它的可贵之处，在于常与人类葆初心。

第二节　文学的语言之美

日常生活中的日常用语，往往流于一般应酬，寒暄而已，一个呵呵，两个哈哈，司空见惯，平淡无奇。文学语言则不同，"清风出袖，明月入怀""读书破万卷，下笔如有神""为人性僻耽佳句，语不惊人死不休"。在今天这个网络语言集体狂欢的时代，文学语言虽然不再如它的黄金时代那样，一枝独秀，一家独大，但仍然以其语言艺术的霸主地位独领风骚，君临天下。看到网络写手挖苦嘲笑语言贫乏之人"奈何从小没文化，一句哇塞走天下"，令人忍俊不禁，想到常言说得好，"言语压君子，衣冠镇小人。"生动而深刻的文学语言不应该成为这个世界与时代沉默和流失的表达方式。

文学家是语言的魔术师与炼金术士。文学语言总是能够化腐朽为神奇，含不尽之义见于言外。一句普通的口头语，转化为文绉绉的书面语之后，又有另一番意境值得读者欣赏，其具体表现见表5-1。

表5-1　口语与书面语对照

序号	现实生活中的口语表达	改用文言形式后的书面表达
1	每天被自己帅到睡不着	玉树临风美少年，揽镜自照夜不眠
2	有钱任性	家有千金，行止由心
3	丑的人都睡了，帅的人还醒着	玉树立风前，驴骡正酣眠
4	主要看气质	请君莫羡解语花，腹有诗书气自华
5	你这么牛，家里人知道吗？	腰中雄剑长三尺，君家严慈知不知？
6	你们城里人真会玩！	城中戏一场，山民笑断肠
7	我单方面宣布和××结婚	愿出一家之言，以结两姓之好
8	重要的事说三遍	一言难尽意，三令作五申
9	说得好有道理，我竟无言以对	斯言甚善，余不得赞一词
10	我读书少，你不要骗我	君莫欺我不识字，人间安得有此事
11	你不是一个人在战斗	岂曰无衣，与子同袍
12	秀恩爱，死得快	爱而不藏，自取其亡
13	吓死宝宝了	堪惊小儿啼，能开长者颐
14	沉默不都是金子，有时还是孙子	圣人不言如桃李，小民不言若木鸡
15	备胎	章台之柳，已折他人； 或：使君有妇，罗敷有夫； 或：玄都之花，未改前度
16	长发及腰，娶我可好	长鬟已成妆，与君结鸳鸯

序号	现实生活中的口语表达	改用文言形式后的书面表达
17	我只想安静地做一个美男子	长恨人心不如水，等闲平地起波澜； 或：北方有璧人，玉容难自弃 厌彼尘俗众，绝世而独立
18	蝴蝶效应	夫风生于地，起于青萍之末； 或：风起于青萍之末，浪成于微澜之间

"草萤有耀终非火，荷露虽团岂是珠。"文学语言，堪称字字珠玑，精玉良言，金声玉振，又如"绛树青琴，殊姿共艳，隋珠和璧，异质同妍"。

一、文学作为语言艺术

文学是语言艺术。语言无能为力之时，文学家大显身手。文学家以语言文字作为文学艺术的生产资料，文学之美，正是见于这种生动形象的修辞之美，它像一株蓬勃生长的绿植，扎根于情思，拔节于言语，开花于音韵，结果于意蕴。文学家为什么极其重视炼字、炼句、炼意？因为这些不仅是文学家用语言文字表情达意的基本功，也是文学之美应运而生的重要向度。

华夏民族缔造了历史悠久的文明古国，也创造了灿若星河的文采风流。古代先贤无不登高能赋，以诗言志，以文安邦。两千多年前，我们的万代之师孔子就谆谆教诲世人"言之无文，行而不远"，更在《论语》里语重心长地劝导后辈"不学《诗》，无以言"。难怪三国时期"三曹"之一的曹丕在《典论·论文》中发出这样的感叹："盖文章，经国之大业，不朽之盛事。"数千年泱泱文学大国的底蕴，使当今国内各家媒体组织举行的各种诗词大会受到了广大民众的喜爱，其盛况，甚至可以用"万人空巷"来形容。唐诗步步锦，宋词朵朵花。诗词曲赋，流光溢彩。不朽文学，风华绝代。

文学作为语言艺术，究竟是怎样炼成的？那还得从人类对语言的哲学思考与美学探讨说起。人类是语言动物，并用语言发明了各不相同的话语类型以及形形色色的语言游戏。舌灿莲花也好，妙笔生花也罢，眼耳鼻舌身意，语从四大声色中来。东方先哲，向来既重视语言，又对语言采取禁欲主义的态度。言语道断，心行路绝。一切在途之语都是病。如何方能不落言筌，先秦时期诸子百家的百家争鸣，魏晋时期的言意之辨，层层剥笋地厘析了语言作为思想与文化媒介的先天局限。言尽意，言不尽意，得意忘言，天地不言而有大美，众说纷纭，莫衷一是，予岂好辩哉？予不得已矣！说不可说之说，对于不可言说的，人类是否应该保持沉默？

欲学习更多相关内容，请扫描查看延伸阅读5-3。

延伸阅读5-3

二、文学语言之美面面观

（一）文学性与文学话语

文学语言之美，首先美在它的文学性。文学性是由注重文学形式研究的俄国形式主义率先提出的，雅各布森对这一概念做出过经典阐释。文学性是在文学内部要素的动态演变

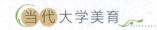

中显现出来的。一旦构成文学性的手法、形式和技巧变为常规和自动化时，就会丧失文学性的功能。文学性就好像烹调时用的食油，人不能单纯地去食用它。但有了它，佳肴不仅色泽变了，味道也变了。不同的厨师会用相同的配料做出不同口味的美食。

文学语言之美，既在于它的原汁原味，也在于添油加醋之后的活色生香，绘声绘色，更在于春秋笔法，微言大义，一字见褒贬，"言有尽而意无穷，含不尽之意见于言外""不著一字，尽得风流"，淡而无极，众美从之，这是文学作为语言艺术的臻美境界。

那么从语言层面来看，什么是文学语言的文学性呢？首先是它的"陌生化"。"陌生化"又被译为"奇特化"，与之相对的则是"无意识化""自动化"。什克洛夫斯基指出："艺术之所以存在，就是为使人恢复对生活的感觉。"感觉之外无艺术，感受过程本身就是艺术的目的。通过扭曲、变形、拉长、缩短、颠倒、强化、凝聚等方式使日常语言变成新鲜的、陌生化的语言，其目的是提升读者的审美感受。

俄国形式主义注重对文学语言进行多维的审美分析："诗学语音学，侧重探究文学语言语音、节奏、韵律构成的音乐美的效果。"这种对于诗歌语言音韵之美的探究，在中国的《尚书·尧典》中可见一斑："夔！命汝典乐，教胄子，直而温，宽而栗，刚而无虐，简而无傲。诗言志，歌永言，声依永，律和声。八音克谐，无相夺伦，神人以和。夔曰：於！予击石拊石，百兽率舞。"

诗学词法学，研究词的形式结构，构词，词形变化，甚至新词的构成。诗学句法学，聚焦句法的排偶，词序反常，无动词的使用，感叹词和疑问句的使用等。语义分析，包括词的选择和组合，语言的修辞手法和表达技巧。语言陌生化，探究文学语言偏离日常语言的审美效果。文学学者们常常喜欢以杜甫的"香稻啄余鹦鹉粒，碧梧栖老凤凰枝"和温庭筠的"鸡声茅店月，人迹板桥霜"等精彩诗句作为经典案例对此进行分析，同学们也不妨学以致用，一试身手。

(二) 文本细读与文学修辞

与此同时，英美新批评也注重和强调对文学的内部研究，特别是对诗歌语言的研究。他们擅长的细读法（close reading），被 T. S. 艾略特称为"挤柠檬式批评"。英美新批评对篇幅短小的、意蕴丰富的文学文本情有独钟。他们尤其善于对文学文本进行多重回溯性阅读，寻找语词的隐微含义。他们想象文学文本具有戏剧冲突性，将文学文本视为充满矛盾和张力的有机统一体，分析语言的朦胧、悖论、隐喻、反讽、象征等要素。

朦胧（ambiguity）一词出自燕卜荪的《朦胧的七种类型》[1]，又译为模糊、含混、晦涩、复义、歧义等，原指语言模棱两可、模糊不清的多义性所形成的复合意义，它意味着文本语言的意思不确定，意味着有意表达好几层意思，意味着能指二者之一或二者皆指，意味着一次陈述包含多种意义。这种诗意的复杂性和多义性正是诗的特殊魅力所在。

艾伦·退特在《论诗的张力》[2] 中提出张力（tension）概念，它原是物理学的力学概念，借用到文学批评中，特指内涵和外延的对立统一关系。外延是字面意义，内涵指暗含意义。在英美新批评看来，诗的语言是充满张力的语言。布鲁克斯在《悖论语言》[3] 中认

① 燕卜荪. 朦胧的七种类型 [M]. 周邦宪，等译. 北京：中国美术学院出版社，1998.
② 退特. 论诗的张力 [M]//赵毅衡. "新批评"文集. 北京：中国社会科学出版社，1988：108-124.
③ 布鲁克斯. 悖论语言 [M]//赵毅衡. "新批评"文集. 北京：中国社会科学出版社，1988：313-332.

为，诗的语言是悖论语言。他提出悖论（paradox）概念，这一概念本为古典修辞学术语，原指表面上荒谬、实际上却真实的陈述。创造悖论的方法是对文学语言进行反常处理，将逻辑上不相干或者语义上相互矛盾的语言组合在一起，使其在相互碰撞和对抗中产生丰富和复杂的含义。

英美新批评所使用的反讽（irony），也源于古典修辞学术语，它原指佯装无知，但有多种类型，譬如苏格拉底式的反讽、罗马式反讽等。布鲁克斯认为反讽产生于语境对一个陈述语的明显的歪曲，语言符号巧妙地使用某个特定的语境，从而让符号不再表达本义，而表达另一个不同甚至相反的意思。布鲁克斯还认为，诗歌语言擅长重新发现隐喻并充分运用隐喻，隐喻是纵向的，转喻是横向的，喻本和喻体之间语境的异质性，使比喻作为一种修辞手法，可以以此喻彼，生动含蓄地表达情感。

文学语言，特别是诗歌语言，使用形形色色的修辞手法，向来是它的拿手好戏。作为语言艺术，文学在表情达意方面，也因此大显身手，如虎添翼。随着日常生活审美化、审美日常生活化的文化工业社会的到来，语言超市的语言罐头供销两旺，盛况空前。语言既是文学的生产资料，也是文化的基本要素。后现代的人们似乎率先实现了语言自由，混搭拼贴，谐音戏仿，一切皆可，怎么都行（Anything goes）。语言大爆炸的碎片四处飞散，俯拾即是。譬如汉英谐音双混，不 year 而同（不约而同）、一 pie 胡言（一派胡言）、情 how 以堪（情何以堪）、more 名其妙（莫名其妙）、无理取 now（无理取闹）、mouth 顿开（茅塞顿开）、乐 book 支（乐不可支）、who sure 八道（胡说八道）、excel 而过（一闪而过），五花八门，不一而足；还有别出心裁的成语压缩饼干，诸如"喜（出望外）大（快人心）普（天同庆）奔（走相告）""不明觉厉""走召弓虽（超强）"等带有部落用语甚至江湖黑话性质的花样叠出的语言游戏。难怪一些语言学者呼吁社会治理语言污染，捍卫语言的纯洁性。清者自清，浊者自浊。文学语言自身具有强大的自我净化与进化的能力。它有时像钻石，因为自身多维的截面而寒光逼人，璀璨夺目；有时又如玉石，因为自身温润的蛋面而内敛含蓄，不激不厉，风规自远。

文学语言之美，因文学家的个性与风格而千姿百态，万象纷呈，言而无美，不知其可。李白的妙笔生花，苏轼的涉笔成趣，也许堪称顶级文采风流，但作为语言艺术的文学王国，那些美丽纯净的金玉良言，宛如星汉璀璨，耀人眼目。

●典型示例

民国时期的才女林徽因（图 5-2）早年诗作《我与春风皆过客，你携秋水揽星河》：

> 你若拥我入怀，疼我入骨，护我周全；
> 我愿意蒙上双眼，不去分辨你是人是鬼；
> 你待我真心或敷衍，我心如明镜；
> 我只为我的喜欢装傻一程。
> 我与春风皆过客，
> 你携秋水揽星河，
> 三生有幸遇见你，
> 纵使悲凉也是情。

图 5-2　林徽因

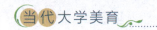

若是大家觉得林徽因的诗读来很唯美，分量还不够，那就让我们再请出世界级大文豪叶芝压轴之作——《当你老了》：

当你老了，头发白了，睡意昏沉，
炉火旁打盹，请取下这部诗歌，
慢慢读，回想你过去眼神的柔和，
回想它们昔日浓重的阴影；

多少人爱你青春欢畅的时辰，
爱慕你的美丽，假意或真心，
只有一个人爱你那朝圣者的灵魂，
爱你衰老了的脸上痛苦的皱纹；
垂下头来，在红光闪耀的炉子旁，
凄然地轻轻诉说那爱情的消逝，
在头顶的山上它缓缓踱着步子，
在一群星星中间隐藏着脸庞。

那些只可意会难以言传的文学语言之美，趣长笔短，回味无穷，一唱三叹，余音绕梁，此时无声胜有声，就让所有古往今来、古今中外像叶芝一样优秀的文学家们为我们浅唱低吟，娓娓道来吧。

第三节　文学的形象之美

文学文本有三个基本层面，即语言层面、形象层面与意蕴层面。王弼《周易略例·明象》曰："夫象者，出意者也；言者，明象者也。尽意莫若象，尽象莫若言。"

前面我们探究了文学的文心之美与文学的语言之美，这里我们着重探讨文学的形象之美。艺术以情思为驱力，以想象为翅膀，以形式创新为诉求。艺术形式作为情思的符号，需要借助各式各样丰富多彩的有意味的物象、意象与形象生动形象地展现。文学作为一门源远流长的语言艺术，也是如此。

延伸阅读 5-4

欲学习更多相关内容，请扫描查看延伸阅读 5-4。

一、相由心生，形象大于思维

人作为擅长思考的灵长类动物，其思想是万能的，人类在洪荒时代就开始用心灵去探究心灵，用思想去感悟思想。他们随物婉转，与心徘徊，境由心造，相由心生，思随心转，境生于象外，直到文学艺术的形象大于思维。

聚精会神，凝心静气，心智与情思方能宁静致远。《庄子·人间世》曰："若一志，无听之以耳而听之以心，无听之以心而听之以气。听止于耳，心止于符。气也者，虚而待物者也。唯道集虚，虚者，心斋也。"虚者，道之所居者，心之所系也。《老子》云："致虚极，守静笃，万物并作吾以观复，夫物芸芸，各复其根。归根曰静。"《荀子·解蔽》曰："治之要在于知道，人何以知道？曰：心。心何以知？曰：虚壹而静。"刘勰则将诸子百家的这些思想贯穿落实到文学运思之中。《文心雕龙·神思》云："陶钧文思，贵在虚静。疏瀹五藏，澡雪精神。"苏东坡则更进一步，将这些思想发扬光大到文学创作之中。苏轼《送参寥师》曰："欲令诗语妙，无厌空且静。静故了群动，空故纳万境。"

进入现代之后，西学东渐，谈及文学形象或艺术运思，人们往往以"形象思维"论之。"形象思维"这一概念由别林斯基首次提出。他认为诗人用形象来思考，诗人不证明真理，只显示真理。艺术是对真理的直感的观察，或者说是寓于形象的思维。思维是以人脑为生理基础的一种心理机制，是包括感觉、知觉、表象、意念、情感、思想等活动的高级的心理活动形态。脑科学研究表明，人类左半球主要负责处理言语组织、逻辑推理、数据运算等，右半球是处理表象和进行形象思维、发散思维、灵感思维和知觉思维的中枢。两个脑半球之间有数以亿计的神经纤维相互沟通，通过被称为胼胝体的中脑，构成具有整体性的大脑思维活动。

形象大于思维，从当下的脑科学研究以及人工智能 Sora 技术的发展来看，形象之维与人的右脑相关，而与擅长抽象思维的左脑间接相关，有鉴于此，人工智能 Sora 技术才会研发出将抽象语言文字符号文本自动转译为视觉形象文本的类似世界模拟器的新技术。

长久以来，文艺心理学倾向于认为左脑"思考型"的特点起因于高度依附第二信号系统（更倾向于抽象思维），右脑"艺术型"的特点起因于主要依附第一信号系统（更直接接触环境）。相由心生，文学形象的创造，离不开作家的灵感勃发。

延伸阅读 5-5

欲学习更多相关内容，请扫描查看延伸阅读 5-5。

二、文学形象之美面面观

一千个读者，就有一千个林黛玉，就有一千个哈姆雷特。这句话的潜台词是，与造型艺术相比，文学作为以抽象的语言文字进行想象的艺术，其文学形象是间接的和更为见仁见智的、主观化的。文学形象的这种间接性和主观化是其局限，也是其优势所在，它可以使文学创作做到陆机在《文赋》里所说的那样"罄澄心以凝思，眇众虑而为言，笼天地于形内，挫万物于笔端"，也可以使文学构思呈现出《文心雕龙·神思》所描绘的那样"古人云：'形在江海之上，心存魏阙之下。'神思之谓也。文之思也，其神远矣。故寂然凝虑，思接千载；悄焉动容，视通万里；吟咏之间，吐纳珠玉之声；眉睫之前，卷舒风云之色；其思理之致乎！故思理为妙，神与物游"，还可以使文学接受因读者的再度想象得以再度创造。文学不仅以情动人，以美感人，还以艺术想象创作出来的栩栩如生的文学形象征服读者，并激发读者以情自得，以意逆志。

文学是人学，文学形象以人物形象为主，特别是现实主义文学作品典型环境中的典型人物，也即别林斯基所谓的"熟悉的陌生人"。熟悉是因为这些人物来源于生活，概括了读者曾经感受和意识到的现实关系中的某些现象和规律，使读者能够从这些典型形象联想

到现实生活中某些类似人物。陌生则是因为这些人物形象具有鲜明、独特、丰富的个性，包括独特的心理活动、行为方式和语言特色，因此给人以崭新的美感体验。

广义的文学形象还包括文学性的物象、意象等，譬如广为人知、耳熟能详的马致远小令《天净沙·秋思》，整个作品由诸多类似电影蒙太奇的画面枯藤、老树、昏鸦、小桥、流水、人家、古道、西风、瘦马、断肠人、天涯组合连缀而成。深受中国古代诗歌意象的影响，美国意象派诗人埃兹拉·庞德开宗立派，留下其不朽的名诗名作《在一个地铁车站》：

> 人群中这些面庞的闪现
> 湿漉的黑树干上的花瓣

文学形象还包括超现实主义、魔幻现实主义等文学作品中以个人无意识为主的潜意识梦幻想象、集体无意识为主的原始心象等，譬如马尔克斯《百年孤独》的布恩迪亚家族的返祖蜥蜴人，吴承恩《西游记》里的妖魔鬼怪，以及蒲松龄《聊斋志异》里的妖媚花狐等，甚至包括历代文人笔下的风花雪月。古代诗话里曾有人戏言，若禁止在诗作里使用"风花雪月"这类字眼，则天下诗人将一齐搁笔。对于此类笑谈，我们不可一笑了之，当细思背后的缘由，"风花雪月"在这里已非自然物象，而是寄托了文人雅士生命苦短、感时伤事的文学意象。

●典型示例

多少文学作品异曲同工地表达了"万丈红尘三杯酒，千秋大业一壶茶"这样的集体心象与集体无意识，譬如《三国演义》（图5-3）的开篇词《临江仙》：

图5-3 《三国演义》

> 滚滚长江东逝水，浪花淘尽英雄。是非成败转头空。青山依旧在，几度夕阳红。
> 白发渔樵江渚上，惯看秋月春风。一壶浊酒喜相逢。古今多少事，都付笑谈中。

三国时期，风云变幻，沧海横流，英雄辈出，叱咤风云，正可谓江山如画，一时多少豪杰。然而大浪淘沙，英雄都被雨打风吹去，《三国演义》开宗明义：少年英雄江湖老，红粉佳人白了头。万丈红尘三杯酒，千秋大业一壶茶。

又如《儒林外史》开篇词：

> 人生南北多歧路，将相神仙，也要凡人做。百代兴亡朝复暮，江风吹倒前朝树。功名富贵无凭据，费尽心情，总把流光误。浊酒三杯沉醉去，水流花谢知何处。

功名利禄也好，诗酒风流也罢，黄粱一梦，人生苦短，徒有身后名，不如且饮一杯酒。

再如《桃花扇》之《哀江南》：

> 俺曾见金陵玉殿莺啼晓，秦淮水榭花开早，谁知道容易冰消！眼看他起朱楼，眼看他宴宾客，眼看他楼塌了！这青苔碧瓦堆，俺曾睡风流觉，将五十年兴亡看饱。那乌衣巷不姓王，莫愁湖鬼夜哭，凤凰台栖枭鸟。残山梦最真，旧境丢难掉，不信这舆图换稿！诌一套《哀江南》，放悲声唱到老。

这里再以风花雪月中的花为例，且以花中的桃花为例，大家不妨对中国古代文学史做一下梳理和盘点，看看文学家们是怎样八仙过海，各显神通，创造出这一丰富多彩、美不胜收的文学形象序列的。

大家首先想到的可能是我国第一部诗歌总集《诗经·桃夭》里的"桃之夭夭，灼灼其华"。接下来，会想到什么呢？是想到陶渊明的《桃花源记》，刘禹锡的"玄都桃花"，白居易的"山寺桃花"，崔护的"人面桃花"，李白的"桃花潭水"，杜甫的"桃花一簇"，王维的"水上桃花"，张志和的"桃花流水"，苏东坡的"竹外桃花"，孔尚任的《桃花扇》，唐伯虎的"桃花庵"，还是赖声川的《暗恋桃花源》？

欲学习更多相关内容，请扫描查看延伸阅读5-6。

延伸阅读5-6

第四节　文学的意蕴之美

文学意蕴层面，内涵颇为丰富，它如诗如画，有时平远，有时深远，有时高远。且看李白的《送友人》：

> 青山横北郭，白水绕东城。
> 此地一为别，孤蓬万里征。
> 浮云游子意，落日故人情。
> 挥手自兹去，萧萧班马鸣。

自古多情伤离别，孤蓬万里，浪迹天涯，依依不舍，情深意切。看似景语，其实一切景语，皆是情语，情景交融，情蕴于景，景中藏情。

钟嵘在《诗品序》里这样写道："气之动物，物之感人，故摇荡性情，形诸舞咏。……若乃春风春鸟，秋月秋蝉，夏云暑雨，冬月祁寒，斯四候之感诸诗者也。嘉会寄诗以亲，离群托诗以怨，至于楚臣去境，汉妾辞宫；或骨横朔野，或魂逐飞蓬；或负戈外戍，杀气雄边；塞客衣单，孀闺泪尽；……凡斯种种，感荡心灵，非陈诗何以展其义；非长歌何以骋其情？"文学向来是为情而造文，而非为文而造情，诗缘情而绮靡，有感而发，切忌空洞无物，无病呻吟。

李贽在《焚书·杂说》中说："且夫世之真能文者，比其初皆非有意于为文也。其胸中有如许无状可怪之事，其喉间有如许欲吐而不敢吐之物，其口头时时有许多欲语而莫可所以告语之处，蓄极积久，势不可遏，一旦见景生情，触目兴叹，夺他人酒杯，浇自己之垒块，诉心中之不平，感数奇于千载。……遂亦自负，发狂大叫，流涕恸哭，不能自止。"文章合为时而著，歌诗合为事而作，文学意蕴，与社会历史文化水乳交融，更与文学家的生命血肉和人格心性息息相关。文学语言是文学文本的第一层面，也是文学存在的基本形态。

王弼《周易略例·明象》言："夫象者，出意者也；言者，明象者也。尽意莫若象，尽象莫若言。言出于象，故可寻言以观象；象生于意，故可寻象以观意。""故言者，所以明象，得象而忘言；象者所以存意，得意而忘象。"这段文字，言简意赅地阐明了文本言、象、意三个层面的辩证关系。文学语言的存在，是为了激活读者的感应，引发读者的共鸣，通过想象而生形象，通过形象而得意蕴。这意蕴，可以是世道，也可以是人心，可以是哲学，也可以是历史，总而言之，文学就是话语蕴藉中的审美意识形态。

前面我们已就文学语言层面、文学形象层面展开简要阐述，现在我们聚焦于文学意蕴层面。

一、叙事与抒情，典型与意境

加西亚·马尔克斯的《百年孤独》在小说叙事学上堪称魔幻，它是这样开头的：

> 多年以后，面对行刑队，奥雷里亚诺·布恩迪亚上校将会回想起父亲带他去见识冰块的那个遥远的下午。那时的马孔多是一个二十户人家的村落，泥巴和芦苇盖成的屋子沿河岸排开，湍急的河水清澈见底，河床里鹅卵石洁白光滑宛如史前巨蛋。世界新生伊始，许多事物还没有名字，提到的时候尚需用手指指点点。

它的叙事策略就是重构生命时空，营造魔幻现实，表现梦幻人生。

精神分析学派开山鼻祖弗洛伊德将文学艺术视为白日梦。叙事学学者热奈特在其《转喻：从修辞格到虚构》中指出，做梦是梦幻者生活中与生俱来的现象，因为叙述其中某个梦必然被包含在生活叙事中。严格意义上说，这种嵌入式叙事一般不会引起故事层的任何变化，因为描述这些事件或者梦中的情景应该是伴随着当事者生命延续的整个过程。所以它根本不需要改变任何叙述行为，由他本人或者故事之外的叙述者都可以："如果我在凌晨三四点钟做了梦的话，那么这段时间内，我的内在生命意识中根本不会发生其他的事情。"事实上，既然叙述梦的故事经常出现在生活叙事中，那么，读者必然会察觉出前叙事者与后叙事者相比，属于第二叙事；而前一叙述行为，与个人每日生活所构成的那个故事相比，同样可以被视为"元故事"。此外，当有人要跟我们讲述他曾经做的一个梦时，原则上需要运用倒叙才能完成这个叙事，在我们看来，毫无疑义属于一个二度叙事中的嵌入式叙事。

二、文学意蕴之美面面观

刘辰翁主张"观诗各随所得"。王夫之《诗绎》倡言"作者用一致之思，读者各以其情而自得"。

文学是话语蕴藉中的审美意识形态。亚里士多德《诗学》区分诗与历史："诗人的职责不在描述已发生的事，而在描述可能发生的事，即按照可然律或必然律可能发生的事。""诗的活动比历史更富于哲学意味，因为诗描述的事更具普遍性，历史则叙述个别的事。"《论语·阳货》曰："《诗》，可以兴，可以观，可以群，可以怨。迩之事父，远之事君，多识于鸟兽草木之名。"

钟惺《诗论》云："诗，活物也，游、夏以后，自汉至宋，无不说诗者，不必皆有当于诗，而皆可以说诗。其皆可以说诗者，即在不必皆有当于诗之中。非说诗者之能如是，而诗之为物，不能不如是也。"

显然，文学博大精深，意蕴丰美，以美启真，以美储善。诗，只是文学的一种表达方式而已。何谓真善美？张世英在《万有相通：哲学与人生的追寻》中指出："我认为，'万物一体'既是美，又是真，也是善：就一事物之真实面貌只有在'万物一体'之中，在无穷的普遍联系之中才能认识到（知）而言，它是真；就当前在场的事物通过想象而显现未出场的东西从而使人玩味无穷（情）而言，它是美；就'万物一体'使人有'民胞物与'的责任感与同类感（意）而言，它是善。"张世英的这番话，可谓道出了真善美的哲学奥义，是对文史哲不分家的大文学观念所蕴含的丰厚底蕴融汇中西、融通古今的高度概括与总结，使人们对诞生于哲学的美学旨归有所领悟。

让我们以此为指南，来一起解读一下木心的诗作《从前慢》的文学意蕴：

> 记得早先少年时/大家诚诚恳恳/说一句是一句/清早上火车站/长街黑暗无行人/卖豆浆的小店冒着热气/从前的日色变得慢/车，马，邮件都慢/一生只够爱一个人/从前的锁也好看/钥匙精美有样子/你锁了/人家就懂了

这首诗，是在回忆从前，也是在感悟真善美。

第五节　文学的文体之美

文体是文学文本存在的具体样式，也是文学文本呈现的基本形态。文体在英文中用 type（of writing）表示，含有书写样式之意。文学文体是文学发展过程中的形式积淀，是文学变革与创新的重要载体，它既是文学百花园里的物种基因，又天然具备基因突变的潜能。

再美的审美对象，也有令人审美疲劳的时候。汉末五言诗的兴起，打破了诗歌二二拍的主流单一节奏，诗体和诗语一下子获得了新的艺术生命和诗歌意蕴，因此钟嵘盛赞从四言到五言的诗歌文体变革，虽只一字之差，可谓一字千金。

文学文体具有丰富的审美价值以及自由创造和选择的广阔空间。萝卜白菜，各有所爱，总有一款适合你。

一、立体、尊体与破体

亚里士多德《诗学》是西方文学理论的重要源头之一，《诗学》里面有这样一段话："假如用同样的媒介模仿同样的对象，既可以像荷马那样，时而用叙述手法，时而让人物

说话；也可以始终不变，用一个人的口吻叙述下去；也可以使模仿者用动作和活动来模仿。"这体现了亚里士多德的模仿论文体观及其叙事、抒情、戏剧文体三分法。

我国远古文体划分非常粗放，诗文二分，有韵为诗，无韵为文。我国古代文体学说萌芽于文学自觉时代魏晋时期。曹丕的"四科八体"说，见于《典论·论文》："盖奏议宜雅，书论宜理，铭诔尚实，诗赋欲丽。"

陆机在其《文赋》中提出"十体说"："诗缘情而绮靡，赋体物而浏亮。碑披文以相质，诔缠绵而凄怆。铭博约而温润，箴顿挫而清壮。颂优游以彬蔚，论精微而朗畅。奏平彻以闲雅，说炜晔而谲诳。"

刘勰《文心雕龙》体大虑周，五十篇中有二十篇探讨文体，涉及多达三十四种文体。刘勰把所有文体分为"文""笔"两大类型。"文"是指偏向抒情言志，文学性较强的文体；"笔"是指学术性较强而又不注重文采的文章，体现了当时对文学性与非文学性文体的区分。文体论部分的具体写法按照"原始以表末，释名以彰义，选文以定篇，敷理以举统"的总体原则。也就是说，叙述文体的渊源流变，解释文体的名称内涵，选出某一文体的代表之作，总结某一文体的写作要领与文体表征，形成文体史、论、评三合一的研究特色。

萧统的文体观念，散见于其《文选》序中。"文之时义远矣哉！若夫椎轮为大辂之始，大辂宁有椎轮之质？增冰为积水所成，积水曾微增冰之凛，何哉？盖踵其事而增华，变其本而加厉。物既有之，文亦宜然，随时变改。难可详悉。""今之作者，异乎古昔。古诗之体，今则全取赋名。荀、宋表之于前，贾、马继之于末。自兹以降，源流实繁。"

文学文体的产生、发展和式微，与所有事物一样，有破有立，有取有舍，承前启后，继往开来。何谓"立体""尊体"？文学文体立字为先，尊之为重。胡应麟曰："诗与文体迥不类：文尚典实，诗贵清空；诗主风神，文先道理。"何谓"破体"？何谓"乱体"？蔡梦弼云："韩以文为诗，杜以诗为文，世传以为戏。然文中要自有诗，诗中要自有文，亦相生法也。"陈善曰："文中有诗，则句语精确；诗中有文，则词调流畅。"

对于韩愈、杜甫的诗文革新，陈师道的思想观念显然趋于保守："诗文各有体，韩以文为诗，杜以诗为文，故不工尔。"焦循亦云："晚唐以后，始尽其词而情不足，于是诗文相乱，而诗之本失矣。"刘勰认为，"文变染乎世情，兴衰系于时序"，这是文体的他律论。王国维认为，"四言敝而有楚辞，楚辞敝而有五言，五言敝而有七言，古诗敝而有律绝，律绝敝而有词""文体通行既久，染指遂多，自成习套，豪杰之士，亦难于其中自出新意，故循而作他体以自解脱"，这是文体的他律论。

二、文学文体之美面面观

先来看这首再清纯不过的英文言情小诗：

> You say that you love rain,
> but you open your umbrella when it rains.
> You say that you love the sun,
> but you find a shadow spot when the sun shines.
> You say that you love the wind,
> but you close your windows when wind blows.

This is why I am afraid:

You say that you love me too.

普通汉译版如下：

你说你喜欢雨，但是下雨的时候你却撑开了伞；

你说你喜欢阳光，但当阳光播撒的时候，你却躲在阴凉之地；

你说你喜欢风，但清风扑面的时候，你却关上了窗户。

我害怕你对我也是如此之爱。

文体游戏与魔法开启。文艺体如下：

你说烟雨微茫，兰亭远望；

后来轻揽婆娑，深遮霓裳。

你说春光烂漫，绿袖红香；

后来内掩西楼，静立卿旁。

你说软风轻拂，醉卧思量；

后来紧掩门窗，漫帐成殇。

你说情丝柔肠，如何相忘；

我却眼波微转，兀自成霜。

接下来是《诗经》体：

子言慕雨，启伞避之。

子言好阳，寻荫拒之。

子言喜风，阖户离之。

子言偕老，吾所畏之。

继而是楚辞《离骚》体：

君乐雨兮启伞枝，君乐昼兮林蔽日，君乐风兮栏帐起，君乐吾兮吾心嘻。

再是五言格律体：

恋雨偏打伞，爱阳却遮凉。

风来掩窗扉，叶公惊龙王。

片言只语短，相思缱绻长。

郎君说爱我，不敢细思量。

接着七言绝句体：

恋雨却怕绣衣湿，喜日偏向树下倚。

欲风总把绮窗关，叫奴如何心付伊。

最后是七言格律体：

> 江南三月雨微茫，罗伞叠烟湿幽香。
> 夏日微醺正可人，却傍佳木趁荫凉。
> 霜风清和更初霁，轻蹙蛾眉锁朱窗。
> 怜卿一片相思意，犹恐流年拆鸳鸯。①

如果你们仍然兴犹未尽，可以尝试从杜牧的七言绝句《清明》中去掉那些看似多余的文字，将其改为五言绝句，看看有什么不同，孰优孰劣，思考何以如此。此为原诗：

> 清明时节雨纷纷，路上行人欲断魂。
> 借问酒家何处有？牧童遥指杏花村。

第一句中的清明就是时节，无须赘言，"时节"二字可去；第二句中的行人即在路上，"路上"二字多余，同理可去；第三句何处有就是借问，"借问"同理可去；第四句"牧童"可有可无，同样可以处理掉。这样，原来的七言绝句，变成了下面的五言绝句：

> 清明雨纷纷，行人欲断魂。
> 酒家何处有，遥指杏花村。

各位读者，感觉如何？说说你们的审美感受，并尝试分析其中的原因。

如果你们还想在文体样式上做些尝试，重新点逗，杜牧的七言绝句《清明》是否可以改编成宋词长短句的形式？譬如：

> 清明时节雨，纷纷路上行人，欲断魂。借问酒家何处？有牧童遥指，杏花村！

那么，杜牧的七言绝句《清明》改编成戏剧剧本的台词片段或电影蒙太奇镜头可不可以呢？且看：

> （清明时节，雨纷纷）路上行人（欲断魂）："借问酒家何处有？"
> 牧童（遥指）："杏花村！"

欲学习更多相关内容，请扫描查看延伸阅读 5-7。
欲回顾本章重要知识点，请扫描查看知识回顾 5-1。

延伸阅读 5-7

知识回顾 5-1

---

① 此处参考某订阅号文章，现已无从查起，作者知情，可与笔者联系，不胜感谢.

课后赏析

太阳落山了

张二棍

太阳落山了

无山可落时

就落水

落地平线

落棚户区

落垃圾堆

我也见过

它静静地落在

火葬场的烟囱后面

落日真谦逊啊

它从不对你我的人间

挑三拣四

唐代大诗人白居易说："诗者，根情，苗言，华声，实义。"好诗自然天成，有如一株蓬勃的绿植，读者在欣赏佳作时仿佛看到诗歌情感深扎，根系发达，美妙的诗语枝繁叶茂，读来金声玉振，齿颊生香，诗意的果实鲜美可口，回味无穷。

这首短诗小中见大，浅中见深，诗人如落日一样谦逊，没有自诩"为天地立心，为生民立命，为往圣继绝学，为万世开太平"，但落山也好，落水也罢，诗语简淡，诗意深阔，读者无不从接踵而来的地平线、棚户区、垃圾堆乃至火葬场的烟囱后面，见天地，见众生，见自我。这便是文学之美。此诗美在诗心，美在诗语，美在诗意，美在诗风，美在文学之美的方方面面。

课后思考

1. 在你看来，文学之美还有哪些重要方面？

2. 科学语言和文学语言有哪些不同？

3. 你能区分写境与造境、有我之境与无我之境在审美风格上有什么不同吗？

4. 结合具体文学文本，分析文学语言、文学形象与文学意蕴等三个层面的审美内涵。

5. 怎样从文学文体的角度，理解和认识比尔斯的《魔鬼辞典》① 与韩少功的《马桥词典》②？

6. 作为文化的子系统，文学与文化的民族身份认同、阶层身份认同以及性别身份是怎样的？试结合具体文学文本进行相关阐释。

① 比尔斯. 魔鬼辞典 [M]. 李静怡，译. 北京：漓江出版社，1991.
② 韩少功. 马桥词典 [M]. 北京：作家出版社，1997.

第六章 音乐之美

学习目标

了解音乐的基本构成，建立健康的音乐审美标准，提高自身音乐修养与文化素养，激发对音乐的热爱。

能力目标

对音乐的概念、基本要素和审美特征，音乐的功能、体裁、流派与风格有基本的认识，掌握中国传统音乐、西方音乐、流行音乐和世界民族音乐基本的内涵，了解各自的审美特征，对音乐具有一定的审美能力，对音乐建立起"雅""俗"的概念与判断能力。

案例导读

贝多芬（图6-1）是人类历史上最伟大的音乐家、作曲家，创作出了很多经久不衰的经典作品，这些作品已成为全人类的宝贵精神财富。他最为著名的《第九交响曲》（"合唱"）第四乐章的合唱部分以德国著名诗人席勒的《欢乐颂》为歌词谱曲，表达了人类追求自由、和平的崇高理想，拥有触动心灵的巨大力量。1824年，《第九交响曲》在首演时获得巨大成功，这从观众席中爆发出雷鸣般持续不断的掌声便可见一斑。200年来，贝多芬的《第九交响曲》经常在世界各地的音乐厅中被奏响。

迈克尔·杰克逊（图6-2）是20世纪最杰出的流行音乐家、歌手、舞蹈家，他自身仿佛就是音乐的化身，他融合并开创了多音乐风格，创造了多项奇迹。1985年，他参与作词作曲的歌曲 We are the world（中文名为《天下一家》），是他与美国四十五位歌手联合演唱的。歌曲中"四海一家""我们需要的是爱""靠你和我可以创造更美好的明天"等歌词充满大爱。该曲最终为非洲筹集了至少6 000万美元的慈善捐款，它也因此被誉为全世界最有爱的公益歌曲。杰克逊用一生诠释了"音乐无国界"，人们如此怀念杰克逊，因为他通过音乐体现出他对这个世界的爱与友好。他为呼吁种族平等、世界和平以及为慈善事业所创作的歌曲，投入了他真挚的情感，感动了全人类的心灵。

图 6-1 贝多芬

图 6-2 迈克尔·杰克逊

以上两位音乐家虽然身处不同时代，各自擅长的音乐具有截然不同的风格和形式，但他们都用音乐将全人类的心紧紧相连。由此，我们可以从中深刻感知，音乐是一种超越语言、种族、国家、阶层的人类共同艺术财富，能够把充满隔阂的人们团结起来，挑动全世界的脉搏。

<h2>第一节　音乐艺术的特殊性</h2>

我们是否都经历过这样的场景：中小学每周一升国旗时，我们唱着国歌，激起心中对祖国的无限热爱？当我们感觉身心疲惫时，打开手机中的音乐 App 听几首自己喜欢的乐曲，会感到无比放松？你可曾想过，音乐为什么会让我们产生情感共鸣，又为何会让我们感觉轻松愉悦？

音乐作为一种美的享受，是美育教育中不可或缺的一部分。如今，随着时代发展，大学生既需要具有一定的专业知识，也要是懂得审美的全面发展的高素质人才。音乐是审美过程中的重要一环，美好的音乐，可以增强人们辨别真、善、美的能力，健康的音乐会陶冶人们的情操，进一步对全社会产生积极的影响。孔子言"移风易俗，莫善于乐"，孟子说"仁言不如人声之入人深也"，音乐最能深入人心，是对社会风俗改变最有效的途径。春秋战国时期，统治者将音乐作为读书人必学的"六艺"——礼、乐、射、御、书、数之一。这里的"乐"是音乐、诗歌等，作为陶冶情操，提高精神修养的必修课。西方历史上也强调音乐审美教育的重要性，古希腊思想家毕达哥拉斯首先提出了音乐的"净化"作用，认为不同风格的音乐可以使人产生相应的美感活动而引起性格的变化，使人内心和谐，身心健康。唯物主义哲学家德谟克利特把音乐作为"可以改变人"的重要手段，认为通过音乐教育，人们能够受到精神品质上的教养。柏拉图更是明确地提出："音乐教育比其他教育重要得多。""音乐教育除了非常注重道德和社会目的以外，必须把美的东西作为自己的目的来探求，把人教育成美和善的。"①

可见，通观古今，音乐对人、对社会的重要影响不言而喻。音乐可以帮助人们树立崇

---

① 何乾三. 西方哲学家文学家音乐家论音乐 [M]. 北京：人民音乐出版社，1983：10.

高的审美理想，培养健康的审美趣味，自觉抵制庸俗低级文化的侵蚀，从而为整个社会带来积极的正面影响。因此，在漫长的历史发展中，音乐一直是国民基础教育中的一项必不可少的内容，在教育中历来占有十分重要的地位。今天，音乐作为文化的一部分，是社会主义精神文明建设的重要一环，更是美育中不可缺少的一环。

一、音乐的概念

音乐是什么？看到这一问题，大家可能想到，音乐是电视里的综艺节目，是出租车里的广播歌曲，是手机里的音乐 App，是夜晚随处可见的广场舞，是音乐厅里的交响乐，是电影里都会有的配乐主题曲……这些都是不同种类的音乐，通过不同的功能、不同的存在方式，对每个人的生活产生着潜移默化的影响。可以说，我们日常生活中都会或多或少地与音乐接触。那么，音乐到底是什么呢？

（一）音乐是什么

古今中外，有诸多解释、描绘音乐的表达，学者叶纯之、蒋一民在《音乐美学导论》中对音乐的解释有以下九种：

①音乐是时间的艺术；
②音乐是乐音的流动；
③音乐是表达情感的艺术；
④音乐是听觉的艺术；
⑤音乐是非描写的艺术；
⑥语言的尽头，音乐响起；
⑦音乐是二次完成的艺术；
⑧音乐是以经过选择、概括的声音作为物质材料的艺术；
⑨音乐是遵循内在声学逻辑规律（组织规律和运动规律）的艺术。[①]

（二）音乐的内涵

上述概念从不同侧面阐释了音乐的内涵：

①说明音乐不是固化的，是在时间中展开和完成的艺术形式，不同于建筑、雕塑等空间艺术，也不同于戏剧、舞蹈等时空艺术，是一种动态的、非可视化的艺术形式。

②描述中的"乐音"与"噪声"相对，是一种和谐悦耳的声音。这句话本身与汉斯立克[②]音乐形式论（自律论）不谋而合，即"音乐的内容就是乐音的运动形式"[③]，表达了音乐自身的特质即音乐美的表现；也与魏晋名士嵇康的《声无哀乐论》观点相似，即"心之与声，明为二物""音声有自然之和，而无系于人情"，音乐的本体是"大小、单复、高埤、善恶"的总和，这一观点与音乐"表情说"相对。

③表达了音乐的"表情说"，即音乐是蕴含并能激发出人的情感的。儒家《乐记》中的观点是其佐证，"凡音之起，由人心生也，人心之动，物使之然也。"这让人不难联想到

---

① 叶纯之，蒋一民. 音乐美学导论［M］. 北京：北京大学出版社，1988：15-18.

② 爱德华·汉斯立克（Eduard Hanslick），奥地利美学家、音乐评论家. 其著作《论音乐的美》（1854 年初版）是西方代表性音乐美学著作之一，在当时受到音乐界和哲学界的重视，不断引起争论.

③ 汉斯立克. 论音乐的美：音乐美学的修改刍议［M］. 杨业治，译. 北京：人民音乐出版社，1980：50.

西方浪漫主义时期标题音乐的美学内涵，肯定了音乐在表达具体的内容或情感时的作用，即他律论的美学观点。

④揭示了音乐的接收器官与方式，是一种非造型性的艺术形式，是诉诸音响的听觉感受，虽然有时候音乐中可以设定具体的形象（如标题音乐），但只能通过人的形象思维达到间接的实现。

⑤和⑥仿佛是一对递进关系。⑤说明音乐与实际存在的具象事物无法建立直接的对应关系，无法进行细致特定的刻画；⑥则更进一步，音乐表达不可言说，当人类无法用语言表达某种情感或描绘某种场景之时，可以借用音乐，寓情于景，含蓄隐晦地间接表达出自己的情感或情绪。

⑦揭示了音乐是需要表演载体二度创作的艺术形式。不同于文学、绘画、雕塑等一次完成，音乐、舞蹈、戏剧等都需要靠表演者作为中介完成演绎的，因此音乐也有三度创作的空间——作曲、表演和欣赏，这就造成了音乐的丰富性与多元性。正如莎士比亚所言，"一千个观众眼中有一千个哈姆雷特"，不同的表演者也会有对原作不同的演绎方式，形成不同的演奏风格流派。

⑧和⑨阐释了音乐的物理特性与内在逻辑规律。音乐是声音的艺术，需要符合声学规律的发声体，依据一定的演奏或演唱规则，产生振动发声，并将每个音按照约定俗成的方式加以组合串联，而形成美妙的音响效果，所以音乐也是一种需要物质载体，通过精妙科学计算才得以实现的艺术形式。

不难看出，音乐这一概念可以从不同角度理解，每个人对音乐的看法，见仁见智，不同观点的叠加或总和，构成音乐艺术所固有的特殊规定性。

二、音乐的基本要素①

我们聆听到的每首音乐作品都是由音乐的基本要素，包括音高、音强、音长、音色、节奏节拍、旋律、调式，以至更加复杂的和声、复调、配器等构成的，每首作品也有一定的曲式结构，用声乐、器乐，或现在越发广泛应用的电子音乐、AI 技术编配制作的音响，构成丰富多彩的音乐大家族。

1. 音高

它是由振动频率决定的声音听觉属性，是音乐最重要的基本要素之一。按照振动的有序性，声音可以分为乐音——发音体振动呈周期性规律变化而产生的听觉判断，噪声——发音体振动呈不规则状态的听觉判断，前者成为音乐艺术的基本材料，后者则在音乐创作中使用较少。乐音的音高本身就具有表现力——低音深厚、沉重，中音宽广、温和，高音明亮、轻快。如交响乐队的弦乐器组就分为小提琴、中提琴、大提琴、低音提琴，用来展示丰富全面的音乐表现力，同样一个乐器上也可以具有广泛的音域，被称作世界第八奇迹的我国曾侯乙墓编钟，音域已经达到五个八度。人耳对音高具有敏锐的感受力，也能够引起相应的心理变化，如在听到尖锐的高音时会产生紧张感，而在听到极端的低音时会产生恐惧、压抑等情绪。因此，在适度的音高上演绎乐曲，会给人美好的审美体验。

---

① 张前. 音乐美学教程［M］. 上海：上海音乐出版社，2002：73-84.

2. 音强

它是由振动幅度决定的声音听觉属性，是具有音乐表现力意义的存在，能够带动人欣赏音乐时的情绪起伏。如贝多芬第五交响曲《命运》第一乐章之始，著名的"叩响音乐之门"的主题动机，就用了很强的"ff"力度，表现出扼住命运喉咙的坚定与果断。再如被誉为"奥地利第二国歌"、由小约翰·施特劳斯创作的《蓝色多瑙河》。此曲一开始，乐队在"pp"的弱奏中演奏颤音，力度逐渐增强，仿佛清晨的雾霭逐渐散去，描绘了一幅柔和安详的多瑙河黎明景象。需要指出的是，人类对音强的感受是有极限的，超过140分贝的强度给人感受就不再是声音，而是一种听觉器官的压痛——噪声。

典型示例

多瑙河（图6-3）是欧洲第二长河，也是奥地利的母亲河。奥地利作曲家小约翰·施特劳斯，被誉为"圆舞曲之王"，其作品《蓝色多瑙河》用交响乐形式描绘了多瑙河沿岸风光，抒发了他对祖国的热爱之情。此曲曲风清新明快，充满动感，是金色大厅每年在元旦举行的"维也纳新年音乐会"上的保留曲目。

图6-3 多瑙河景色

3. 音长

它是声音的时间属性，一首作品是由不同时间长度的声音组织起来的，音乐艺术的时间特性是通过每一个音的音长体现的。我们在欣赏歌剧演唱时，常常将演唱者是否能够准确唱出气息悠长的高音作为评判其水平的标准之一。据悉，长线条的音乐旋律通常与优美、抒情、壮阔、悲哀等描述相关。而短促的音乐，如格里格《培尔·金特》第一组曲第四首《在山妖的洞穴里》，几乎全曲都用跳音演奏；再如说唱歌手的Rap演唱，较短的音符组成的乐曲通常给人紧张、小心、古灵精怪、活泼等感受。

4. 音色

它是由物体振动状态决定的声音听觉属性。不同的乐器或不同的人声，由于材料、构造或生理结构不同，而产生音色的差异。同一个音或同一段旋律，用人声演唱，和用单一乐器演奏，或者由现代乐队齐奏，会产生不同的审美效果。

由于人类听觉的自然属性，会认同优美悦耳的音色更符合审美标准，如意大利美声唱法为代表的圆润、通透、饱满、优美的音色有很强的表现力，然而，有一些包含一定噪声成分、紧张度较高的乐音，甚至是噪声，也具有另一种美学意义。如中国戏曲中的河南梆子、华阴老腔、西北皮影戏、川剧高腔等剧种中的部分花脸、老生唱段，以及韩国盘索里中，彰显着人声艺术的另一面——粗糙、尖锐、紧张性音色，也具有特殊的表现力。

到了 20 世纪，现代音乐创作浪潮迭起，和声、调性、旋律等音乐要素都呈现出不同的颓势，唯有音色是作曲家更加广泛挖掘的领域。当今的音乐创作中，将音乐的探索扩大到无限声音的可能性，所有能够发声的器物，都可能被选择到音乐作品中来，如十二音音乐作曲家韦伯恩创作的《六首管弦乐小品》尝试用音色来构成"音色旋律"，波兰现代作曲家潘德列茨基在其名作《广岛受难者的悲歌》中，用敲琴板，在琴码、指板上拉奏等非常规性演奏法进行演奏；当代中国作曲家谭盾在创作中探索了水、纸、石等不同的发声体。这些都体现了现代音乐对音色的追求力求打破常规，突破极限，探索无限可能。

延伸阅读 6-1

音高、音强、音长、音色四种音乐要素是一切音乐形式的基础。

欲学习更多相关内容，请扫描查看延伸阅读 6-1。

三、音乐的功能

音乐体裁、风格、流派的不同，使各种音乐的应用场合有所不同，对人产生的作用不同，进而使其产生的功能也不尽相同。和其他艺术形式一样，音乐是一种具有广泛社会影响的精神文化现象，它的创作、表演和欣赏活动，会产生一定的社会效果，这种社会功能就是音乐功能的宏观体现。

（一）音乐的艺术审美功能

音乐被用于审美和思想感情的表现时，具有艺术功能。音乐的艺术功能首先表现在创作过程中，作曲家将内心的情感或画面通过音乐这种特殊的形式，经过一定的技法编排出来，完成了一种情感感受到一件艺术作品的转化。而到表演环节，表演家完成对音乐作品的艺术演绎，带给观众审美体验。这种艺术审美功能实现的场所最有代表性的是歌剧院、音乐厅等，如台上在表演一首古典主义时期优美的弦乐四重奏，台下观众会产生精神的愉悦感。据悉，自 2013 年年底开始，北京地铁 10 条线路的 160 个车站在每天固定时段循环播放古典音乐，这一举措让人们在每天必经之路，最为嘈杂繁忙的地铁站中欣赏古典音乐，旨在让人们驱除疲惫，获得精神的放松与审美的享受。

（二）音乐的认知功能①

音乐在带给人美的享受的同时，也在循序渐进地影响人的认知。音乐通过某些生理和心理作用，激发与音乐音响运动相对应的某种情绪和情感，并升华为思维和理智，从而生发实践理性。达尔文在《物种起源》中指出"失去对音乐的爱好，无疑就会失去一部分幸福，甚至还会影响智力。"物理学家爱因斯坦认为，音乐带给他的想象力比知识更重要，是音乐激发他提出影响深远的相对论。美国当代医学、生理学家罗杰·斯佩里关于"裂脑人"的研究成果表明，人类左脑与右脑有明确分工及密切配合的生理机制，大脑两个半球是高度专门化的，许多高级功能集中在右半球，右半球的音乐等感觉能力及几何学、空间能力，以及综合化、整体化功能都优于左脑。因此，音乐对灵感思维有积极作用，长期的

---

① 廖家骅. 音乐审美教育［M］. 北京：人民音乐出版社，1993：34-36.

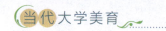

音乐实践，可以促进智力开发。音乐对人生理、心理机制中的大脑和思维有调节、增值的作用，能够从根本上提高逻辑思维、形象思维和灵感思维、智力因素和非智力因素等方面的认知功能。

（三）音乐的教化功能

所谓"教化"，即按照相应的社会价值观，借助音乐的丰富形式给予人们思想以教育、品德以感化。若说音乐的艺术审美与认知两个功能都作用于人类个体，那么音乐的教化作用则首先可以提高个人修养，进而对整个社会的和谐构建产生积极作用。音乐的教化作用渗透到我国的各个时期与音乐形式中。

在中华人民共和国成立之前，很多人缺乏识文断字的能力，只得借助广为人传唱的叙事歌、劳动歌、节气歌等，以及戏曲来接受相关教育。从英雄开天辟地的史诗，到男女传宗接代的情歌，以及古往今来的历史、生活常识与处世哲理，每每在音乐获得。因为说唱、戏曲是了解历史传统、接受伦理道德的教化、熟悉人情世故的便捷途径，彰显着教化的功能，人们因此把说唱、戏曲誉称为"高台教化"。

20世纪初，"学堂乐歌"开始了近代新型学校的音乐教育，向青年学生宣扬"富国强兵"、抵御外强欺凌的爱国精神，在思想启蒙方面为当时的青少年学生带来深刻的影响。抗日战争时期，音乐发挥出空前的社会力量，中国掀起了声势浩大的抗日救亡歌咏运动，对发动群众投入抗日民主斗争发挥了巨大的鼓舞作用。

冼星海的《黄河大合唱》创作于1939年，是诞生于抗日战争时期的一部经典作品。该曲热情歌颂了中华民族坚强不屈的斗争精神，是一部震撼人心的音乐作品，能够让人获得极大的审美享受。观众在聆听该曲时，眼前呈现出一幅英雄儿女誓死保卫壮美山河的史诗般画卷，令人不禁感同身受，受到鼓舞，进而更加珍惜今天来之不易的生活。

可见，音乐的教化作用在特定的历史时期，能够起到鼓舞全社会一起发动某项重大活动的作用。

（四）音乐的娱乐功能

在现代社会，与我们的日常生活联系最为密切的是音乐的娱乐功能。娱乐功能主要是通过快乐、消遣帮助消除疲劳、愉悦身心，这种功能的实现通常是通过较为简单易学的通俗音乐形式，如流行歌曲、轻音乐等。当打开手机里的网易云音乐、QQ音乐等App，随时随地播放自己喜欢的歌曲，或追随自己喜欢的偶像到演唱会现场，或参加一场火热的摇滚音乐节，抑或去酒吧、夜店随着DJ的音乐摇曳起舞，这些体验带给人的是一种精神快乐和心理满足感。

音乐娱乐功能还可通过自身实践来达到自娱自乐的目的，如自己做家务或街上行走时哼几首自己喜欢的歌曲；与好友去卡拉OK厅放声歌唱一场，打开全民K歌等手机App，录制并展示自己的歌喉；用自己熟悉的乐器，或独奏或约上几个好友合奏一两首乐曲……这些对音乐的自我演绎都能够实现情绪的宣泄、情操的陶冶。个人在自娱的同时，甚至可以实现音乐专项技能的提高。

然而，任何事物发展到一定程度都会带来弊端，现在社会生活节奏越来越快，音乐的其他功能逐渐弱化，娱乐功能却在日益膨胀。在这种背景下，越来越多流量歌曲、低俗网络音乐充斥人们的生活，刺激人们的感官，破坏音乐对社会的正面效应。因此，在这个时代，我们更需要音乐审美教育，提高全民鉴赏能力，正视音乐娱乐功能对人与社会的影响与意义。

（五）音乐的实用功能

虽然现代社会中，音乐更多以审美性、教育性、娱乐性的功能存在，但在漫长的历史发展中，先民对于音乐有更深刻的依存关系，音乐也因此具有更多如礼仪、交友、组织劳动、音乐治疗等实用功能。

礼仪方面，音乐在上自国之仪典、下至黎民事俗中扮演着"隆礼"与"律动"的作用。各个国家、各个时代的帝王登基、皇朝觐见、迎宾待客等礼仪活动中，都需要音乐为伴。

从民俗学角度看，人的一生中一般都要经历出生、成年、结婚、死亡四大节点，由此也需经历出生、成年、结婚、丧葬四大礼仪。例如，傣族在婴儿出生时，人们会唱欢迎孩子到来的"接子歌"；壮族少年在年满十八岁时，会唱着《十八岁之歌》过"成年礼"；结婚乃人生要事，我国各地大多有"哭嫁歌""贺郎歌""撒帐歌"等男女嫁娶习俗；在办理丧事时，一般都会播放哀乐，更有孝子孝女在守灵时唱歌颂死者生前功绩的夜歌等。在这些礼仪中，音乐，尤其是歌唱活动，通常在其中扮演着重要角色。正所谓"歌声伴着躺进摇篮，歌声伴着走进坟茔"，此句道出了音乐与人生的紧密相伴。

交友功能也是音乐所特有的魅力。在民间诸多民族中都有歌会，青年人以歌交流，对歌斗智，以此收获爱情，此时音乐流露出最自然的本性表达，展示着人类最真挚的情感；而在现代，我们依然可以在某些场合以乐交友，如聊起彼此都喜欢的偶像或明星，能够让感情快速升温，促进友谊。

在没有现代化器械之前，人们劳动都依靠双手，在做繁重体力劳动时，就要喊唱劳动号子，起到调节步伐与呼吸、鼓舞精神、指挥集体劳动的作用。先秦《吕氏春秋》记载，"今举大木者，前呼舆讉，后亦应之"是关于劳动号子的最早记载。今天，随着现代化工业设备的普及，劳动号子正在随着使用情境的消失而消亡。

音乐的治疗、疗愈功能在现代越来越被推崇。其实在奴隶社会，音乐的保健治疗功能已被发现和应用。古希腊毕达哥拉斯就确认，可以用音乐的某些旋律或节奏来调节人的脾气和情绪；中国古代也有很多文献记载了音乐对人的积极影响，《左传》记述了音乐和疾病的关系，《黄帝内经》阐述了病理与心理的辩证关系。当代，音乐治疗作为一门学科，在治疗失眠抑郁、老年性疾病等方面发挥着越来越重要的作用。我们常见的配合广场舞、气功等公园集体活动的音乐，也在很大程度上起到了健身疗愈的功效。①

音乐以艺术审美功能为核心，逐渐影响人的认知，达到教育的目的，娱乐和实用功能是审美功能的具体体现。音乐无处不在，在潜移默化中影响着每个人的人生乃至整个社会的运转。

欲学习更多相关内容，请扫描查看延伸阅读6-2。

延伸阅读6-2

---

①　廖家骅. 音乐审美教育［M］. 北京：人民音乐出版社，1993：36-38.

第二节 世界各地音乐品鉴

一、中国传统音乐之美

我国是世界上音乐文化发展最早的国家之一，我国音乐文化可追溯到新石器时代，考古学家在河南舞阳县贾湖发现的四十多支骨笛，最早的距今约 9000 年。浩浩数千年长河中，音乐作为社会文化的一部分，反映出朝代的更迭与人民的心声。

（一）宫廷音乐之美

与封建王朝相伴的是辉煌的宫廷音乐历史。周初开始建立的礼乐制度，六代乐舞成为西周统治者用于祭祀大典和宴飨活动的六部乐舞，被后世儒家奉为雅乐最高典范，其中舜时代的《箫韶》最为著名，相传《箫韶》舞和乐都有九段，《尚书·益稷》云，"箫韶九成，凤凰来仪。击石拊石，百兽率舞。"孔子三十五岁左右在齐国听到《箫韶》乐，对此极为赞赏，以至于"三月不知肉味"，并言"不图为乐之至于斯也"。"韶，尽美矣，又尽善也。""尽善尽美"因此被后人认为是我国古代最早评价完美艺术的准则。

●典型示例

礼乐制度在乐器铸造上的巨大成就体现在湖北随县擂鼓墩遗址出土的战国时期的曾侯乙墓编钟（图6-4）。整套编钟共六十四枚，分三层，律制齐全，制作精良，多数甬钟可通过敲击中间和两侧得到两个音，钟上共有 200 多个错金铭文，记录了当时不同国家的音阶、律制名称，是目前所见古代编制最为庞大的一套编钟，体现出曾国宫廷音乐的规模与发展程度。今天，通过这座编钟，我们不仅可以听到古代遗音的庄严肃穆，还会不禁赞叹古代先民在乐器制作上的精妙。

图6-4 曾侯乙墓编钟

唐代是一个宫廷音乐高度发展的时期，宫廷音乐高度发展，其中多部伎乐吸收各民族、国家的音乐精髓，显示出唐代文化的开放包容。《霓裳羽衣曲》是唐代最著名的歌舞大曲，相传该曲由唐玄宗李隆基根据印度《婆罗门曲》改编，舞者上衣绣着洁白的羽毛，下身穿彩云般的裙裾，音乐舞蹈都洋溢着仙境般的情调，白居易称赞道："千歌万舞不可数，就中最爱霓裳舞。"虽然这部作品早已失传，我们还是可以从有限的记载和姜夔后来整理的《霓裳中序第一》中遥想到其中的仙乐缭绕、风袖翔鸾等盛景，其浪漫主义情怀将唐大曲推向炉火纯青的艺术峰巅。

（二）文人音乐之美

文人是中国古代一个特殊群体，他们寄情山水，抚琴吟诗，有较高的文化素养，同时具有不与世人同流合污的高洁品格，因此他们催生了"文人音乐"这一中国传统音乐品类。

古琴是我国古代音乐文化中占有重要地位的乐器，孔子、司马相如、蔡邕、嵇康等都以善弹古琴著称，"心平气定""清微淡远""通乎杳渺""物我两忘"，古琴艺术中的至美境界让人心生向往。俞伯牙、钟子期高山流水觅知音的故事千古传唱，"巍巍乎若泰山，汤汤乎若流水"的解读成为中国对友情、知音的最好诠释，这首《高山流水》也被"旅行者"1号（美国宇航局研制发射的外太阳系空间探测器）载入外太空，以寻觅人类的朋友。

其他古琴作品中，《广陵散》描写了聂政报杀父之仇的故事；《酒狂》描绘了"竹林七贤"之一阮籍醉酒后迷离恍惚、步履蹒跚的神态，表现出作者不甘随波逐流的愤懑心情；《碣石调·幽兰》是我国目前最古老的文字谱上的乐谱，该曲描写了孔子四处碰壁后看到深山中兰花与杂草共生的故事，抒发了生不逢时、怀才不遇的忧愤之情；《梅花三弄》细腻地刻画出梅花"凌霜傲雪"的高贵品格。传世的经典古琴曲中，寄托着文人志士的品格与志趣，是一部部具有独立精神的审美佳作。由于博大精深的文化内涵，中国古琴艺术于2003年被联合国教科文组织列入世界"人类口头和非物质遗产代表作"名录。

宋代词调音乐是在民间歌曲的基础上发展起来的一种艺术歌曲，南宋著名词人姜夔擅长自度曲，其《白石道人歌曲》是流传至今的珍贵歌曲集，其中代表作如《扬州慢》《杏花天影》，都在词旁注乐谱。姜夔的一生在游历飘零中度过，时逢战乱，通过创作表达了惆怅、伤感之情，慨叹其身世凋零，流露出爱国情思。

（三）民间音乐之美

民间音乐是历史上最能反映百姓心声的艺术形式，历朝历代都有皇帝下令禁止一些民间音乐，而百姓并不示弱，如一首陕北民歌唱道："天上大星管小星，地上抚台管军门，只有知府管知县，哪个管得唱歌人。"可见民间音乐的勃勃生机。民间音乐可分为民歌、民间舞蹈音乐、曲艺音乐、戏曲和器乐，每种形式都有自身独特的魅力。

我国土地广袤，不同的地理环境与习俗文化造就了民歌艺术的丰富多彩。我们可以从真挚感人的民歌中了解人们生活百态，《孟姜女调》讲述了孟姜女哭长城的悲痛故事，这一曲调传唱广泛，在各地有不同变体，老电影《马路天使》中的插曲《四季歌》就是贺绿汀根据这一曲调编写的。与之类似的还有《茉莉花》，其不仅在中国各地广泛流传，更被传播到海外，普契尼歌剧《图兰朵》中，这一曲调被用作中国公主的主题咏叹调，起到了震撼人心的作用。除了影响全国的歌调，一方水土养一方人，每个地方都有其独具特色

的民歌：陕北信天游高亢嘹亮，山西地区的山曲悲痛凄楚，甘青宁地区的民众喜欢用民歌花儿来互诉衷肠，江浙民歌委婉细腻，东北民歌风趣幽默……民歌仿佛调色盘，充满着每个地区的不同色彩，讲述着一段段别样的历史往事。

曲艺是发展得更为成熟的艺术形式，其篇幅长，一般用于配合戏曲表演，起到烘托剧情的作用。我们会从单弦牌子曲《杜十娘》中惋惜杜十娘的悲惨命运，从京韵大鼓《丑末寅初》中看到一幅凌晨三四点钟时生机勃勃、情趣盎然的民俗风情图景，从苏州弹词《新木兰辞》中重温保家卫国、骁勇善战的奇女子故事。戏曲是中国传统音乐中发展最为成熟的品种，被称作"百戏之祖"的昆曲集我国古典文学、表演、舞蹈、美术、武术之大成，系统完备，艺术成就高超，自明中叶以来独领剧坛近三百年，影响深远，在2001年被联合国教科文组织列入"人类口头和非物质遗产代表作"名录。后起之秀京剧凭借更加简洁的板腔曲体结构与兼容并蓄的音乐构成，孕育了对比统一的审美思维，便于传唱，越来越受百姓的喜爱，最终在数次"花雅之争"中，作为俗乐代表的"花部"获得优势，成为今天的国粹艺术。

民间器乐的生存更依赖于传统文化，多与婚丧嫁娶、迎神赛会等风俗活动密切相连。中国乐器各具品格，如民间乐种中，唢呐主奏多在喜庆场合，管子主奏则在葬礼使用；独奏曲中亦然，唢呐吹奏的《百鸟朝凤》生动热烈，而管子独奏曲《江河水》激越悲愤。二胡在漫长历史中被认为是不能登上大雅之堂的粗俗乐器，如民间艺人阿炳在乞讨时演奏，后来经过近代刘天华的改革，才逐渐走上舞台。值得注意的是，我国周代已有按照制作材料不同将乐器分类的"八音"分类法，将乐器分为金、石、土、革、丝、木、匏、竹，最早属于中国本土乐器的都是单字乐器，如琴、筝、钟、笙等，而像二胡、琵琶、扬琴、箜篌、唢呐等多字乐器多为漫长历史中由西域传入的，它们在中国大地上生根发芽，逐渐成为中国传统乐器，体现出漫漫长河中文化的交替更迭。

二、西方音乐之美

西方音乐与中国音乐的发展路径不同，是一条专业音乐发展道路，起源于宗教多声音乐，后经过每个时期作曲家们的创作，逐渐发展出专业的作曲技术与多姿多彩的艺术风格。

（一）巴洛克之前的复调音乐之美

西方音乐起源于古希腊，经历了5—15世纪漫长的中世纪与14—16世纪的文艺复兴，在1600—1750年的巴洛克时期，迎来复调音乐的发展高峰。

复调音乐起源于6世纪左右的格里高利圣咏，最初是单声部基督教仪式吟唱，后来在单声部基础上加入不同旋律，逐渐形成成熟的复调艺术。文艺复兴时期若斯坎的经文歌《圣母颂》、帕莱斯特里那的《马切洛斯教皇弥撒曲》等都是复调宗教合唱作品的典范，声部错综复杂，音乐柔和细腻，仿佛纯净清澈的天籁之音。

巴洛克晚期的两位大师亨德尔和巴赫在复调音乐领域取得了至高的艺术成就。亨德尔在清唱剧《弥赛亚》中集中了多种风格、合唱织体与色彩对比，其中合唱段落《哈利路亚》曲调清新明快、朗朗上口，体现了巴洛克艺术强烈的戏剧性，具有波澜壮阔的气势和史诗般风格，成为家喻户晓的经典作品。

约翰·塞巴斯蒂安·巴赫不仅是巴洛克音乐成就的集大成者，也成为之后音乐道路的预言者和引路人。他的管风琴曲《d小调托卡塔与赋格》宏伟壮丽、粗犷豪放，具有一泻千里的气势与品格；世俗性的声乐《康塔塔》生动活泼，诙谐幽默，表现了他作为普通德国市民对人世生活的热爱和广泛乐趣。他的两卷《平均律钢琴曲集》是键盘复调艺术的集大成者，被称作钢琴"旧约圣经"。巴赫不仅对复调音乐进行了总结与概括，也是近代主调音乐的先驱，被称为"近代音乐之父"。

(二) 古典主义音乐之美

古典主义时期的音乐建立起了我们今天的普遍审美标准。欧洲古典主义音乐是指18世纪中叶至19世纪初以维也纳为中心发展起来的音乐流派，其中，以海顿、莫扎特、贝多芬为代表的"维也纳古典乐派"将它推向了鼎盛时期。

海顿被称作"交响乐之父"，一生共创作了一百多首交响曲，确立了四个乐章的奏鸣交响套曲结构，发展了一种新型器乐语言，以动机发展构造主题和乐章，其最主要的美学特征是它的动力性，这也成为古典主义交响曲的主要特征，使古典主义交响曲区别于更早的巴洛克音乐和更晚的浪漫主义交响乐。海顿的著名交响曲如第94《惊愕》，第101《时钟》，以及由十二首交响曲组成的《伦敦交响曲》等。

莫扎特是音乐史上少有的天才，具有非凡的音乐感知与记忆力。1770年，年仅十四岁的莫扎特在梵蒂冈西斯廷小教堂听完一遍被誉为人类合唱史上最优美的旋律与和声作品《求主垂怜》（Miserere mei，Deus）后，凭借非凡的记忆将乐谱全部默写出来，并在两日后重新听，再做出修正。这部作品曾被教宗视为稀世珍宝，甚至敕令封此乐谱为绝密文件，莫扎特的记写让教宗大感惊讶，同意莫扎特把这首乐曲带出教堂，让世人得以聆听到如此美妙的天籁之音。莫扎特虽然只活了短短三十五岁，却十分高产，创作出六百多首优秀音乐作品，最重要的领域包括四十一首交响曲、二十七首钢琴协奏曲等器乐作品，还有二十一部歌剧，如著名的《费加罗的婚礼》《魔笛》等。虽然莫扎特后期穷困潦倒，但他的音乐却始终带给世界澄澈与光明。

贝多芬更是集古典之大成、开浪漫之先河的音乐巨人。贝多芬创作中所体现出的英雄主义、普世主义，以及与命运抗争的坚韧顽强，激励着世世代代的人们向他的音乐朝圣。贝多芬一生创作了九部交响乐，可以看出，与海顿、莫扎特相比，数量大大减少，但其中充满革新性，他将这交响乐一体裁发展到历史高峰，如同魔咒一般，后世作曲家再难超越其数量与质量。其第三《英雄》交响曲是一首音乐史上不得不提的革命性作品，因为他在曲体结构上做了大胆创新，使此曲饱含共和主义崇高理想。可以说，此曲无论从题材、思想上所做的创新，还是对音乐的发展所做的贡献都站在了时代之巅，超越了同时代的音乐语言。他的三十二首《钢琴奏鸣曲》被称作钢琴"新约圣经"，著名的《悲怆》《月光》《暴风雨》《黎明》《热情》等作品经久不衰。贝多芬用特有的音乐语言诠释着他的"自由、平等、博爱"精神，推动了音乐历史的发展进程。

(三) 浪漫主义及20世纪的音乐之美

浪漫主义突破了古典主义所营造的普遍性，追求一种更加个人化的创作风格，音乐体裁更加多元，所以我们能够聆听到"钢琴诗人"肖邦的细腻典雅，"歌曲之王"舒伯特的抒情典雅，"钢琴之王"李斯特的绚烂多彩，还有门德尔松的优雅华丽，舒曼的纠结忧郁，勃拉姆斯的恢宏壮阔……在浪漫主义时期，每位作曲家都用音符书写着自己的使命，让音乐史变得五彩缤纷。

歌剧这一体裁自巴洛克诞生以来，历经改革，到浪漫主义时期迎来高度发展。法国、德国、意大利歌剧都实现了本土化的改革创新，意大利歌剧中罗西尼的《塞维利亚理发师》，威尔第的《茶花女》《阿依达》《奥赛罗》，普契尼的《托斯卡》《蝴蝶夫人》《图兰朵》等，今天仍常演不衰。瓦格纳则是音乐史上最有影响力并备受争议的一位音乐家，他对歌剧做出大胆改革，创造了"乐剧"，频繁运用主导动机与"无终旋律"，运用持续的离调和转调，使得传统调性体系逐渐走向瓦解边缘，他的乐剧《特里斯坦与伊索尔德》是个人风格的具体表现，其中渗透了叔本华悲观主义哲学思想的影响。

浪漫主义进程中，俄罗斯、捷克、北欧的民族乐派兴起，其中挪威的格里格，捷克的斯美塔那与德沃夏克，俄罗斯的格林卡、强力集团、柴可夫斯基、拉赫玛尼诺夫、斯克里亚宾，匈牙利的巴托克、柯达伊，芬兰的西贝柳斯，美国的科普兰、格什温等都成为各自民族音乐的代表人物。他们利用民歌或有民族特点的旋律、节奏，以民族文学或爱国主义主题作为音乐创作的基础，与浪漫主义音乐手法有机结合，创造出令人耳目一新的音乐作品。

到了20世纪，印象主义、表现主义、新古典主义先后登上历史舞台。1945年后，随着科技的发展，序列音乐、偶然音乐、电子音乐、简约派音乐、流行音乐等相继兴起，音乐创作以更加多元化的方式适应着时代与潮流。

欲学习更多相关内容，请扫描查看延伸阅读6-3。

欲回顾本章重要知识点，请扫描查看知识回顾6-1。

延伸阅读6-3   知识回顾6-1

课后赏析

歌剧《魔笛》

作曲家：莫扎特

创作时间：1791年

版本：2003英国皇家歌剧院版

主演：狄安娜·达姆娆（Diana Damrau 饰夜后）等

观赏链接：https://www.bilibili.com/video/BV1b7411G7cg/? spm_id_from = 333.337. search-card.all.click&vd_source=5aad84921a8dd630377ca67d8ca8bad4

故事梗概：埃及王子塔米诺被巨蛇追赶而为夜后的官女所救，夜后拿出女儿帕米娜的肖像给王子看，王子一见倾心，心中燃起了爱情的火焰，夜后告诉王子，她女儿被坏人萨拉斯特罗抢走了，希望王子去救她，并允诺只要王子救回帕米娜，就将女儿嫁给他。王子同意，夜后赠给王子一支能解脱困境的魔笛，随后王子就起程了。事实上，萨拉斯特罗是智慧的主宰，"光明之国"的领袖，夜后的丈夫日帝死前把法力无边的太阳宝镜交给了他，又把女儿帕米娜交给他来教导，因此夜后十分不满，企图摧毁光明神殿，夺回女儿。王子塔米诺经受了种种考验，识破了夜后的阴谋，终于和帕米娜结为夫妻。

评论及分析：德语歌剧《魔笛》（图6-5）是莫扎特创作的最后一部歌剧。当时的莫扎特生活窘迫、疾病缠身，抑郁不得志的作曲家当时处于极度绝望的境况。虽然如此，莫扎特的创作热情仍很高。这部歌剧把德国歌唱剧与意大利歌剧的优点结合起来，把流行喜剧因素与共济会象征主义庄严音乐结合起来，其中既有带伴奏的宣叙调，也有庄严的合唱和古老风格的对位，各种似乎互不相关的因素在这里被大规模地加以综合，可以说是歌唱剧最后集大成之作，真正的综合性古典歌剧。

整部歌剧共分管弦乐序曲和四幕，其中著名的夜后咏叹调《复仇的火焰在我心中燃烧》演唱难度高，最高音到达 High F，成为花腔女高音的试金石。达姆娆这一版本是目前国内流传较为广泛的版本。

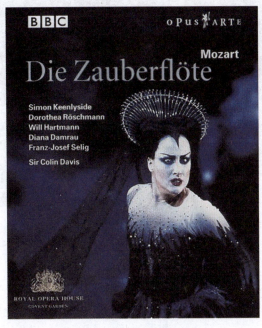

图 6-5　歌剧《魔笛》海报

课后思考

1. 你认为音乐是什么？
2. 你听一首音乐时能否试着从音乐基本要素入手，对所听音乐进行描述？
3. 你在生活中遇到的音乐的功能有哪些？
4. 你是否有喜欢的音乐体裁、流派或风格？可否举例说明？
5. 你认为什么是好的音乐？试举例说明。
6. 你平常是否会听中国传统音乐/西方古典音乐/流行音乐/世界民族音乐？举例说明你为何对这些乐曲感兴趣。

第七章　舞蹈之美

 学习目标

了解舞蹈的起源、发展、特点、功能、种类等知识。

 能力目标

培养舞蹈的审美能力、肢体动作表达能力。

 案例导读

《天鹅湖》（图7-1）被认为是最受欢迎的古典芭蕾舞剧，它是芭蕾中的芭蕾，有着悦耳动听的音乐设计、感人肺腑的浪漫爱情、对比强烈的舞剧结构、如梦如幻的舞蹈段落。《天鹅湖》所表现的芭蕾的魅力，使之成为"舞蹈艺术皇冠之珠"的印证而风靡世界。

图 7-1　《天鹅湖》

对于舞蹈，闻一多先生有一段十分精彩的话："生命的机能是动，而舞便是节奏的动，或更准确点，有节奏的移易地点的动，所以它直接是生命机能的表演。""（舞蹈）是生命情调最直接、最实质、最强烈、最尖锐、最单纯而又最充足的表现。""在高度的律动中，舞者自身得到一种生命的真实感。"① 因此我们不能漠视舞蹈的生命的成分。美国哲学家舒斯特曼称赞舞蹈是"最卓越的身体美学艺术"。② 舞蹈是生命的需要，是人类存在的一部分。舞蹈是动作，是和谐，是力量，是生命的经验，是激动人心的生活。

第一节　舞蹈的特性与功能

一、舞蹈的起源：诗乐舞三合一

舞蹈起源是一个"斯芬克斯"之谜，它诱人思考，但又无确定答案。探究舞蹈的起源，意在寻求舞蹈的动机或起因。因果论的解释是最流行的关于舞蹈发生的学说，因果性以最严格的形式表示了舞蹈发生的必要充分条件。从因果性理论本身来看，它既可以允许有多重的原因作为必要的和充分的条件，联合性地触发史前时代的舞蹈活动这种总体性结果的生成，同样，某种单一的动机也有可能在现实性上融入舞蹈产生的过程中。但是这种因果论不是极端的因果论，它也许是多因一果，表现为多元发生论。这就是说，舞蹈产生的原因有可能是多重的。舞蹈起源在逻辑上，包含三个层面问题（3W），即何时产生（when）、何以产生（why）、如何产生（how）。

（一）舞蹈何时产生

关于舞蹈何时产生，有多种解释。有的说我国关于远古时代的传说中，祝融的儿子长琴始作乐风；有的说帝俊的八个儿子始为歌舞，炎帝（神农氏）的重孙延始为乐风；还有的说黄帝创造了乐舞。考古学界普遍认为五帝（黄帝、颛顼、帝喾、尧、舜）时代为龙山时代，5000 年左右，这即是说，中国舞蹈产生的时间约为公元前 5000 年。云南沧源崖画中有模拟鸟兽的舞蹈，是原始舞蹈的形象。沧源崖画是新石器时代的作品，距今已有 5000 年以上的历史。但是舞蹈的产生应更早于人类的记载或描绘，所以，舞蹈产生的时间可能更早。另外，舞蹈不是断点式、突变式产生的，而是延续式、渐进式产生的。由此，舞蹈是在相当漫长的历史过程中逐渐产生的。

（二）舞蹈何以产生

学界对于"舞蹈何以产生"这一问题的回答，各不相同，较为复杂。"动机说"为最主要的观点，动机是为实现一定目的而行动的原因，它有层次之分。人最基本的动机主要有温饱（食物）、种族繁衍（性）、延年益寿（青春、健康）、死亡、安全（护佑）、爱抚、智慧、力量。原始舞蹈的产生应是对人类生命与生存的最基本需求的表达形式。

动机有生理性动机和社会性动机之别。

就生理性动机而言，"舞蹈源于择偶"之说较为合理。性欲是涌动于各种生命体内的

---

① 闻一多. 说舞［M/OL］//闻一多全集：第一卷. http://www.guoxue.com/wk/000475.htm.

② SHUSTERMAN R. Pragmatist Aesthetics：Living Beauty, Rethinking Art［M］. New York & London：Roman & Littlefield Publishers，2000：278.

一种基本欲望，是地球上所有物种得以繁衍的原始驱动力。受性欲支配的各种生灵深谙求偶之道，舞蹈是动物求偶的普遍方式。原始人为了生存的需要，在求偶时就会舞蹈。原始人用自己的身体运动表现着力的美与生命的光辉。

就社会性动机而言，舞蹈源于社会凝聚的需要。在人类原始部落的聚集生活、群体劳作状况下，他们需要有一种社会感应力使之团结在一起，舞蹈就是产生这种凝聚力的重要手段，所以原始舞蹈总是集体性的。规范的动作、协调的节奏将不稳定状态聚合成一种稳定状态。同时，这也锻炼了人们动作的协调性和节奏感。

动机有精神动机与物质动机之分。

就精神动机而言，有"舞蹈源于图腾崇拜"之说。图腾作为一种神秘的力量，往往是古人恐惧、崇拜、敬畏的对象，而古人幻想舞蹈可以"通神""娱神"，它的操演过程孕育了原始舞蹈的发生。我国古时巫、舞不分，巫师在进行巫术时，往往陶醉欢愉，忘却自我，由此仙、佛、神就可出现于幻想世界里。库尔特·萨克斯在《世界舞蹈史》中对原始舞这样描写："在舞蹈的沉迷中，人们跨过现实世界与另一世界的鸿沟，走向魔鬼、精灵的上帝的世界。"[1] 随着社会的发展，原始图腾崇拜仪式中庄重、神秘性质的消失方蜕变为庆典。民间庆典中，世俗的热情获得了宣泄与激发。其中的宗教动机转变为世俗动机，由颂神转变为显示人的自身力量，此时庆典活动中的舞蹈才具有审美的性质。这就是最初从神秘意义的巫术、宗教中解放出来的舞蹈艺术，它已经有了人的情感的自由表现，不再是娱神，而是向自娱及娱人的方向发展。舞蹈者在自娱性舞蹈中能够倾泻内心的感情，使自己陶醉欢愉，甚至忘我癫狂，在舞蹈中得到了欢乐与享受。

就物质动机而言，舞蹈既祈求物质的丰裕，又庆祝物质的丰收。所以，古人在狩猎之前舞蹈，在狩猎之后也舞蹈。一些模拟动物的舞蹈由此产生，古人并不是体验模拟的快乐，而是祈求捕获它。

(三) 舞蹈如何产生

关于舞蹈如何产生，可以从社会和个人两方面进行分析。就社会方面而言，舞蹈的产生需要一定的社会性条件。恩格斯说，劳动"是整个人类生活的第一个基本条件"[2]，因而劳动与舞蹈不存在原因与效应之间的关系。劳动是舞蹈产生的背景、前提条件。舞蹈是人类文化发展历史进程中的必然产物。就个人方面而言，人的形体运动是由意识导引、由情感策动的动态行为，人的行为是一个有机整体，情感构成了行为模式的动力状态，没有一个行为模式不以情感为动力。

心理学家 S.S. 汤姆金斯认为，情感是最基本的动机系统，它是人的行动的强有力驱动因素，人可以由各种情感驱动起来。舞蹈之动源自人的内心，当人的感情最为激动而不能用语言来表达时，就会情不自禁地手舞足蹈起来，用或激烈或柔婉的动作来释放人的情感。舞蹈似乎就是为了打破人的精神壁垒而被创造出来的，舞蹈让人在运动中解放了精神，跳舞成了人们宣泄感情的一条完美渠道。舞蹈有时反映的是痛苦灵魂之逃脱，逃进最为自然和最为简单的身体语言之中。无论舞蹈是轻松活泼还是热情奔放，都会使舞蹈者在跳舞时忘记自身的困扰、烦闷，消除自身的焦虑。情感不可能产生在真空里，情感反映了

---

① 萨克斯. 世界舞蹈史 [M]. 郭明达，恒思，译. 上海：上海音乐出版社，2014：218.
② 马克思恩格斯选集：第3卷 [M]. 北京：人民出版社，2012：508.

个体与环境关系的持续变化，个体与环境的关系是情感产生的一个来源，情感被视为是人对环境刺激知觉到有益或有害的心理反应。

情感的产生既有外在的刺激诱因，也有内在的刺激基因。当一个人受到外在刺激时，就可诱发情感的反应。由于舞蹈是非语言的形体艺术，所以非语言刺激，如听觉、视觉、味觉、触觉、嗅觉等刺激，都可以用形体动作来生动地表现。可以说，舞蹈产生就是人在受到情感刺激策动后不断地寻求表达方式，最终以形体运动最恰当地表达的过程。

综上所述，关于舞蹈的产生，我们可以这样理解：

（1）舞蹈是在人类诸种需要相互交融和逐步递进的过程中产生的。人的需要是由生存到发展、由物质向精神、由低向高发展的。人类随着自身生理、心理结构的完善，逐渐产生了舞蹈的需要。

（2）舞蹈的发生是多维中介参与完成的。舞蹈不是由某一个单一因素决定的，而是由多种动机、目的驱动的。

（3）舞蹈的产生是人类的社会生活存在和个体的生理与心理特点互相作用与有机耦合的结果。人类在社会生活存在的变化中，各部分器官和机体日趋完善，心理机能有一定的发展，"人化"与"自然人化"和谐相融，就有可能产生舞蹈。

二、舞蹈的特性：与其他艺术之比较

（一）舞蹈与雕塑

舞蹈与雕塑比较，具有动态性。舞蹈是活的雕塑，雕塑是凝固的舞蹈。舞蹈和雕塑都是空间艺术，以表现塑造人体姿态和动作为表现手段。舞蹈是在流动时间中展示不断变换、运动的人体动作的艺术，依靠人体语言的动作流创造空间；雕塑则是在空间里表现一种凝固不变的人体的瞬间姿态、造型的艺术。舞蹈有动有静，舞蹈造型就是一种静态雕塑。舞蹈的静态造型是动态过程美的起点与终点，是动的凝聚，又是情的延伸。动态是舞蹈的优势，舞，即是旋转；蹈，即是跳跃。舞蹈在运动中流光溢彩，雕塑在宁静中绽放光芒。舞蹈强调人体的运动以及运动的过程，雕塑强调静止以及运动的瞬间，而雕塑亦有舞蹈可吸取之处。雕塑里静止的运动瞬间是从无数运动姿态中精选的独特造型，它内敛、含蓄。所以，舞蹈在偏重肢体运动的外在美，注意动作和动作之间的组合衔接时，不能忽视动作静止造型，以及动作的深刻内涵。

◉典型示例

大型舞蹈《千手观音》（图7-2）于2005年春节联欢晚会上首演，编导张继钢让其他演员在领舞邰丽华的身后纵向排列成竖线，成为观音身体的一部分，持续不断地"定点舞蹈"。无数双金灿灿的慧眼之手，或突然爆发又骤然消失，营造出一幅"千手千眼观音"与"半扇观音"如梦如幻的壮丽景象。以千只纤手曼颤、千只慧眼闪烁，组成一个"盛世开屏"美轮美奂的造型，表现了观音菩萨的慈悲、庄严、美丽，令人震撼，产生了很强的艺术感染力。观音拈花微笑形成的大爱无形的感召力，鬼斧神工般千手千眼的绝美造型，将人们带入了心灵的圣境，宛如接受了一次精神洗礼。

图 7-2　《千手观音》

（二）舞蹈与音乐

舞蹈与音乐比较，具有造型性。舞蹈与音乐同是时间的艺术、表情的艺术：舞蹈在时间里展示动作，通过动作语言表达内在激情；音乐在时间里展开音符，以音符为结构单位，表现内在激情。舞蹈与音乐的形象具有差异性：舞蹈的形象是有形的，构成"眼的对象"，它无须过多地想象就可直观地把握；音乐的形象则是无形的，构成"听的对象"，它需要丰富的想象才可引发心灵感应、震撼。舞蹈与音乐虽有差异，乐与舞的关系如灵与肉，互为依存，音乐好似舞蹈的灵魂，影响并决定着舞蹈的结构、特征和气质。舞蹈是音乐的回声。恰当的音乐就是在对舞者指示舞蹈动作的表情和意义，适宜的舞蹈可形象地再现音乐的思想、情感内容。"有乐而无舞，似瞽者知音而不见；有舞而无乐，如哑者会意而不能言。乐舞合节，谓之中和。"① 乐与舞结合就可交相辉映，舞蹈与音乐本身也有着内在的同构对应关系，舞蹈的律动合于音乐的节奏，舞蹈动作的歌唱性合于音乐的旋律性，舞蹈动作的交织合于音乐的和声。

舞蹈是音乐的视象，舞蹈与音乐的对话式合作，才是最佳的配合。芭蕾大师巴兰钦的芭蕾舞具有明显的音乐性，他利用自己深厚而卓越的音乐素养"将音乐视觉化"。他大胆地把交响乐运用在舞蹈中，其代表作《小夜曲》被誉为"音乐芭蕾的顶峰"，使交响性、抒情性与舞蹈性达到了水乳交融的理想境界。

编导对音乐有不同理解，即使同一首音乐也会有不同舞蹈。如美籍俄罗斯作曲家斯特拉文斯基创作的带有不协和音符的芭蕾舞剧《春之祭》，先后有不同舞蹈版本。如由俄罗斯舞蹈家尼金斯基所编创的《春之祭》意图呈现一场原始祭典，他一反古典芭蕾外开性的特色，把所有舞步和姿态转向内侧，舞者脚掌内斜呈"八"字形。他用舞蹈动律表现出每一节拍的音乐，舞与乐浑然一体，充分表现了原始人举行神秘祭仪时的激烈、狂野和恐怖。由德国舞蹈家皮娜·鲍什编创的《春之祭》则重点表现女人作为客体和牺牲品的角色，从远古的仪式中进入探讨当下的时代主题，如性别冲突、异化等。德籍华人编导、德

---

① 朱载堉. 律吕精义·外篇：卷九［M/OL］.https：//www.shidianguji.com/book/HY5708/chapter/1ksiogx3gda2b?version=3.

国国家芭蕾舞团团长兼艺术总监王新鹏编创的《春之祭》，表达的则是人们内心的一种希冀和萌动，对春天的期盼也是对生命的渴望。

（三）舞蹈与哑剧

舞蹈与哑剧比较，具有节奏性。哑剧是凭借丰富的表情和肢体动作，表现情节，传达生命的欢乐与悲苦。哑剧的动作强调表意性，一些固定哑剧手势动作的含义是明确的。如演员用手按左胸表示"爱"，双手在头顶交替绕圆圈表示"跳舞"，一只手的手背从方向相反的脸颊划到下颏处表示"容颜美丽"，摊开双手或单手表示"询问"，双手握拳交插于身体前方表示"死亡"，等等。哑剧动作的准确性不仅具有模仿性，还具有内心的表现力和诗的意蕴。古典芭蕾的程式是舞蹈抒情，哑剧叙事，哑剧表演是推进剧情、提示矛盾的重要手段，哑剧穿插于各舞段之间，多种形式和风格的舞蹈按戏剧进程编织在一起，既避免了观众视觉的单调感，又给予演员们轮换地恢复体力的时间，成为后来者参照的标榜。但是一切哑剧行为均应严格地受到舞蹈本身的节奏和主题的制约，不能简单地加上哑剧；舞蹈动作必须吸收哑剧的属性，而不失去舞蹈自身的动态节奏。哑剧虽然是舞剧中的"合法"成分，但绝不能喧宾夺主。

（四）舞蹈与戏剧

舞蹈与戏剧比较，其动作具有技艺性。戏剧是行动的艺术，动作是支配戏剧的核心。戏剧动作具有直观性、逼真性。而舞蹈动作不是简单的再现动作，需有一定的专业训练与技巧。舞蹈技巧包括高难度的动作过程能力、高难度的造型控制能力、表现舞蹈形象的能力。如汉族民间舞里的飞脚、蹦子、旋子、扫蹚、扑虎、叠肩、赞步等技巧，都可为舞蹈增光添彩。舞蹈里的技巧应艺术化、风格化、情感化，使"技"中有"舞"，"技"中有"情"。技巧还应自然化，自然而然地融合在舞蹈的情理、律动中，而不露痕迹。

（五）舞蹈与杂技

舞蹈与杂技比较，具有象征性。杂技具有竞技性，它的技术主要突出其惊、奇、险、难，而且动作没有意蕴，没有内涵。现在杂技越来越艺术化、舞蹈化，杂技与芭蕾开始了"边缘"结合。舞蹈与杂技动作的最大区别就是它具有意义、内涵、韵味，舞蹈动作是有意味的姿态，是充满着内在意义的符号，是制造感觉、情绪的形式的意味或象征意味。舞蹈的形式与人的心理情感具有同构性，如动作舒展与愉悦兴奋有关，动作蜷缩则与紧张、痛苦有关。

延伸阅读7-1

欲学习更多相关内容，请扫描查看延伸阅读7-1。

（六）舞蹈与体操

舞蹈与体操比较，具有情感性。艺术体操提倡韵律和节奏，是以自然性的动作为基础的节奏运动，又具有独特的艺术性和观赏性。在艺术体操中，有大量的动作是以运动员身体各关节极度的屈伸或扭转来完成的。这些动作能充分表现出运动员的柔韧素质，增添柔美感。由躯干的弯曲和扭转构成多曲线的身体造型，显示了人体的自然美；大幅的分腿动作增加了自由肢体的动态美。在跳跃、转体和平衡动作中结合大幅度的分腿和躯干弯曲，使动作的难度和艺术性得到有效的提高。艺术体操将美妙动听的音乐、矫健的身体动作和高超的器械动作有机地组合起来，构成了各种优美的造型和一幅幅新颖别致的画面，被西方人比作"地毯上的舞蹈"。体操不塑造人物，所以动作没有情感，观众不会为体操而感动，只会为体操的柔美而叫好。与它相比，舞蹈动作长于抒情，善于表情。在情感表现上，舞蹈动作或表现快乐，或表现悲哀，或表现恐惧，或表现痛苦，既有激情的火焰燃烧，也有快乐情感的浪花跳荡。

延伸阅读 7-2

欲学习更多相关内容，请扫描查看延伸阅读 7-2。

三、舞蹈的功能：对身心的积极影响

（一）表现生命的内在本质

1. 舞蹈表现生命活力

人和人的生命力是一切艺术的出发点和归宿，舞蹈是人直接通过自己的形体和动作来表现生命活力的艺术。舞蹈以生命的激情、生命的活力来展示蓬勃的生命力。舞蹈最能鼓动和释放自由生命力，舞者那冲破一切桎梏的精神，曾引发西方教会的恐慌，以舞者为妖，舞蹈被一次次地严厉禁止。到了现代社会，舞蹈已经成为释放激情的适宜手段，舞蹈不再被禁锢。在宗教仪式和典礼中，舞蹈具有祈望死者复苏的原力功能，成为巨大生命力的象征。这或许正显露了舞蹈的某种本质，它是乞求生命力本身的运动形式。我们的祖先用自己的身体运动表现着力的美与生命的光辉。

2. 舞蹈激起生命火花

舞蹈可以激起生命的火花。德国哲学家尼采将舞蹈看作生命存在的轻盈自由状态，对他来说，生命艺术的本质就是舞蹈，舞蹈演员在其中达到了内心的自由与节奏的和谐，并且克服了生存的平庸。当然这应该感谢编导以及舞蹈家，是他们赋予粗俗之物以某种高尚感，赋予平庸之物以某种神秘感，赋予熟悉之物以某种未知物的尊严，赋予有限之物以某种无限的广度，是他们尽可能地把现实浪漫化了。美国哲学家杜夫海纳也说："舞蹈不是别的，只是人体的礼赞，生命的凯歌。"[1] 舞蹈几乎是生命运动之美的最高象征。

现代舞与古典芭蕾舞相比，不再是灵魂的抚慰者，而是以舞动述说着生命，吐露生命的秩序，赞美人生，让人珍惜生命。有一些舞蹈家用舞蹈来展示人生途径，督促人们坚定不移地前进，即使有困难、阻碍，也应顽强地生存。现代舞之母伊莎多拉·邓肯，从雕塑绘画、落日与浮云，以及翻腾的海浪、摇曳的树木中获得灵感，用她的一双手一双脚演绎出一种全新的舞蹈。她追求可以神圣地表现人类生命意义的舞蹈。她用赤脚起舞的形象，为生而起的火热激情，将内心的感受升华为外在的舞蹈。她酣畅淋漓地表现生命的释放，让更多的人在舞蹈中感受震撼心灵的美，领悟舞蹈焕发出的绚丽夺目的光彩，让更多的人为她的生命之舞心醉神迷。对于邓肯而言，舞蹈就是"尽量用姿态和动作来表现自我的真实存在"。[2] 所以她在舞台上的历史，就是展示自由生命发展的历史。舞蹈的美融化在每

---

① 杜夫海纳. 审美经验现象学 [M]. 韩树站，译. 北京：文化艺术出版社，1992：103.
② 邓肯. 生命之舞：邓肯自传 [M]. 蔡海燕，凌喆，译. 杭州：浙江文艺出版社，2010：9.

一个动作、每一个造型、每一个眼神里，一切都是那么的美丽、均匀、和谐、统一。在舞蹈家所表现深刻的内心体验、巨大的激情和强烈的冲动中，我们感觉到了舞蹈对人的生命活力之美的表达。

(二) 表现诚挚的情感

当一个人用口头语言已不能表达其内心的情感时，他就会用肢体语言来传达他内心的激情。当一个人心中充盈着爱情的喜悦时，他难道不会激情难耐而翩翩起舞吗？当一个人的心中积郁了巨大的悲愤，他难道不想以肢体的舞动来尽情发泄一下吗？可以说，舞蹈是最善于、最擅长表现人的激情的。舞蹈，是用人体动作对个人内心生活所进行的生动写照，是对世界生活的内在感受的肢体述说。它将人类超语言的、朦胧的体验以舞动来尽情地宣泄，酣畅地表达，淋漓地呈现。舞蹈不仅是对生命的最高表现，也是对精神生命的最高象征。

以情感人是舞蹈艺术的根本，情感表现是舞蹈艺术的特征，饱含情感的舞蹈有奔腾的血液、蓬勃的生气、旺盛的生命力，它能够激发观众的情感，拨动他们的心弦，震撼他们的心灵。情感是舞之魂、舞之核、舞之枢。从创作上说，有情感的舞蹈，才是有生命的舞蹈，情感是舞蹈生命血管里流淌着的血液。从表演上说，若没有情感的内核，舞者的舞动与木偶表演有何异？舞者形体动作的僵硬、机械，就在于缺少情感的灌注，情感使舞蹈的形体运动具有了征服人心的力量。当情感注入舞者的形体之中，舞者的形体运动就有了异常的活力、特别的生气、别样的魅力，闪烁出灿烂的、耀眼的光彩。舞蹈表现的是具有生命与情感的人自身，其传情达意的功能，归根结底要通过人的形体运动来实现。正如美国美学家苏珊·朗格所说，舞蹈"仿佛是从情感的最深刻的源泉和肉体生命的节奏产生的基本姿势"。[①]

舞蹈动作表现的情感有以下六个主要特点。

1. 审美性

舞蹈并不是随意表现生活里的情感，而是要表现那些具有审美价值的情感。如云南彝族舞蹈《烟盒舞》，通过对沉醉于如火恋情的男女爱情的抒发，体现了人类爱情的美好，揭示了人类的生命价值所在。这个舞蹈让我们理解生命存在的美妙，让我们对爱情本质有了进一步的深刻认识。小伙的情感炽热大胆，而姑娘的情感含蓄娇羞，姑娘那既躲闪又亲近、既拒绝又应允的情态，显得含情脉脉、真实动人。在表现男女互相接受对方的情感时，其爱意起先是浓郁而含蓄的，而后是热情而欢快的。这个舞蹈细腻地表现了男女对爱情的态度，以及对爱情的体验呈阶段性的特征。

2. 细腻性

形体运动的"小动作"越多，情感的表现就越细腻，也就越发耐看。如辽南高跷秧歌表现男女爱慕之情的"情场"舞段，形体运动就极其细腻，两人情感交流自然，扯襟、碰肘、拉手帕、推搡，以及各种拍、指、闪、望、扮娇羞、抛媚眼等小动作颇多，真实反映出中国人在爱情表达上含蓄、羞涩、内隐的方式与特点。这一舞段的情感是混合、复杂的，如果没有上述细腻的形体动作，就难以表现出表层里所隐藏着的深层情感。

---

① 苏珊·朗格. 情感与形式 [M]. 刘大基，傅志强，周发祥，译. 北京：中国社会科学出版社，1986：219.

3. 社会性

人的生理情感在体验上是单纯的，基于个体的社会经验与文化影响而产生的高级社会情感，如道德感、审美感、理智感等，在体验上则比较复杂。就舞蹈而言，形体动作若单纯地表现生理情感，如厌恶感、饱食感、舒适感等，因无太多内涵而显得肤浅；若形体动作表现社会性情感，则其内涵丰富，具有较多的审美价值。无论是反映情绪还是情感，其都会外化或投射成动作。如表现愤怒情绪的动作具有冲击性，形体动作粗暴、顿促，动作形式往往是砍剁式的，有棱角，力量强而激烈；表现焦虑情绪或情感的动作形式往往是模糊的、不明确的，姿态小而窄，谨慎而有节制，力量较弱。可见，形体动作可准确揭示人的情感特性，不同的情感会产生相应的具体动作、动作幅度与动作力度。

4. 个体性

人与人之间存在着个体的差异，它表现为每个个体对情感体验的敏感性、情感表达技巧上的差异。舞蹈中的人物也是独一无二的，其表情性的形体运动必定具有独特性、风格性与个体性。

5. 多样性

情感是人们对其发生关系的现实事物的态度的体验，情感的内容取决于人与现实事物的关系。人们对自然事物的情感反应比较接近，对社会事物的情感反应则由于人与之关系不同而有较大差异，所以，情感的现实内容来自生活本身。舞蹈的情感表现同样也取决于内容，内容的千差万别带来的正是情感的丰富性。如佤族"甩发舞"中的甩发动作可以表现内心的强烈感情，可以表现力量，头发的摆动也可以象征熊熊大火。

6. 民族性

人体是保存、表现民族文化的主要载体，任何一个舞蹈形体运动都有民族性，在其独特的形体运动部位与方式、高频显要动作、动作力度、节奏等方面，都会具有民族性的标志。如在表现喜悦的情感上，彝族是甩手、拐腿、荡裙、前摆脚，节奏快速；维吾尔族是动脖、揉腕、迅疾旋转；蒙古族是抖肩、揉臂，节奏舒缓。这是由形体运动里所积淀的文化因子如审美趣味、民族心理、价值观念、道德规范、宗教观念、风俗习惯等的民族差异在动作上的感性体现。

延伸阅读 7-3

欲学习更多相关内容，请扫描查看延伸阅读 7-3。

第二节　舞蹈的审美规律

法国哲学家梅洛-庞蒂说，身体与世界具有不可分离性，世界是被身体知觉的世界，"我是我的身体"[①]"身体在世界之中，就像心脏在机体之中"。[②] 欣赏舞蹈之美，从运动形

---

① 梅洛-庞蒂. 知觉现象学 [M]. 杨大春，张尧均，关群德，译. 北京：商务印书馆，2021：277.
② 梅洛-庞蒂. 知觉现象学 [M]. 杨大春，张尧均，关群德，译. 北京：商务印书馆，2021：281.

态、节奏、呼吸、步伐、显要动作部位与动作、舞动规律、技巧等方面入手，就可明白舞蹈奥秘。

一、舞蹈形态：美化的肢体动作

人的生命特征是以动态显现的，运动形态成为旺盛的生命信息、症候的标志符号。同时，人的运动形态也是灵魂表现的工具，人的精神、思想、灵魂，都蕴藏、表现于舞蹈形态中，观者可以从舞蹈形态包括肌肉的张弛、线条的曲伸、节奏的徐疾、动静的结合和转换之中，捕捉到其内在的精神信息。舞蹈形态蕴藏着一个审美文化的内涵，传播着多重信息含义。如头、躯干、下肢构成梯形倾斜状态是蒙古族的舞蹈形态，具有不稳定的动势倾向；由屈伸动律而形成的手、脚、身体"三道弯"的造型特点是傣族舞蹈特有的形态；朝鲜族的舞蹈形态是收腹、提臀、含胸、垂肩，构成内敛之势；昂首、挺胸、立腰，形成维吾尔族舞蹈柔软、舒展的姿态。不同民族的舞蹈体态特征的差异导致节奏、动律、风格的差异，如藏族舞蹈体态具有弯腰、屈背、懈胯、一顺边的特点，这产生了膝部连续不断、小而快、有弹性的颤动和柔韧的屈伸动律，表现出飘逸、沉稳的风格。

各民族的舞蹈体态特征，首先受制于人体自然形态条件，而这一自然体态的形成，又受到社会文化、自然环境等诸因素的影响。藏族舞蹈体态特征就与沉重的藏袍对人体胯部的压力以及厚实的筒靴对小腿运动的限制有关；而佤族舞蹈体态特征"屈膝撅臀"，又明显地与其稻作生产中的舂米动作有关。民族舞蹈形态并不是以达到和谐、完美为目的，而是要传达出负载在这一形态上的民族意义以及暗含的思想感情。

从一些民族的舞蹈形态上看，傣族舞蹈蕴含着柔情，蒙古族舞蹈蕴含着豪情，维吾尔族舞蹈蕴含着热情。人的舞蹈形态几乎可以承载一切人类感情，或快乐、或悲哀、或恐惧、或痛苦，人的形体运动是因情而发、因情而生、因情而动，所以，舞蹈形态就是情感的动态外化。难怪有的学者说，人类从里到外都是"动作性生物"，是一种以动作、姿态、行动来表达（情感）和沟通（思想）的灵长类动物。

二、节奏：动作的时间组织

（一）节奏的本质

节奏产生于动作在方向、力度、速度等方面的对比、重复或变化。从婴儿自发的不随意节奏活动，到逐渐发展为由肌肉控制的随意的节奏运动，揭示了节奏的发展变化过程。节奏是客观现象的延续性、顺序性、规律性的反映，可分为生命节奏、生活节奏，或者分为内在节奏、外在节奏。舞蹈节奏取决于动作的力度、速度和能量。力随情而生发，情因力而成形。节奏把舞蹈感情合乎规律地组织起来，使舞蹈更具感染力。如舞蹈《一个扭秧歌的人》中的人物情感节奏与形体运动节奏就达到了高度统一，其中情感节奏是敛—放—敛，动作是静—动—静，动作节奏是慢—快—慢，力度是弱—强—弱，内在与外在的节奏配合得天衣无缝。

（二）节奏的特点

节奏本身具有独立性，也具有一定的情感意味，它以不同的时长、强弱、抑扬顿挫的周期性变化表达人的情感的起伏、变化。节奏的功用是引导人的整个肌体参与协调、平

衡、统一的韵律活动，给人以舒适、安详、自由的感觉。内在的情感节奏因其潜隐性而不易被察觉，需依靠外在动作节奏而显现，故人的节奏就具有了内外关联的互动性、对应性特点。各种不同的内在情感节奏的发展与变化，会引发相应的外在动作节奏。激动的、昂扬的情感引发快速节奏，导致疾速的旋转、奔放的大跳等动作；平静的、稳定的情感引发缓慢节奏，带来舒缓的舞步。反之，动作节奏的变化（力度的强弱、速度的快慢、幅度的大小），也可映现出不同的情感与情绪。如朝鲜族均匀而缓慢的"古格里"节奏，表现含蓄之情；刚劲有力的"他令"节奏，表现豪放之情。

（三）节奏的作用

节奏是舞蹈形态的关键要素之一，舞蹈节奏的延伸和发展，可产生令人回味无穷的韵律，它使身体各部位动作之间和动作与动作之间出现连绵起伏的流动线条。朝鲜族的"萨尔普里"是在"古格里"节奏上的变形，其悠长绵延的节奏，就表现出一种深远的意境，一种优美的内蕴。从节奏型上看，维吾尔族"多朗齐克提麦"是6/8拍的节奏型，其表现在膝部微颤的动律中，使其舞蹈动作风格稳重大方。景颇族舞蹈节奏的快慢不一，使得双膝的屈伸运动动律产生变化。节奏较慢时，双膝的屈伸平缓有韧性，上身前俯后仰的幅度较大；节奏加快时，双膝的屈伸轻快而具弹性，动作显得欢快灵动。怒族"达比亚舞"节奏大都为中速，每拍节奏膝部屈伸一次，屈伸均匀并富有韧性，体现了沉稳的民族风格。可以说，舞蹈节奏产生动律，动律决定形态，形态影响风格，最终形成舞蹈特点。所以，节奏是欣赏舞蹈审美性的基本元素之一。

三、呼吸：与空气交换时所形成的舞蹈表情

（一）呼吸的特点

作为胸廓的机械运动的呼吸是人最重要的机能，是人的生命基础。它有频率、深度和节律之分，又有胸式、腹式之别。呼吸（提沉）同动作的开合、上下、起止相一致，开提含沉、上提下沉、起提止沉，长身与伸展须吸气，沉身与收缩则呼气。一个人的情绪、情感决定呼吸方式与动律，当人悲痛时，一般是长吸短吐，动律以旁提为主；欢乐时是快吸快吐，动律以横拧、闪、点为主；而在愤怒时，呼吸则是短吸长吐，动律以立圆加拧、倾为主。

我国古典舞里的身韵的基本元素——冲、靠、含、腆、移、旁提，无一不靠呼吸（提沉）带动。即使是玛莎·格雷姆提出的以"收缩（呼出）—放松（吸入）"为基础技巧的现代舞体系理论，同样也强调肌肉活动要与呼吸相吻合。呼吸是人体基本动作，呼吸可以让身体收缩与伸展，让身体的能量活动起来。呼吸在运动造型中起到了推动、缓解的作用。把呼吸作为技巧的基础，不是格雷姆的创造，而是她的重新挖掘。

（二）呼吸与舞蹈风格

呼吸赋予动作、姿态独特的魅力，形成特殊的韵律与风格。缺氧的高原牧区环境使藏族人的呼吸带有压抑感和负重感，从而形成舞蹈慢吸慢呼的特点。如"弦子"舞呼吸具有连贯性和控制性，舞者膝部延绵不断地、既松弛又有控制地微颤，这样就使其动作产生动人的抒情美。蒙古族舞蹈的呼吸特点是快吸慢呼，即空拍和弱拍上快吸气，重拍上慢吐气。如"趟步"加"柔臂"的动作里，呼吸就是随着手臂下压而下沉，随着上步而快吸，

以呼吸带动踏步、拖步的起伏，表现出蒙古族舞蹈粗犷彪悍、豪迈矫健、稳重端庄的特点。维吾尔族舞蹈的呼吸气息短粗而有力，宏大而坚强，形成屏气、快吸快呼的特点，导致其运动形态呈上下行走的螺旋型。我们从上文除了看出不同民族的呼吸类型、特点与舞蹈动律的关系，还可看出呼吸与动作性格的关联性。舞者呼吸自如流畅，动作往往优美抒情；呼吸急促短暂，动作往往迅猛激烈。

（三）呼吸与舞蹈动律

在呼吸类型上，舞蹈的自然型呼吸与通常的呼吸节律相一致，而非自然型呼吸需要根据形体运动特征艺术地调整与控制呼吸，以力度、节奏去支配呼吸，或快呼快吸，或慢呼慢吸，或慢吸快呼，或快吸慢呼。人为控制的艺术呼吸是形成朝鲜族舞蹈动律之源泉，舞者以呼吸带动身体动作，而呼吸又受舞蹈伴奏"长短"的制约。"呼吸系统的肌肉无论在多么有限的程度上服从于意志，我们也能够有节奏地操纵它们，也就是说，去分配时间，用一种更强悍的肌肉张力去强调每个部分。"[1] 无疑，这种艺术呼吸增加了形体表现的难度，但同时也反映出舞蹈的理性因素与成分。

四、步伐：腿脚的地面运动

身体重心的转移并以脚步来完成的基本动作——步伐，被看作是空间、时间与力度变化的基础。如云南瑶族"度戒舞"步伐是颤动型，重心频繁交换，好似揉踩，膝部的屈伸带动全身的颤抖。鄂西土家族的"耍耍"基本步伐是蹲曲型走步类，流程走向为或横向或竖向的直线型。"舞蹈着的人体在空间移动位置靠步伐来完成，在双脚起落的过程中，往往能使节奏型十分鲜明地表现出来。"节奏是步伐的一个基准单位，它也影响步伐特征。傣族"鹭鸶舞"节奏处理是弱拍时双膝快速弯曲，动力腿敏捷地抬起，重拍时双膝韧性伸直，动力腿同时轻盈地全脚掌落地，形象地模仿了鹭鸶行走的动作。纳西族"阿哩哩"步伐始终为 6 拍组合，左脚开始顺时针方向走三步，左右腿各抬一次，上身随腿部动作前俯后仰，抬腿时，主力腿跳离地面，上身后仰特别突出。由于民族民间舞步伐类型的不同，加之运动幅度、运动流程、节奏、动势等的差异，每种舞蹈的辨识度高，不易被混淆。

五、显要动作部位与动作：典型的舞蹈身体位置与行为

（一）动作部位的类型

若按舞蹈运动幅度大小，可区分出显要动作部位、次显要动作部位、次次显要动作部位。在景颇族"刀舞"里，手腕、手臂翻转舞出刀花，同时，左、右脚呈现弓步等以配合手的动作。所以，"手"是显要动作部位，"脚"是次显要动作部位。相应地，舞蹈中也可区分出显要动作、次显要动作、次次显要动作。傣族"腊条舞"因双手托住点燃的腊条，掏手、向外画圆等手部动作就成为显要动作，而起伏步、抬前旁、后屈腿等脚部动作是次显要动作。

（二）显要动作部位与显要动作的意义

显要动作部位与显要动作具有动作本质的特点及规律，同时又是独特的、鲜明的。它

---

[1]　资华筠，王宁. 舞蹈生态学 [M]. 北京：文化艺术出版社，2012：68.

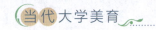

是舞蹈审美性的"徽章"，表现一个舞蹈动作性格特征。在舞蹈作品里，有的舞蹈动作相对运动幅度较大，成为舞者动感中心与集中部位，其视觉效果显著，这一显要动作部位与显要动作让人最容易分辨出风格与特征。如"手"是土家族的"摆手舞"的显要动作部位，单摆、双摆、回旋摆等摆手动作构成其显要动作。"脚"是彝族"左脚舞"的显要动作部位，踏跳是其显要动作。

（三）显要动作部位的确定

观察显要动作部位与其支撑部位的角度可确定其运动幅度的大小。蒙古族"顶碗舞"，其显要动作部位是头颈部，且稳定不动，头颈部的运动幅度为0°；而"筷子舞"的显要动作部位是上肢，上肢围绕躯干大幅度运动，运动幅度为3°。一般而言，优秀舞蹈作品大都有醒目的显要动作，并且高频出现，让人无法忽视。

六、舞动规律：规范有序的运动

舞蹈动作单独地运动或是组合运动，都可形成舞蹈动律，它是动作的枢纽。对舞动规律的分析，可使舞蹈审美认识大幅提升。每一个舞蹈动律存在的具体部位以及局部的或组合的运动特点是不一样的，如集中于下肢并具有下肢动作规律的维吾尔族"多朗舞"，在它的动律中有快速的迈步或撤步的"滑冲"和膝部小屈伸的"微颤"。具有上肢动作加躯干动作规律特点的如蒙古族"盅碗舞"，有手部绕圆动律以及身体横摆扭动律。在布依族舞蹈里，舞者上肢转体扭摆动作轻舒自然，手臂动作以环状和悠摆居多；下肢多为屈膝和盘腿，胯臀的扭摆和膝关节的屈伸牵动上肢，几乎是全身组合运动构成其动律。舞动规律的多样化主要源于舞蹈审美文化差异。

七、技巧：训练的技术

（一）舞蹈技巧的本质

技巧往往集中于身体的某一部位，并突出与强化，形成典型技巧部位与动作。有的舞蹈具有特殊技术方法与细节，从典型技巧部位来看，以头部为典型部位并发展出技巧动作的，如维吾尔族"盘子舞"中的顶碗技巧，突出表现头部的稳定性与平衡性；"赛乃姆"里的"移颈"技巧，主要表现头部的灵活性。以腰部为技巧部位发展出技巧动作的，有傣族"孔雀舞"里"躺身吃水"动作，藏族舞蹈"热巴"中的"扭腰打点""弯腰击鼓"动作，蒙古族"盅碗舞"里的"板腰""旋腰"动作等。以上肢为技巧部位发展出技巧动作的，有土家族"耍耍"的"靠手""翻扇花留手""双晃手"等动作，蒙古族的"柔肩""耸肩""弹肩""甩肩""抖肩"等肩部动作。以下肢为技巧部位发展出技巧动作的，有藏族"堆谐"的脚下打点的踢踏动作，彝族"跌脚舞"的"一边一脚"至"十二脚"、"单穿花"至"八脚穿花"等动作。这些高超的技巧动作起到画龙点睛的作用，令整支舞蹈闪耀着迷人的风采。

（二）舞蹈技巧的种类

各民族舞蹈在滚翻、翻、转体、跳跃等技巧上的侧重点有所不同。如朝鲜族舞蹈的"分腿跳跃""燕式腾飞"，突出了滞空高度。藏族"热巴"的"躺身蹦子"突出了高超的跳跃技巧，舞者甚至在跃起中还可以捡拾起物品。维吾尔族竞技旋转技巧也堪称一绝，

"跪转""空转""掖腿立转""平转"，突出了旋转的复杂性与难度。这种高难的技艺，让人惊叹不已，反映出舞者对舞蹈技术的掌握达到了一定程度后的巧妙运用。

（三）舞蹈技巧运用

舞蹈虽应讲究高超的技巧，但不应片面地追求动作技巧化，而抛弃动作的意蕴性。舞蹈动作应为舞蹈内容服务，表现人物的情感。技巧动作在舞蹈中是亮点，但是不可喧宾夺主，舞蹈不可完全技巧化。

🔵 **典型示例**

图7-3是黄豆豆表演的舞蹈《醉鼓》，他在高桌上那醉意朦胧的几个"走丝翻身"和那轻飘的几个"拧旋子"，那舞蹈高潮中的一组组一串串高台功和特定技巧的动作，恰如其分地和舞中的剧情、人物、情感融为一体，给舞蹈艺术增添了新的血液。

图 7-3　《醉鼓》

此外，我们欣赏舞蹈，还需要了解作品的题材、动机、主题、形式、风格与流派，以及舞蹈与生活、历史、文化的关系，从多个角度认识舞蹈，逐步提高对舞蹈的审美感受，提升对舞蹈的审美能力。

第三节　舞蹈的种类

舞蹈的主要分类方法有很多种，具体如下：按历史时期、年代分类，分为古代舞蹈、现代舞蹈等；按国家、民族、地区、人种分类，分为中国舞蹈、非洲舞蹈、印度舞蹈等；按舞蹈形式的性质与风格特点分类，分为表演性舞蹈和自娱性舞蹈，其中，表演性舞蹈包括古典舞、民间舞、现代舞、芭蕾舞等，自娱性舞蹈包括社交舞、集体舞、体育舞、健美舞等；按表现形式分类，分为独舞、双人舞、三人舞、群舞、舞蹈诗、组舞、舞剧等；按题材与体裁分类，分为叙事性舞蹈、抒情性舞蹈等；按舞蹈节拍与音乐节奏分类，分为慢四步、快三步、探戈等。

欲学习更多相关内容，请扫描查看延伸阅读7-4。

本书主要讲古典舞、民族民间舞、芭蕾舞、现代舞四种。

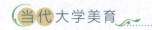
延伸阅读7-4

一、古典舞：加工后复现的古代舞蹈

古典舞，是在民族舞蹈基础上，经过历代专业工作者提炼、整理、加工创造，并经过较长期艺术实践的检验，流传下来的，被认为具有一定典范意义和古典风格特点的舞蹈。世界上许多国家和民族都有各具独特风格的古典舞。

中国古典舞种是1949年后，由北京舞蹈学院有组织地、用集体力量逐渐完善、构建起来的。它并非一成不变、全盘照搬式地对古代传统舞蹈进行继承，而是对其精心提炼、系统整理、艺术加工，有所创新，有所发展。古典舞种不为"旧"，而为"新"，它在争议中逐渐成长、壮大、发展。中国古典舞作为具有复原意义和古代风格的传统舞蹈，是当代舞蹈家为了传承、延续与繁荣民族舞蹈艺术，从戏曲表演中发掘、整理出舞蹈步伐、身段、武打技巧和筋头技巧等，并参考芭蕾的训练方法而进行的新创造。它是新"古代"舞，又是古代舞的"新"发展。

（一）古典舞的特点

古典舞讲究动作自内而外的线形流动，以"拧、倾、圆、曲"的体态美为重点，遵循以腰为轴所产生的"三圆（平圆、立圆、八字圆）、两轴（颈为小轴，腰为大轴）、三面（头、上身、下身）"的运动路线；按照提、沉、冲、靠、含、腆、移、旁提的动作基本元素，形成"欲前先后、欲左先右、欲沉先提、逢冲必靠"反向做起的运动规律。[①] 同时，讲究精、气、神与手、眼、身、法、步的和谐统一，强调虚实、开合、刚柔、动静的对立统一，注重身韵。

●典型示例

舞蹈诗剧《只此青绿》（图7-4）于2021年8月20—22日在北京国家大剧院首演。该舞蹈诗剧通过"展卷、问篆、唱丝、寻石、习笔、淬墨、入画"七个篇章，讲述了一位故宫青年研究员"穿越"回北宋，以"展卷人"视角"窥"见画家王希孟创作《千里江山图》的故

图7-4　《只此青绿》

---

① 李正一，郜大琨，朱清渊. 中国古典舞教学体系创建发展史 [M]. 上海：上海音乐出版社，2004：127.

事。演员的下腰模拟"险峰"，以捧袖勾脚以示"望月"，以定格表现"静待"。它让人物的造型形成层峦叠嶂的景致，产生山水相依的遐想。演员侧旁腰起，表现出那种慵懒的气质，同时气息是连绵不断的。"青绿"这个角色是纯写意的，表现画中青绿颜色的气魄。这一古典舞作品，不论是从创作意识上还是舞蹈语汇的运用上，以及意境的营造上，都将古典元素与现代元素完美融合，把时代的审美意识、接受者的审美需求带到舞蹈创作中。它以古典文学的叙事方式、传统艺术的当代表达、意念的流动构建起全剧的精神世界，通过人物的虚实交错、情感的古今交融，为悠远绵长的传统文化意象赋予了无限的生命力和想象力。

（二）古典舞的风格

古典舞在发展中逐渐形成不同风格，主要有戏曲风格、敦煌风格、汉唐风格。

1. 戏曲风格

戏曲风格的舞蹈植根于戏曲土壤又有别于戏曲程式，是传统戏曲舞蹈的逐渐蜕变、复苏。早在 20 世纪 50 年代中期，中央实验歌剧院就演出了三部小型舞剧，即《盗仙草》《碧莲池畔》《刘海戏蟾》，作为学习优秀的戏曲遗产的实验而迈出的"头三脚"。这三部作品的创作动机是尝试剥离戏曲里"唱念做打"的动作语言，并安排了独舞、双人舞、群舞、表演舞、叙述性哑剧等不同性能、不同层次的布局。如《盗仙草》中的白素贞倾诉心曲的独舞、鹤鹿嬉戏舞，《碧莲池畔》中池畔的群舞和天河边的群舞，以及牛郎织女的双人舞等，成为独立并具有表现力的舞蹈语言。编导"以古典舞为基础而将一些古典舞中的优美动作加以调理，使它符合于舞剧内容。舞剧的编导者在情节的发展与舞蹈的编排中注意了'情节舞'与'独舞'的应用，也注意了舞蹈与'哑剧'的衔接"。这些作品已经明显地有别于戏曲的程式而进入舞剧形式之中了。

延伸阅读 7-5

欲学习更多相关内容，请扫描查看延伸阅读 7-5。

2. 敦煌风格

敦煌风格的舞蹈是以敦煌壁画里的舞蹈形象为基础，挖掘整理出大量鲜活的古典舞身体形态，作为动作语言来源。敦煌壁画包括敦煌莫高窟、西千佛洞、安西榆林窟等石窟在内五百二十二个，有历代壁画 5 万多平方米，壁画的舞姿包括天乐中的天宫伎乐、飞天伎乐、礼佛舞伎、化生伎乐、迦陵频伽、金刚、药叉、天王等，舞蹈有世俗舞蹈中的出行图舞蹈、酒宴婚嫁中的舞蹈、经变画和故事话中的祭祀舞蹈、供养人舞蹈等，是外来的乐舞艺术与中国古代乐舞技术相结合的产物。编创团队探寻出人物造型之间的动势规律与艺术魅力，把壁画上五彩缤纷的形象幻化成为灵动唯美的舞蹈人物。同时，通过对舞蹈语言的加工提炼、整理分析，最终形成"敦煌派"的舞蹈语言体系。

舞剧《丝路花雨》（图7-5）于1979年首演。它以敦煌壁画为素材，讲述了古丝绸之路上的一对中国父女为救助外国商人而发生的感人故事，高度颂扬了中外人民源远流长的友谊。编创团队发现了敦煌舞特有的S形曲线运动规律，采用中国古典舞的节奏韵律，将静止的敦煌壁画编成优雅灵动的舞姿，其中最为典型的是"反弹琵琶舞"和"千手观音"。

图7-5 《丝路花雨》

另外，《丝路花雨》还融合了古丝绸之路上的印度舞、波斯马铃舞、波斯酒舞、盘上舞、西域舞等各种艺术形式。1994年，该舞剧荣获中华民族20世纪舞蹈经典作品"金像奖"。此舞剧复活了沉睡千年的敦煌，被誉为"活的敦煌壁画"。《丝路花雨》成就了"敦煌舞风"。

3. 汉唐风格

唐代舞蹈有健舞、软舞之分，前者刚健激昂，如胡旋舞和胡腾舞；后者柔婉清丽，如《绿腰》舞。著名的《霓裳羽衣舞》以舞姿的飘逸、轻盈，表现出唐代柔媚典雅的审美风格。典型的唐代古典舞作品主要有《丽人行》《唐印》《唐宫夜宴》等，其中《丽人行》复现了奢靡华贵、体态婀娜的游春仕女形象，《唐印》活化了唐代端庄持重的仕女俑，《唐宫夜宴》表现了唐代宫廷歌舞伎准备表演之前的嬉闹逗趣。这些作品的编导提炼出带有唐代风格的身体符号，使舞蹈语汇也就具有了唐代文化的意蕴与精神风貌。

汉唐风格的舞蹈主要由北京舞蹈学院教授、舞蹈编导孙颖倡导，孙颖对汉唐古典舞的广阔文化背景进行了深度发掘，创造出的汉唐舞蹈以汉唐精神及其艺术气质为审美主干，通过动态连接古代文献、文物和民间舞蹈中的古代舞蹈遗存，最大限度地复原其真实风貌。孙颖创作了《铜雀伎》《踏歌》《相和歌》等经典作品，这些作品不仅再现了汉唐时期的社会风貌与人文情怀，还将古人的智慧与情感以现代艺术的形式传递给当代人，对汉唐舞蹈的复兴与发展做出了重要贡献。

欲学习更多相关内容，请扫描查看延伸阅读7-6。

以上三类风格的舞蹈在动作语言、表现形式、编创手法等均有不同，各有千秋，但都同属古典舞种，它们都没有脱离古典舞语汇的运动逻辑。这些风格的出现使古典舞在继承与发展传统的基础上，突破了以往创作模式，由单一动作语言转变为多重复合语言，根据内容需要而设计适合的动作语言，不受动作语言的束缚，强调民族文化与审美精神。

延伸阅读7-6

二、民族民间舞：绚丽多姿的文化展现

文化是民族之根，舞蹈是民族文化的载体、民族文化的表征。在任何意义上，舞蹈都是民族意识、民族精神生活的花朵和果实。民间舞蹈，是由广大人民群众在长期历史进程中集体创造，不断积累、发展而形成，并在群众中广泛流传的一种舞蹈形式，它直接反映人民群众的思想感情、理想和愿望。各国家、各民族、各地区人民有不同的生活劳动方式、历史文化心态、风俗习惯，自然环境也存在差异，由此形成了不同的民族风格和地方特色。

欲学习更多相关内容，请扫描查看延伸阅读7-7。

延伸阅读7-7

（一）民族民间舞的发展

几千年来，在漫长的历史发展进程中，我国各族人民相互依存、相互联系、相互交流、相互促进，共同创造了祖国多姿多彩、灿烂辉煌的文明，形成了以汉文化为主体、多种少数民族文化并存的多元一体的文化格局。西周时期，有"四裔乐"。汉代"巴渝舞"受到欢迎，"胡舞"流行于中原，各民族的舞蹈趋于交流、学习中。南北朝是各民族大融合的时代，西凉乐、高丽乐、高昌乐等逐渐传入内地。唐代汉族与少数民族舞蹈相互渗透、融合，七部乐、九部乐、十部乐中就有少数民族和外国乐舞，如"高丽乐""龟兹乐""安国乐""疏勒乐""康国乐"等，特别是西域乐舞和吐蕃文化中的舞蹈更是盛行。例如，如今刚劲有力的"健舞"，就包括"胡旋""胡腾""拂林""达摩支""阿辽"等民族乐舞，优美、柔婉的"软舞"包括"凉州"等民族民间乐舞。民族民间舞蹈，以各种方式在宫廷上演，宫廷舞蹈又以不同的形式在民间传播。宋代队舞中的"柘枝队""醉胡腾队"，继续对西域乐舞进行继承。这以后，辽金时代的契丹族、女真族的舞蹈，西夏时古羌族的舞乐，元代的蒙古族舞蹈，清代的满族舞蹈都是以少数民族为主的。我国五十六个民族，每一个民族都有其独具风采的舞蹈，或祭祀、或欢庆、或自娱。在舞蹈中，我们会被其民族文化之独特魅力所吸引。

（二）民族民间舞的类型

民族民间舞蹈在漫长的流传演变过程中，形成非常复杂的、交叉融合的多功能现象，如自娱自乐、社交择偶、健身竞技、表演娱人等，其属性往往呈现出多元化的状况。从民俗角度，民族民间舞可以分为生产习俗舞蹈（如布依族的织布舞、舂碓舞等），岁时节令习俗舞蹈（如广东居民在春节时跳的舞狮、黎族在火把节时跳的舞蹈等），人生礼仪舞蹈（如在生育礼、成人礼、婚礼、寿礼、丧礼、祭礼等礼仪活动中跳的舞蹈），宗教信仰舞蹈（如在道教、佛教、伊斯兰教等的活动中跳的舞蹈）。

我国具有典型代表性的民族民间舞有汉族舞蹈、蒙古族舞蹈、维吾尔族舞蹈、藏族舞蹈、朝鲜族舞蹈、傣族舞蹈、苗族舞蹈、彝族舞蹈等，它们千姿百态，遍布在幅员辽阔的祖国大地上，展示着不同民族独特的文化魅力。

（三）民族民间舞的形态

1. 原生形态

原生形态是指没有任何加工的、葆有了一种混沌未脱的粗朴状态的原始民族民间舞

蹈。它表现为舞蹈的基本节奏、步伐、动律和体态的基因，并使其功能、文化内涵较完整地保存下来。各民族的原生态舞蹈，多与原始狩猎、游牧、祭祀、战争以及爱情等内容有关。如鄂温克族的"跳虎"，表现了原始部落狩猎的情景。土家族"摆手舞"中的战争舞，表现了"武王起兵，前歌后舞"的锐猛而壮烈的原貌。纳西族的"哦热热"在歌舞中表演了狩猎与放牧的生活。彝族的"阿细跳月"、鄂温克的"篝火舞"有对火崇拜的遗存。鄂伦春、达斡尔、蒙古及满等民族，在"萨满舞"中仍保存着对熊、天鹅、蟒、鹰等图腾舞蹈的模拟性动作。正是这些原始舞蹈形式和原始观念在舞蹈中的遗存，使我们有可能窥视到舞蹈原有的某些风貌，感受到远古的气息，了解到先民的意识。

2. 艺术形态

艺术形态是指具有一定艺术加工的，以原生态中的风格、素材、基本动律为依据进行创新的民族民间舞蹈。这些艺术形态的舞蹈是对原生态民族舞蹈的继承与发展，具有表演性、剧场性、艺术性等特点。它也是原生态民族舞蹈的精品化，提升了艺术价值，更具审美视觉上的享受。

● **典型示例**

图7-6是杨丽萍表演的傣族舞蹈《孔雀舞》。杨丽萍将孔雀拟人化，惟妙惟肖地模拟了孔雀的饮泉戏水、追逐嬉戏、开屏亮翅等动作，表现了孔雀的优雅、高洁与美丽。她的舞姿富于雕塑性，如典型动作部位的手臂柔美的造型、关节细腻的联动、身体均匀的颤动，以及特有的"三道弯"舞姿，令人赞叹不已。

图7-6 《孔雀舞》

（四）民族民间舞的特性

1. 继承性

民族民间舞蹈保存着许多古代生活的形象特征，积淀着不同历史发展阶段的文化因素，它和人们的传统观念、民俗活动紧密结合，世代相传，不断发展。

2. 群众性

民族民间舞是人民群众集体创作的成果，从群众中来，到群众中去。

3. 自娱性

民族民间舞是广大人民群众自娱自乐的艺术表现形式，来自人们心中最真挚的情感流露。

4. 即兴性

民族民间舞的表演程式规范性不强，舞姿造型因人而异，随情而发。

5. 适应性

民族民间舞以历史时代为背景，适应着潮流与发展，有着与时俱进的特点。

6. 地域民族性

民族民间舞受地域和自然环境的影响，具有鲜明的民族风格特点和地域文化色彩。

（五）民族民间舞蹈的表现形式

1. 载歌载舞

我国民间艺术自古以来就有载歌载舞的传统，如汉族北方的秧歌，南方的"采茶灯""花灯"，满族的"莽式"，维吾尔族的"麦西来普"，藏族的"弦子"。

2. 善用道具

这些道具，有头上戴的帽子、面具，腰里绑的腰鼓、腰铃，脚踩的高跷，以及手里拿的手绢、扇子、花绸、伞、灯、刀、剑、棍等。

3. 演绎故事

民族舞蹈一般都以一个故事为依据，舞蹈刻画的人物形象生动、活灵活现。

4. 自娱自乐

我国民间舞蹈有一个很突出的特征，那就是表演者同时也是一个自娱者，即表演者既是演员，又是观众。

● 典型示例

《黄土黄》（图7-7）充分表达了广大黄土地的百姓对土地的真切情感，体现了中华民族生生不息、奋发不止的民族精神。作品大量运用晋南花鼓动作，使民族情感深刻地体现出来。男子下肢运用弓马步，但加大了间距，用于展现顶天立地的"人"字气度。手部动作中，击鼓后顺势走弧画圆连接，或上或横，使变化流畅有力。女子动作则加入肩、臂绕画

图7-7 《黄土黄》

八字等，突出动作身体的曲线，配合女舞脚步，与男子舞蹈形成对比。结尾的点睛之笔：大群腾越的舞者中，出现了一个跪地痴恋黄土的男子，他舞蹈中似醉、似喊、似哭、似爱的情感感染着在场的演员与观众。作品采用了山西"胸鼓"的素材，以老百姓极其狂欢的节庆舞蹈场面反映了一个民族的酸甜苦辣。该作品于1991年荣获"第三届桃李杯舞蹈比赛"优秀创作奖，于1994年荣获"中华民族20世纪舞蹈经典"奖。

三、芭蕾舞：足尖的跳跃

芭蕾舞，是一种经过宫廷的职业舞蹈家提炼加工、高度程式化的剧场舞蹈。"芭蕾"一词源于意大利语"ballare"（跳舞）。法国宫廷的舞蹈大师们为了实现古希腊诗歌、音乐和舞蹈于一体的戏剧理想，创造出了芭蕾舞这样一种融舞蹈动作、哑剧手势、面部表情、戏剧服装、音乐伴奏、文学台本、舞台灯光和布景等多种成分于一体的综合性舞剧形式，在西方剧场舞蹈艺术中占统治地位达三百余年，至今已历经四个多世纪。

（一）芭蕾舞的特征

芭蕾舞基本特征是"开、绷、直、立"。"开"，是指腿的外开性，也就是要把腿从大腿根处向外转开到最大限度。髋关节的打开，舒展了人体的线条，增强了人体下肢的表现能力，有利于后背的直挺及收紧，而且能展示演员高亢的精神及挺拔的气质。"绷"，绷脚，增加脚形的美和脚的表现力。绷脚延长了腿的长度，强化了腿的流线型的优美。"直"，身体挺拔直立，把两条腿的肌肉拉长到最大限度。这使芭蕾中的许多舞姿达到舒展、长线条、完美的视觉造型。"立"，是指身体要直立、挺拔，并把身体重心准确地放在两条腿或一条腿的重心上，给人带来一种身体向上提升的感觉，这是一种轻盈、敏捷和精神气质的美。

（二）芭蕾舞的发展

1. 席间芭蕾

芭蕾舞出现于在文艺复兴的中心地意大利，当时宴会舞蹈开始流行，芭蕾舞作为一种娱乐出现在宴会的空隙，为人助兴。15世纪末，法国国王理查八世率军来到意大利时惊喜地发现了这种优美、豪华的"席间芭蕾"，于是法国人将芭蕾艺术连同意大利艺术家一起"引进"了法国。1581年，第一部芭蕾舞剧《皇后的喜剧芭蕾》的上演，推动了芭蕾舞艺术的发展，为未来的芭蕾舞树立了榜样。它第一次把舞蹈、音乐、歌唱和朗诵融为一体，创造了内容贯穿的演剧性芭蕾舞，标志了西方芭蕾舞的真正确立。1661年，法国国王路易十四建立了第一所皇家舞蹈学院，专业芭蕾舞演员应运而生，并逐步取代了贵族业余演员，职业女芭蕾舞演员也开始登台演出，舞蹈技术得以较迅速发展。此后，芭蕾舞确立了自己的动作规范体系，规定了四肢的基本部位与基本动作样式，正式确定了脚的五个基本位置。那些古典芭蕾舞的脚和手臂位置，因能集中体现古典芭蕾舞"开、绷、直、立"的审美特征，故被后人公认为"芭蕾的母体"。这些都是法国在承袭意大利"宴会芭蕾"的基础上逐渐发展到"戏剧芭蕾"的伟大成果。

2. 芭蕾歌剧

17世纪70年代，芭蕾舞演出开始使用宫廷剧场。演出场地和观众观看角度的改变，引起了舞蹈技术和审美观点的变化，芭蕾舞演出从基本上是一种自娱性的社交活动逐步转变为剧场表演艺术。这个时期的芭蕾舞从属于歌剧，实际上是一连串舞蹈表演，剧情反而显得无关紧要，这时称为"歌唱芭蕾"或"芭蕾歌剧"。

3. 情节芭蕾

18世纪中叶，芭蕾舞大师诺维尔在《舞蹈与舞剧书信集》中首次提出了"情节芭蕾"

的主张，强调舞蹈不只是形体的技巧，而属于戏剧表现和思想交流的工具。诺维尔的理论推动了芭蕾舞的革新，在他和其他许多演员、编导的持续努力下，芭蕾舞从内容、题材、音乐、舞蹈技术、服饰等方面都进行了一系列改革，这些改革使芭蕾终于能够与歌剧分离，形成一门独立的剧场艺术。情节芭蕾注重戏剧结构、哑剧模仿和情感表达。这种形式使芭蕾舞上升为独立的艺术，在某种程度上却延缓了芭蕾舞动作本体的发展。

4. 浪漫主义芭蕾

19世纪初，浪漫主义芭蕾发端，其主要艺术特征是喜欢表现神秘莫测的超自然境界，热衷于传达人们在世俗空间中难以如愿的理想，富于浓重的抒情色彩和想象成分。在芭蕾舞艺术史上，浪漫主义谱写了极其辉煌的篇章，它在芭蕾舞技术技巧、编导思想与手法、舞剧音乐与舞台美术各方面都进行了大量的改革与发展。在梦境、爱情、神话、传奇的渲染下，随着女子脚尖技术的发明、服装上的改革，芭蕾舞的动作审美特征趋向于轻盈飘逸，呈现出脱离俗世、向往天国的姿态，舞蹈技巧也变得复杂多变。浪漫主义芭蕾被认为是整部芭蕾舞发展史上的核心阶段。在浪漫主义时期的芭蕾舞为了造成某种超凡脱俗、神幻仙境的艺术效果，要求女演员在立起足尖的基础上完成各种动作，这不仅可以体现动作的轻盈和优美，还可以造成气度的高雅与不凡。

欲学习更多相关内容，请扫描查看延伸阅读7-8。

延伸阅读7-8

5. 古典芭蕾

浪漫主义芭蕾的黄金时代极其短暂，从19世纪的30年代延续到40年代，仅仅十多年后就出现了停滞枯萎的局面。随着西欧芭蕾舞再次顺应上层人士的消遣品位，变得空洞乏味而走向衰落时，芭蕾舞却在俄国迎来了最辉煌的时期。19世纪下半叶开始，欧洲芭蕾舞的中心逐渐移至俄国，俄国也逐渐成为欧洲芭蕾舞的中心，并在芭蕾舞史上占有一定地位。在俄国，古典芭蕾舞发展到整部芭蕾舞史上的鼎盛时期，留下了以《睡美人》《胡桃夹子》《天鹅湖》这"三大舞剧"为首的一大批经典剧目，使"舞剧乃舞蹈的最高形式"的观念深入人心。舞剧无论是在舞台规模上，还是在动作技巧与舞剧结构的完善上，都显示了古典芭蕾最为经典的形象。

典型示例

《睡美人》（图7-8）于1890年首演。它以其辉煌壮观的场面、严谨规范的编排、高超的技术难度，诠释了俄国芭蕾舞之美。编导运用"出场""插舞""情节舞"和"古典舞"的舞蹈形式，编排出复杂多变的舞蹈结构。开场舞"昂特雷"介绍演员出场，"插舞"炫染热闹氛围，"情节舞"推动剧情发展，"古典舞"表现人物性情。其中代表性舞

图7-8　《睡美人》

段有奥罗拉公主与四国王子共舞的"玫瑰柔板"，模仿鸟雀活泼灵巧的姿态的"蓝鸟双人舞"，以及奥罗拉公主与王子的"婚礼双人舞"。"双人舞"一般由慢板、男/女变奏以及结尾组成，女舞者主要做出平衡、控制、延伸性的动作，男舞者则以大跳、空中击腿等高难度动作展现自我。由于编导彼季帕在编创舞剧时几乎将所有的舞蹈形式都考虑进去了，如独舞变奏、双人舞变奏、群舞以及贵族宫廷舞、异域风情的性格舞等舞段，因此这部舞剧被誉为"芭蕾百科全书"。

6. 现代芭蕾

20世纪芭蕾舞的发展进入多元时代，出现了风格多样而互动、流派争妍且融通的态势。现代探索型新作魅力四射，19世纪经典舞剧依旧风光，交响芭蕾与戏剧芭蕾并行不悖，长篇巨著和精致小品相映成趣，各民族文化的注入使芭蕾舞愈加异彩纷呈。芭蕾舞艺术在当代发展总的趋势是发挥舞蹈特性本身的优势，与音乐建立起越来越密切的联系，向高度交响化发展，力图反映高深的哲理。

7. 中国芭蕾

中国芭蕾以尊重人物的民族性格、尊重人物生活的民族习俗、尊重人物情感的民族表达方式为前提，对芭蕾舞进行了民族化的改造，吸收、融合多元化的民族民间舞、古典舞及武术、戏曲等动作元素，并打破了一些程式化表演模式，编创出了一种具有中国风格的芭蕾舞。对"芭蕾舞民族化"探索性创作模式，第一是"套用型"，如《鱼美人》就是中国版《天鹅湖》；第二是"创新型"，如《红色娘子军》，可谓是"创新型"芭蕾舞第一个成功试验；第三是"糅合型"，如《祝福》的芭蕾语言民族风格非常自然流畅；第四是"诗化型"，如《觅光三部曲》被称为"中国现代芭蕾的曙光"；第五是"剧场型"，如《大红灯笼高高挂》注重对"舞蹈剧场"的整体营造；第六是"渗入型"，如《胡桃夹子》的中国版芭蕾舞《过年》，全面渗入了中国元素。这些模式从不同角度、不同观念去找寻芭蕾舞与民族文化结合的最适点，找寻古典与现代、民族与世界相互融合的最佳途径。

● 典型示例

舞剧《永不消逝的电波》（图7-9）从中国传统艺术意象化的创作理念，到现代多媒体构成的舞台心理流动空间，再到以生活动作演绎出来的情节舞之丝丝入扣的编织和推进，辅之以东方人希望听到的动人的主题旋律，以及西方现代音乐所擅长的场面音效，证明着中华传统美学精神在实现现代性转型时所焕发出来的强大的艺术魅力。该剧叙事视角下沉，不采用全知视角，

图7-9　《永不消逝的电波》

而是将叙事线索聚焦于地下工作者，在特殊的叙事语境中以小见大，通过反映地下党冒着生命危险从事革命活动的事迹，实现了宏大叙事的"微化"表达，缩小了党史题材复刻历史产生的时代距离，也填平了宏大叙事风格下历史与普通观众记忆之间的话语沟壑。编导打碎并重构时间与空间，形成了全新的时空组合，生发出全新的审美意境。李侠与兰芬的双人舞，将情感发展的不同层次在同一空间交叠呈现，强化了他们由初相识到深深相爱的情感线索，这是同一空间中不同时间的重现，突出的是真实时空假定性中的革命者"同心"的象征。李侠在裁缝铺里寻找情报和兰芬被假扮车夫的特务拉走的两条线索，以同一时间不同空间的行为并置而产生的"蒙太奇"效果，强调了假定时空的真实性，以令人窒息的悬念和紧张感将舞剧推向了高潮。令人印象最为深刻的是"旗袍舞"，利用芭蕾、现代舞、爵士舞结合的方式，将上海温婉女性群像描绘得美轮美奂。该剧于 2019 年荣获第十五届精神文明建设"五个一工程"奖。

四、现代舞：自由不羁的舞动

现代舞，是 20 世纪初在欧美出现的舞蹈形式，它是在现代主义思潮的影响下产生和发展起来的。它突破古典芭蕾艺术的封闭模式，允许舞蹈家以个性化的眼光观察事物并做抽象的自由表现，用新的舞蹈手段表现自我，表现自然、社会与人之间的矛盾。在训练、创作和表演上，现代舞不存在任何普遍的规范，每个艺术家都可以按照自己的观点、思想、情感乃至性格自由发挥，建立自己的法则。

(一) 现代舞的特点

就性质而言，现代舞是属前卫性质的艺术，对任何事都可尝试的舞蹈。它没有烦琐的剧情、布景、音乐，可用不规则或舞者自创的音乐或声音。

就动作而言，现代舞一般是赤足表演，没有民族色彩。动作的抽象意识，来自舞者的特定安排，各人依其原理，随着动作的发展而变化、创新。

就表现方式而言，现代舞以全身为表现的基础，由内而外，随着心意与情感发展，是一种自身的表现，身体姿态与线条任意发展，无任何限制，有时也需要多样媒介的搭配，伴随着舞蹈，由观众自己去感觉、去诠释。

就技巧而言，现代舞让舞者多运用躯体的动作，追求自我与自由，不强调技术，只强调动作的表达意义。

就重心运用而言，现代舞充分利用地心引力及地面反作用力，使力量的运用产生新的支点，如运用坠落或回复姿势的舞步，躯干的紧张与放松，以及呼吸之间的收缩与伸展。

(二) 外国现代舞

在现代主义思潮的影响下产生和发展起来的现代舞，是 20 世纪舞蹈发展的焦点。

20 世纪初，美国舞蹈家伊莎多拉·邓肯首先向传统提出了挑战，她与古典芭蕾彻底决裂，强调主观感情在艺术中的主导作用，她充分运用人体，勇敢地表现个人意志。邓肯具有反叛精神的"自由舞蹈",点燃了西方现代舞的烽火,她也因此成为现代舞的创始人。邓肯的舞蹈自由奔放,具有强烈个性,她不仅从事舞蹈艺术实践,而且创立了新的舞蹈理论,对 20 世纪世界舞蹈的发展产生了巨大的影响。

继邓肯之后的现代舞蹈家们,逐步建立并完善了现代舞的理论和创作方法,使现代舞成为一种独立的艺术形式。德国的玛丽·魏格曼在拉班理论的基础上做出各种新的尝试,最早确立了现代舞的表现性、内省性。她的舞蹈最突出的特点是表现主义风格和以无音乐的形式回归动作本体,她的舞蹈是她内在经验的强烈表现,内在的要素决定了形式。美国的玛莎·格蕾姆,发展了呼吸的技巧和建立在呼吸节奏基础上的收缩与放松的技术,创造了"格蕾姆式技巧"。美国另一位现代舞蹈家多丽丝·韩芙丽,则创造了"跌倒—复原"技术,这种技术以平衡与跌倒之间的各种中间姿势从停止恢复到直立。可以说,现代舞进一步解放了舞蹈演员的身体,极大地强化了舞蹈表现力,赋予它以浓烈的现代意识,拓宽了舞蹈的表现领域,使舞蹈犹如枯木逢春般萌发新的生机。

(三) 中国现代舞

现代舞早在中国新舞蹈先驱吴晓邦、戴爱莲、贾作光那里就埋下了种子,他们都是从对现代舞的学习与创作中起步的。我国现代舞种的发展是一个思想、风格、语言突破传统的过程,也是一个不断适应舞蹈生态环境的过程。中国现代舞的重点是强调中国哲学思想的融入,把世界的原色——太极的黑、白当作舞蹈语言的根基。如《国色》就是以中国传统文化太极理念的阴阳相融为创作源点,从黑白主线到彩色的变换,体现中国哲学的观点。中国现代舞者勇敢打破了传统与现代、东方与西方的局限,进行即兴表达与自由探索。同时,他们往往进行中西动作技术结合。如王玫把美国"林蒙技术"身体摆荡和重心转换技术与民族民间舞呼吸动律结合起来,强调呼吸、节奏和重心挪移,身体的甩、摆、荡、走、跑、冲、撞,以及动作与情感瞬间的收紧与放松,放大与缩小,反复与重复等。"由充满呼吸韵律的节奏和随时晃动的重心,所组成的奇妙动作质感。"[1] 如她编创的《潮汐》在强与弱、快与慢、动与静、流与止、高与下、多与少、大与小、张与弛、齐与散等动态元素的对比变奏中揭示"潮汐"的气质内涵。另外,还有的舞者发展出自己的身体运动体系,如"陶身体舞蹈剧场"的主创人陶冶总结出"空间球体运动流程概念下的动作系统,如以头的重力带动,连接颈椎胸椎腰椎至尾椎的大圆体运动,也可同时在其他任何部位上展开不同方位的经纬度的圆周转动。整个舞蹈都在圆体中进行循环往复,产生无穷的惯性和能量,如轮回、光合、天体"[2]。他提出了"圆运动体系""引力重量的反弹惯性;身体中段转移的失衡控制;关节主动与肌肉的被动连带过程;意识对空间存在的间隙调配;时间和节奏跳跃的转换;内外器官的合作运动等"[3],形成了个性化的现代舞语言。北京雷动天下现代舞团的李捍忠与马波在创作里,有的是强调对稠密紧张的动作、压抑下的动作的张力,如《野性的呼唤》;有的是强调动作从痉挛到放松,如《大放松》。

---

[1][2][3] 摘自曹诚渊的博客,《中国现代编舞家的个性烙印》(3),2010 年 12 月 9 日.

　　我国现代舞者以多元化的形式表现丰富多彩的社会生活，以现代人的表达方式来表达现代人复杂多变的内心世界，揭示深刻严肃的人生哲理。他们主张"任何东西都是可能的"，创作视野十分广阔。从现代人角度、用现代舞形式，对中国传统文化、社会现实进行反思，力图将现代精神与传统文化完美结合，凸显现代舞的中国特色。他们拒绝常规的动作语言的句法规则，对动作进行变形、变奏、重组、重塑，有意显示动作语言逻辑的断裂和非连续性，意在创造一个不同于现有动作秩序的新秩序。现代舞者对语言形式进行了积极的探索，极大地丰富了我国现代舞的表现手法；同时，他们不断寻找着现代舞的新生长点。现代舞种在舞蹈语言、形式的创作与发展等方面，会越来越具有个性。

知识回顾 7-1

　　欲回顾本章重要知识点，请扫描查看知识回顾 7-1。

课后赏析

舞剧《红色娘子军》

演出单位：中央歌剧舞剧院

编导：李承祥、王锡贤、蒋祖慧

作曲：吴祖强、杜鸣心等

首演时间：1964 年

作品简介：《红色娘子军》（图 7-10）讲述了 20 世纪 30 年代第二次国内革命战争时期的海南岛，从恶霸南霸天府中逃出来的丫鬟琼花，在红军党代表洪常青的帮助下，逐渐变成一名红军女战士的经历。这部舞剧是对革命历史事件的舞蹈审美诗化，以革命斗争叠加女性解放的主题内容，建立了"娘子军"这一"象征符号"。其中的一些典型舞姿造型，借用芭蕾舞经典动作"阿拉贝斯"的位置和结构，创造了女战士手持刀枪的舞蹈造型，这是对民族舞蹈核心元素的继承。如以骨盆为轴心、身体画大扇面的"探海翻身"，头与腿两头翘、上身横拧翻胸的"大射雁"，两腿蜷屈、下蹲、盘卧的"卧鱼"，头后仰、脚后踢的"倒踢紫金冠"等，强化了观众对其民族化的审美视觉心理感知。洪常青出场时的动作是疾步前进、圆场、瞭望、观察、上步翻身、跳跃、转身、亮相，其形象特点是英姿挺拔、坚毅机警。这些动作融合了中国古典舞与传统戏曲的元素，展示出革命人物的崇高形象。该剧借用芭蕾双人舞的男女力量对比，将托举、支撑挪用到表现正邪关系的逃亡、搏斗、压服的斗争中，丰富了芭蕾的叙述内容。编导用娘子军战士的"射击舞""投弹舞""刺杀舞"，创造性地刻画了英姿飒爽的女战士形象。在服装上，是军装短裤。这些人物形象的塑造既符合历史真实，也表达出艺术真实。《红色娘子军》在世界芭蕾舞界首次呈现中国女兵形象。1994 年，它被评为"中华民族二十世纪舞蹈经典作品"。

图 7-10　《红色娘子军》

 课后思考

1. 欣赏舞蹈的要素有哪些？舞蹈的审美规律是什么？

2. 舞蹈与文化有什么关系？

3. 不同民族的舞蹈差异是什么？

4. 中外舞蹈在审美形态、审美追求上有什么异同？

5. 你喜欢跳什么舞蹈？舞蹈对你有什么影响？

第八章　美术之美

 学习目标

掌握美术各门类的基础知识，了解美术各门类发展的历史脉络、主要流派及其特点。

能力目标

能够欣赏和分析各类美术作品的审美特点，运用艺术美学知识解决实际问题；提升绘画、雕塑、书法、设计作品的审美素养与审美能力，培养创新思维与艺术表达。

 **案例导读**

文艺复兴时期的艺术巨匠波提切利（Sandro Botticelli）的作品《维纳斯的诞生》与 17 世纪法国古典主义大师尼古拉斯·普桑（Nicolas Poussin）的作品《阿卡迪亚的牧人》（图 8-1），是图示与想象在艺术创作中的完美结合。波提切利的作品《维纳斯的诞生》以其细腻的笔触和丰富的色彩，展现了女神维纳斯从海浪中诞生的神秘与美丽。在这一作品中，波提切利将神话故事中的元素与自然景观相结合，创造出具有象征意义的图示语言，赋予了维纳斯高贵与纯洁的美。

图 8-1　普桑《阿卡迪亚的牧人》

当时佛罗伦萨流行新柏拉图主义的哲学思潮，认为美是不可能逐步完善或从非美中产生的，美只能是自我完成，它是无可比拟的，美是不生不灭的永恒。波提切利用维纳斯的形象来解释这一美学观念，启迪人们对美进行沉思与冥想，使人的精神世界得到净化，他的想象超越了现实的束缚，为观者展现了一个充满神话色彩的艺术世界。

与波提切利不同，普桑的作品更多地体现了古典主义的风格和秩序。在《阿卡迪亚的

牧人》中，普桑以严谨的构图和平衡的色彩运用，展现了牧人们在大自然中的和谐生活。普桑的图示语言源自古希腊罗马的雕塑和古典文学作品，他将古典的元素融入作品中，通过想象构建了一个理想的阿卡迪亚世界。在普桑的作品中，我们可以看到古典主义的审美理念与艺术家想象的完美融合。

在艺术探索的广阔天地中，美术以其独特的图示语言和无限的想象空间，拥有着不可替代的地位。图示，即图像的象征与表意，是艺术家用以传达深层含义和情感的视觉符号。而想象，则是艺术家心灵的翅膀，使他们能够摆脱现实的束缚，创造出绚丽多彩的艺术世界。

图示作为美术的基本构成元素，是艺术家们用以描绘世界、传达情感的重要手段。从古希腊的瓶画到文艺复兴时期的壁画，再到现代艺术的抽象表现，图示的演变不仅记录了艺术风格的变化，更反映了人类对于美的理解和追求的不断深化。"艺术并不超越大自然，不过会使大自然更美化。"塞万提斯的名言不仅揭示了美术与自然之间的紧密联系，也强调了艺术家通过图示语言对自然美的提炼和升华。在西方艺术史中，众多艺术家都从自然中汲取灵感，将观察到的自然元素转化为富有象征意义的图示，如文艺复兴时期大师达·芬奇的《蒙娜丽莎》那深邃的微笑，便是对人性之美与自然之和谐的完美诠释。

而想象在美术创作中的作用更是不可估量。它允许艺术家打破现实的限制，创造出只存在于想象中的奇幻世界。从浪漫主义到超现实主义，西方艺术史上的众多流派都强调了想象在艺术创作中的重要性。如法国超现实主义画家马克斯·恩斯特的作品《沉默之眼》，便通过荒诞而引人入胜的想象，展现了一个充满神秘与梦幻的艺术世界。"想象是一种创造性的力量。"这句来自古希腊哲学家亚里士多德的名言，深刻揭示了想象在艺术创作中的核心地位。而德国美学家康德在《判断力批判》中更是对想象力给予了高度评价，他认为想象力是艺术创作的源泉，是艺术家将感性与理性相结合的桥梁。

上述两位艺术家的作品不仅展示了图示在美术创作中的重要性，同时彰显了想象的无穷魅力。无论是波提切利还是普桑，他们都通过自己的图示语言和想象力，为我们创造出了充满魅力的艺术世界。图示为想象提供了具体的表现形式，使艺术家的内心世界得以外化；想象则赋予了图示以深刻的内涵和广阔的空间，使作品超越了表面的形式美，上升到了更高的精神层面。这种图示与想象的完美结合，正是美术之美的魅力所在。

本章将从绘画之美、雕塑之美、书法之美和设计之美四个维度出发，深入探究美术之美的多层次内涵与外延。通过系统剖析不同艺术形式所独有的审美特性和表现手法，力求揭示美术在情感表达、创意构思以及审美体验等方面的深层次价值，为美术鉴赏和美育实践提供新的思路和方法论支撑。

第一节 绘画之美

绘画，作为一种独特的艺术形式，通过色彩、线条和构图等视觉元素，传达着艺术家的情感和观念。从美学的角度来看，绘画之美不仅仅体现在精湛的画技和绝妙的构图上，更体现在它所蕴含的情感深度、文化内涵以及对观者的心灵触动上。

首先，线条是绘画之美的起点。线条不仅可以勾勒出物体的轮廓和形态，更可以通过其粗细、曲直、浓淡等变化，表现出不同的质感和动态。在艺术家的笔下，线条可以灵动如流水，也可以刚劲如铁石，从而赋予画面以生命力和动感。

其次，绘画之美在于其色彩的运用。色彩是绘画中最为直观和富有感染力的元素之一。艺术家通过巧妙的色彩搭配，能够营造出不同的氛围、体现不同的情感。明亮的色彩可能带来欢快和活泼的感觉，暗淡的色彩则可能引发沉思和回忆。色彩的对比和调和，使得画面更加生动和富有层次。

再次，绘画的形式与个性也是展现其美的重要方式。艺术家通过巧妙的构图，可以引导观者的视线，突出画面的主题和重点。构图的对称与平衡，元素的排列与组合，都使画面更加和谐与统一。

最后，绘画之美更在于其所蕴含的情感和观念。一幅好的画作往往能够触动观者的内心，引发共鸣和思考。它不仅是对现实的描绘，更是艺术家心灵世界的表达。这种情感和观念的传达，使绘画成为一种超越语言和文化的艺术形式，让人们在欣赏的过程中感受到美的震撼和力量。

总之，绘画之美是一种多层次、多维度的美，它融合了色彩、线条、构图以及情感和观念等多个元素，共同构成了一幅幅令人陶醉的艺术作品。

一、飘逸与力量：线条美之呼吸

线条，作为绘画艺术的基本元素，以其独特的流动性和变化性，赋予画面以生命力和动态美。它如同呼吸一般，贯穿于艺术作品的每一个角落，展现出飘逸与力量的双重魅力。在传统中国画中，线条的运用达到了登峰造极的境界。画家们通过墨线的浓淡干湿、轻重缓急，以极简的线条表现物象的神韵，体现了深厚的文化内涵和哲学思考。张彦远《历代名画记》有云："无线者非画也。"这里强调了线条在绘画中的基础性作用。张彦远认为，没有线条的运用就无法构成画面。中国传统绘画注重线条的书写性，通过墨线的浓淡干湿、轻重缓急来表现物象的神韵。正如美国知名汉学家高居翰（James Cahill）的观点，中国绘画的线条承载着深厚的文化内涵和哲学思考，它们以极简的形式表达了复杂的意境和情感。

（一）中国画中的线条

徐复观在《中国艺术精神》中深入剖析了中国绘画中线条的审美意义，"古法用笔""用笔骨鲠"是中国画造型的基本手段，它具有独立的审美价值①。中国画的线，不仅表现了物象的轮廓、质感、量感、运动感等，更重要的是，它传达了画家的主观情感和精神境界。传统中国画中线条的运用特点主要体现在以下三个方面：

其一，线条的运用非常注重笔墨的自然流畅，强调笔触的变化和笔墨的透明感，使线条更具生动感和韵律感。线条的粗细、轻重、长短和曲直都通过墨色的运用来表现，追求

---

① 徐复观. 中国艺术精神［M］. 北京：商务印书馆，2010 年，101–102，112–113.

墨色的浓淡变化和笔墨的干湿结合，以展现形象的立体感和质感。

其二，线条的运用还非常注重勾勒形体的特点。画家们往往以简约的线条勾勒出形体的轮廓和结构，通过线条的运用来表现物象的形态特征。这种勾勒并非对细节的精细描绘，而是强调物体的外形和整体感，使画面简洁明快。

其三，线条在中国画中不仅具有勾勒形体的功能，更是艺术形象的主要组成部分。线条的运用体现了画家的思想感情和线条属性的契合，形成了画家独特的艺术风格。

● **典型示例**

顾恺之的《洛神赋图》（图8-2）中，那流畅如风的线条，展现了女神的灵动与飘逸；而徐悲鸿的《奔马图》（图8-3）中，强健有力的线条则表现了马匹的奔腾与力量。这些作品不仅展示了线条在表现形象上的卓越能力，更传达了画家们的主观情感和精神境界。

图8-2　顾恺之《洛神赋图》　　　　　图8-3　徐悲鸿《奔马图》
　　　　　（局部）

（二）西方绘画中的线条

在西方绘画中，线条的运用同样具有独特的美学意义。从文艺复兴时期的精细描绘，到巴洛克艺术的自由奔放，再到现代绘画的多元创新，线条始终扮演着重要的角色。西方绘画中，线条的美学特点主要体现在以下四个方面：

其一，线条展现出精致与立体感。西方绘画中的线条非常注重细节刻画，能够精确地描绘出物体的轮廓、纹理和光影变化。艺术家们常运用不同粗细、长短的线条来塑造物体的立体感，使画面呈现出三维空间的效果。

其二，线条体现了理性与科学的特征。线条在西方绘画中体现了对比例、透视和解剖学的精准把握，这是西方艺术中理性思维的一种反映。艺术家运用线条来展现物体的结构，符合自然科学原理，追求真实再现自然世界。

其三，线条是情感与思想的表达媒介。通过线条的形态、运动和组合，艺术家们能够传达丰富的情感和思想，使观者与作品产生共鸣。线条的流畅、曲折、粗细等变化，都能反映出艺术家的情感和创作意图。线条与色彩、构图等元素紧密互动，共同构建画面的美感。在西方绘画中，线条的运用常常与色彩的运用相结合，通过线条的勾勒和色彩的渲染，营造出丰富的视觉效果。

其四，线条在构图中也起着关键作用，能够引导观者的视线，突出画面的主题和重点，增强画面的层次感和动态感。

综上所述，线条在绘画艺术中的运用是广泛而深入的，其表现力与美感是无穷无尽的。不同的地域、民族、流派以及画家个人风格和创作理念的影响，使得线条在绘画中呈现出千姿百态的美学风貌。正如沃尔夫林所言："在线条之歌中，形式的真实性被揭示出来，非常一致地让可视世界服从于线条……"① 线条作为一种视觉元素，在艺术作品中扮演着至关重要的角色。它不仅构成了形式的轮廓与结构，更通过其自身的节奏、方向和质感赋予了作品独特的情感和生命力。因此，在欣赏绘画作品时，我们不妨从线条入手去探寻其中所蕴含的美学奥秘与艺术家的思想情感。

欲学习更多相关内容，请扫描查看延伸阅读 8-1。

延伸阅读 8-1

二、暖阳与激浪：色彩美之呐喊

色彩，这一视觉艺术的灵魂，以其独特的方式在绘画中诉说着情感与象征的丰富故事。它如同暖阳般温暖人心，又如激浪般扣人心弦，成为艺术家们表达内心情感与展现物象魅力的有力媒介。在深入探讨色彩在绘画中的运用之前，我们有必要先理解其背后的美学意义和价值。

色彩作为光的一种表现形式，通过我们的眼睛被直观地感知。这一过程并非简单的物理反应，而是涉及深层次的审美直观。康德在《判断力批判》中强调了审美直观的独特性，它不同于认识活动中的理性直观，也不同于实践活动中的感性欲望。审美直观是一种纯粹的、独立的感性判断，只与审美对象的形式相关。色彩，作为这一形式的重要组成部分，能够直接影响观者的感受和情绪，从而构成审美体验的重要一环。

在绘画中，色彩的运用不仅关乎技巧，更在于艺术家如何通过色彩传达内心的情感和表现物象的质感。色彩不仅是情感表达的有力工具，还具有深刻的象征意义。不同的色彩和色彩组合可以产生不同的情感效应和审美体验，这是绘画艺术中色彩运用的独特魅力。例如，红色常被视为热烈与激情的象征，蓝色则代表着冷静与深沉，绿色寓意着生命与希望，黑色则常常与死亡、神秘联系在一起。这些色彩的象征意义在绘画中被广泛运用，为画面增添了丰富的内涵和意蕴。

●典型示例

在《千里江山图》（图 8-4）这一宋代青绿山水画的杰作中，设色以青绿为主调，辅以石青、石绿等矿物质颜料。年仅十八岁的画家王希孟通过精湛的技艺和巧妙的色彩运用，描绘出了层峦叠嶂、江河浩渺的壮丽景象。色彩在这里不仅表现了自然的清新秀美，还通过层次感和变化展现出山峦的远近、高低和光影效果。整个画面充满了生机和动态美，观者仿佛可以置身于这千里江山之中，感受山河之壮丽辽阔。

---

① 沃尔夫林. 艺术风格学：美术史的基本概念［M］. 潘耀昌，译. 北京：中国人民大学出版社，2004：45.

图8-4　王希孟《千里江山图》（局部）

在安德鲁·怀斯的《克里斯蒂娜的世界》（图8-5）中，色彩则营造出了一种沉静而忧伤的氛围。柔和的棕色、绿色以及青灰色的运用使得画面充满了自然的光影和亲切感。色调的沉静与画面忧伤的主题相得益彰，让观众仿佛身临其境地感受到了作品所传达的情感。

印象派画家克劳德·莫奈的《印象·日出》（图8-6）则是色彩捕捉自然光影变化的典范。画家运用了柔和的粉色、橙色和透明的蓝色来描绘清晨日出转瞬即逝的光线在水面上的反射，这些色彩的运用营造了一种朦胧而宁静的印象氛围。

图8-5　安德鲁·怀斯《克里斯蒂娜的世界》

图8-6　莫奈《印象·日出》

欲学习更多相关内容，请扫描查看延伸阅读8-2。

综上所述，色彩作为独特的符号语言，在绘画中具有丰富的情感表达与象征意义，它不仅能够影响观众审美直观，还能为画面氛围和主题的传达增添深刻的内涵，在绘画中扮演着至关重要的角色。王一川在《修辞论美学》中深刻剖析了20世纪中国现代美学的三次转向，即认识论转向、语言论转向、修辞论转向，强调了现代艺术美学的修辞性，认

延伸阅读8-2

为"艺术以其特有的话语组织或调整，象征性（想象性和符号性）地转换了实际生活中难以解决的种种矛盾、混乱或危机，从而间接地影响这些实际生活问题的解决"。[①] 色彩作为绘画修辞的重要组成部分，通过色相、明暗、纯度等的变化和运用，赋予画面以丰富

---

① 王一川. 修辞论美学［M］. 北京：中国人民大学出版社，2009：69.

的情感色彩和审美意蕴。通过巧妙的色彩运用，艺术家能够赋予画面生命力的暖阳之美与动态的激浪之美，进而使观众在欣赏作品时感受到强烈的视觉冲击和情感共鸣。正如俄国画家和抽象艺术先驱瓦西里·康定斯基（Wassily Kandinsky）在其理论著作《论艺术里的精神》中对色彩的赞美："色彩是琴键，眼睛是锤子，而心灵则是钢琴的琴弦。画家是弹琴的手，弹某个琴键，引发心灵的震颤。"①

三、形式与个性：风格美之沉思

在艺术领域中，风格不仅是一种形式上的表达，更是艺术家内心世界的直观展现。沃尔夫林强调，艺术风格是艺术家对于现实世界的个人诠释，这种诠释深受艺术家气质、教育及其特殊天赋的影响，同时不可避免地烙上了时代与民族的印记②。丹纳则进一步指出，"特征经过作家或艺术家的头脑，从现实世界过渡到理想世界……艺术品的等级反映特征的等级……最高的艺术品所表现的便是自然界中最强大的力量"。③ 特定艺术风格是特定时空背景下的产物，反映了社会的审美观念和价值取向。在绘画的世界里，风格显得尤为重要，它不仅彰显了艺术家的审美理想，更是历史与文化的重要载体。

●典型示例

现实主义与抽象主义便是绘画风格中截然不同的两种表达。前者致力于忠实再现物象，通过精湛的描绘技巧展现生活的真实面貌；后者则更注重对物象的内在解构，以非具象的形式传达画家的深层思考。这两种风格在形式语言上的差异，恰恰体现了艺术家对美的不同理解与追求。以拉斐尔和卡拉瓦乔的圣母像为例，我们可以看到，即便是同一主题，在不同艺术家的笔下也能展现出截然不同的风貌。拉斐尔笔下的圣母温柔而慈祥，充满了文艺复兴时期的人文关怀（图8-7）；而卡拉瓦乔笔下的圣母更加朴实无华，体现了作者对下层人民的深切同情（图8-8）。这种风格上的差异，不仅反映了艺术家的个性与情感，也折射出他们所处的时代与社会环境。

图8-7　拉斐尔《圣母子》　　　　图8-8　卡拉瓦乔《圣母之死》

① 康定斯基. 论艺术里的精神 [M]. 吕澎，译. 上海：上海人民美术出版社，2020：35.
② 沃尔夫林. 艺术风格学：美术史的基本概念 [M]. 潘耀昌，译. 北京：中国人民大学出版社，2004：11-12.
③ 丹纳. 艺术哲学 [M]. 傅雷，译. 南京：凤凰文艺出版社，2018：295.

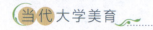

在探讨绘画风格时，我们不得不提及形式语言的重要性。克莱夫·贝尔提出的"有意味的形式"①，强调了形式在艺术作品中的核心地位。无论是倪瓒的简约山水还是杰克逊·波洛克的自由挥洒，都是艺术家通过独特的形式语言来表达自己的审美追求和创作理念。这些形式语言不仅具有高度的美学价值，更是艺术家个性的鲜明体现。

显然，绘画风格的形成与发展也离不开时代背景的推动。中国传统绘画追求写意，追求人与自然的和谐，而西方绘画偏向写实，探寻真美结合，这体现了东西方文化与审美的差异。类似地，哥特式建筑、拜占庭壁画等艺术的诞生受中世纪社会宗教的影响，中国士大夫绘画也离不开其特定的社会文化环境。这些时代因素塑造了各具特色的艺术风格。

总的来说，绘画风格是艺术家个性与时代背景的综合体现。它既是艺术家对美的独特诠释，也是历史与文化的重要见证。在欣赏与理解绘画风格时，我们需要综合考虑多个因素，才能更深入地领略其艺术魅力并做出客观的评价。

四、承续与革新：技巧美之探索

在深入探讨中国绘画技巧的承续与革新之前，我们需要认识到，每一种艺术形式的演变，都承载着历史的厚重和文化的深沉。中国绘画，作为东方艺术的瑰宝，其技巧的演进不仅见证了中华民族对美的孜孜追求，更在不断创新中赋予了艺术以生命的活力。

从古至今，中国绘画走过了一条充满探索与变革的道路。早期的中国画，线条是其最质朴也最灵动的语言。在那些流畅而富有节奏的线条中，我们仿佛能听到古人的心跳和呼吸。如三国时期的曹不兴，其绘画线条表现已达到了相当高的水平，其线条技法被誉为"落墨为蝇"，可见其绘画技艺之精湛。而到了东晋时期，顾恺之的出现更是将线条的表现力推向了一个新的高度。他的线条连绵流畅，如同春蚕吐丝，充满了生命的律动。在其代表作品《女史箴图》（图8-9）中，那种对人物神情的精细刻画，对主题内容的深入挖掘，无不体现出其高超的绘画技巧和深厚的艺术修养。

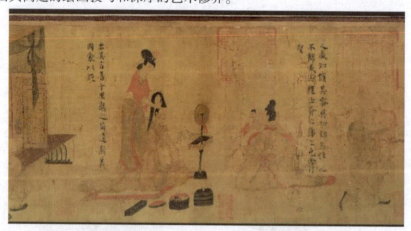

图8-9　顾恺之《女史箴图》（局部）

随着时代的推进，中国画的绘画技巧也在不断发展和创新。到了唐宋时期，绘画艺术迎来了一个繁荣昌盛的时代。这一时期的中国画不仅注重画面的整体布局和透视感的运用，更在笔墨的运用上达到了一个前所未有的高度。如被誉为"画圣"的吴道子，其笔下的人物形

① 贝尔. 艺术 [M]. 薛华，译. 南京：江苏教育出版社，2005：4.

象生动逼真，线条流畅而有力，展现出了一种超凡脱俗的艺术境界。而北宋时期的山水画家范宽，更是以其雄浑壮美的山水画卷赢得了后世的赞誉。他的作品如《溪山行旅图》（图8-10），通过巧妙的笔墨运用和透视处理，营造出了一种深远而神秘的山水空间感。

　　到了元代以后，文人画的兴起为中国画坛带来了一股清新的风气。画家们开始注重个人情感的表达和心境的传达，绘画技巧也更加注重笔墨的韵味和气韵生动。明清时期，中国画在继承传统的基础上，进一步吸收了西方绘画的技法，使画面效果更加丰富多样。如徐悲鸿等艺术家在融合中西绘画技巧方面做出了杰出的贡献，他们的作品既保留了中国画的传统韵味，又融入了西方绘画的立体感和光影效果，为中国画的发展注入了新的活力。

　　进入近现代以来，中国画在绘画技巧上的创新与突破更是层出不穷。新材料和新技法的运用为中国画带来了前所未有的可能性。如水彩、油画颜料等新材料的使用使中国画的画面效果更加绚丽多姿，而一些现代技法的引入也使中国画在表现手法上更加自由灵活。如潘玉良、林风眠、吴冠中等艺术家通过融合中西绘画的精髓创造出了独具特色的艺术作品，他们的作品既展现了中国传统绘画的笔墨情趣，又体现了现代艺术的创新精神，为中国画的发展开辟了新的道路。

　　近现代中国画家在技巧上一直在不断承续与革新。在《长江三峡》（图8-11）中，吴冠中巧妙地将中国传统的山水画技法与西方的光影处理相结合，使得画面既有中国水墨的灵动与意境，又具备西方绘画的立体感和空间感。这种融合使作品在保持中国传统美学精神的同时，也呈现出新的艺术风貌。同样值得一提的是潘天寿的作品，比如《初晴》（图8-12），他以其独特的构图和笔墨技巧闻名于世。在他的作品中，我们常常可以看到他运用大块的墨色和简洁的线条来展现一种沉稳而富有张力的画面效果。他的这种表现手法既继承了中国传统绘画的精髓，又融入了现代艺术的构成理念，使他的作品在视觉上具有很强的冲击力和感染力。

图8-10　范宽《溪山行旅图》

图8-11　吴冠中《长江三峡》

图8-12　潘天寿《初晴》

总的来说，中国画的绘画技巧在漫长的历史长河中经历了不断的承续与革新，中西方绘画技巧的融合、新材料和新技法的运用都为其带来了新的生命力，而那些杰出的艺术家，更是以其独特的创新精神和深厚的艺术修养为中国画的发展做出了不朽的贡献，他们的作品将永远闪耀着人类智慧的光芒，照亮后人探索艺术的道路。

第二节　雕塑之美

雕塑艺术之美，美在形态之韵、材质之魅与情感之流。它是人类智慧的结晶，是自然与文化的交融，是历史与未来的对话。黑格尔认为，雕刻所抓住的是一种惊奇感，这就是精神把自己灌注到完全物质性的材料里去，将这种外在材料塑造成一种形状，使自己从这种形状里看出自己就摆在面前，认出这种形状就是符合自己内在生活的形象时所感受到的那种惊奇感①。法国雕塑家罗丹认为雕塑是静态的舞蹈，是凝固的音乐。雕塑让我们在欣赏雕塑艺术的同时，也感到生命的丰富与多彩，感受到美的永恒与力量。

一、循石像形——从雕塑材料中发现美

雕塑是凝固的诗、无言的歌，以其独特的形态和空间语言，诉说着艺术家的情感与观念，呈现着艺术家对于形态、空间和材料的独到见解。在雕塑的创作过程中，"循石像形"这一理念显得尤为重要，它强调的是对材料的尊重、理解和创新运用，是从材料的天然之美中提炼和升华出艺术之美的过程。

"循石"，意味着顺应材料的天然之态，"像形"则是以形取意，不拘泥于物象的表面细节，而着重于神韵的传达。二者相辅相成，前者要求艺术家顺应材料的自然属性，后者则强调根据材料的形态进行巧妙的构思和设计。这一理念并非凭空而生，而是植根于中国深厚的哲学与美学传统。道家的"道法自然"、儒家的"天人合一"，都为"循石像形"

---

①　黑格尔. 美学：第三卷上册［M］. 朱光潜，译. 北京：商务印书馆，1992：207.

提供了思想滋养，强调艺术家应与自然材料和谐共鸣，而非强加意志。这种创作方式不仅体现了艺术家的高超技艺，更展现了他们对自然与美的深刻洞察。

（一）材料的天然魅力

每一种雕塑材料都有其独特的质感和美感。大理石的光洁、木材的温暖、青铜的沉稳，这些天然属性为雕塑作品提供了丰富的视觉体验。石头的冷峻、木材的温暖、青铜的厚重，都是这些材料独有的情感表达。艺术家在创作时，应首先学会欣赏这些天然之美，并将其作为作品构思的起点。

（二）材料与形态的对话

在雕塑创作中，材料与形态之间存在着密切的关联。艺术家需要根据材料的特性和形态来构思作品，使二者相互映衬、相得益彰。例如，在创作一件以大理石为材料的雕塑时，艺术家可以充分利用大理石的纹理和色泽，塑造出既符合材料特性又具有独特美感的形态。一块石头的裂纹、一块木头的结节，都可能成为灵感的源泉。通过巧妙的雕琢，这些材料的"缺陷"被转化为艺术的"亮点"，共同谱写成一曲和谐的交响乐。

（三）材料的转化与再生

雕塑创作的"循石像形"不仅是对材料的尊重和利用，更是对材料的转化和升华。通过艺术家的巧手和匠心，原本普通的材料可以变成充满生命力的艺术作品。这种转化过程不仅体现了艺术家的创造力，也赋予了材料新的艺术价值。这种转化是艺术创造的核心，也是雕塑艺术的魅力所在。

（四）材料与观众的互动

雕塑作品最终需要呈现给观众，而观众在欣赏作品时，也会被材料所触动。不同的材料会给观众带来不同的心理体验，如大理石的庄重、青铜的厚重、木材的亲切等。观众不仅能够欣赏到作品的形态美，还能通过触摸来感受材料的质感，与作品产生更深层次的互动。这种互动不仅增强了观众的参与感和体验感，也让雕塑艺术更加生动和有趣。

在中国传统雕塑和西方经典雕塑中，有许多体现"循石像形"理念的杰出作品。如中国的石窟佛像、古希腊的大理石雕塑以及文艺复兴时期的青铜雕塑等，这些作品都巧妙地运用材料的天然属性和形态特点，塑造出生动逼真的艺术形象。

典型示例

现代雕塑创作中，"循石像形"的理念仍然具有重要意义。艺术家们善于利用各种新型材料和技术进行创作，如不锈钢、玻璃钢等。如曾成钢的《鉴湖三杰》（图8-13）、展望的《假山石》（图8-14）等，这些作品以全新的视角和材料运用，探索了"循石像形"在当代雕塑创作中的可能性。它们或以现代材料重塑历史人物，或以不锈钢模拟传统山石，都体现了艺术家对材料的深刻理解和创新应用。

图8-13　曾成钢《鉴湖三杰》　　　　　　　　图8-14　展望《假山石》

"循石像形"不仅是一种技艺，更是一种艺术哲学，它要求艺术家在创作过程中尊重材料的天然属性、理解材料的内在美感，实现形态与材料的完美结合。同时，这一理念也鼓励我们在日常生活中，以更加开放和敏锐的视角去观察和感受身边的一切物质材料，发现它们潜在的艺术价值和美感。

二、空间营造——在雕塑造型中凝视美

在深入探讨雕塑艺术时，我们不可避免地要触及空间营造这一核心议题。从美学角度来看，雕塑艺术中的空间营造是一个多层次、多维度的艺术追求。它不仅关乎技术性的构造，更体现了艺术家对空间、形态和观众感知的深刻理解和创新运用。我们需要明确雕塑作为一种三维空间的艺术形式，其本质就在于通过物质材料在空间中创造出具有独特形态和内涵的作品。这种创造过程，离不开对空间的深入理解和巧妙运用。雕塑家通过运用点、线、面等基本元素，以及色彩、质感等辅助手段，来构建雕塑的造型和空间结构，从而赋予作品以生命和灵魂。一件成功的雕塑作品，必然能够在空间中营造出一种独特的氛围，产生极强的视觉冲击力，让观众在欣赏的过程中产生共鸣和联想。这种共鸣和联想，正是雕塑艺术所追求的最高境界，它让作品超越了物质的层面，成为一种精神的象征和文化的印记。

(一) 空间与形态的美学融合

在雕塑艺术中，空间和形态是相互依存、相互影响的。空间是雕塑存在的基础和背景，形态是雕塑在空间中的具体表现。艺术家通过巧妙地运用空间和形态，可以带来不同的视觉效果和美学体验。例如，通过改变雕塑的比例、尺寸和形状，艺术家可以引导观众的视线，营造出不同的空间感和深度感。这种空间与形态的融合，使得雕塑作品不仅具有物理上的三维性，更在视觉上呈现出层次丰富、变化多端的美学效果。

（二）空间的心理感知与情感表达

雕塑艺术中的空间营造还涉及观众的心理感知和情感反应。艺术家通过运用不同的空间元素，如开阔与封闭、高远与低矮、明亮与昏暗等，来影响观众的情感体验。例如，一个开阔、明亮的空间可能会给观众带来愉悦和轻松的感觉，而一个封闭、昏暗的空间可能引发观众的紧张和不安。这种空间营造方式使雕塑作品不仅具有视觉上的美感，更能在情感上与观众产生共鸣。

（三）空间营造与环境的和谐共生

雕塑艺术中的空间营造还需要考虑作品与周围环境的和谐共生。艺术家在创作雕塑作品时，需要充分考虑作品所处的环境，包括自然环境（如山水、植被等）和人工环境（如建筑、道路等），以确保作品能够与环境相融合，共同构建一个和谐统一的美学空间。这种空间营造方式不仅提升了雕塑作品的美学价值，也为观众提供了一个更加丰富多彩的艺术体验环境。

●典型示例

为了更具体地探讨空间营造在雕塑造型中的运用，我们不妨以几位世界著名雕塑家的作品为例来加以分析。首先是奥古斯特·罗丹的《思想者》（图8-15）。这座雕塑通过深邃的思考姿态和紧凑的空间构成，产生了强烈的视觉冲击力。作品呈现了一个深沉思考的人的形象，其整个身体姿态和肌肉的紧张感都传达了内心的挣扎和思考的痛苦。而雕塑的紧凑形态与周围空间的空旷形成了鲜明对比，进一步突出了作品的主题和人物的内心世界。

再来看亚历山大·考尔德的动态雕塑《Double Gong》（图8-16）。考尔德的作品以独特的空间构成和动态视觉效果著称。动态雕塑通常由许多小件组成，如金属片、线、球等，通过精心的设计和组合，它们在空间中形成了一种流动的美感和动态效果。这种空间构成非常灵活和多变，可以在风的作用下自由摆动和旋转，创造出一种充满活力和趣味性的空间感。观众在欣赏这些动态雕塑时，不仅会被其独特的形态所吸引，更会被其动态的变化所引导，从而对空间产生全新的感知和体验。

图8-15　罗丹《思想者》　　　　图8-16　亚历山大·考尔德《Double Gong》

欲学习更多相关内容，请扫描查看延伸阅读8-3。

延伸阅读8-3

通过以上几个例子，我们可以看到雕塑艺术的魅力所在，它让我们能够在有限的空间中探索到无限的美的可能性。当然，空间营造并不仅仅是雕塑家个人的艺术追求，也与观众的文化背景、审美习惯等因素密切相关。不同的观众在面对同一件雕塑作品时，可能会产生不同的感知和理解。因此，空间营造在雕塑造型中的运用也需要考虑到观众的接受度和认同感，只有这样，作品才能够真正地触动人心、引发共鸣。

总之，空间营造在雕塑造型中是一个复杂而重要的议题。它关乎如何通过精准的雕塑语言在三维空间中实现形态、情感和主题的完美融合，进而产生令人叹为观止的艺术效果。从审美创造的角度来看，空间营造不仅体现了雕塑家的精湛技艺和对空间的深刻理解，更彰显了雕塑艺术作为空间艺术的独特魅力和价值所在。通过精准的雕塑语言和巧妙的空间布局，雕塑家得以在有限的空间内探索并呈现出无限的美的可能性，从而引领观众跨越现实界限，让观众在欣赏的过程中获得深刻的体验和思考。

三、瞬间永恒——在雕塑语言中阅读美

"瞬间永恒"这四个字蕴含着时间与空间的奇妙交融，也是雕塑艺术的精髓所在。雕塑，作为一种三维空间中的艺术形式，以其独特的语言，将时间中的某个瞬间凝固成永恒的艺术形象。这种独特的艺术表达方式，不仅让观众能够欣赏到雕塑的形态美，更能够在阅读雕塑的过程中，感受到美的内涵和情感的永恒。

在雕塑语言中阅读美，我们还需要关注雕塑的形式美感和视觉效果。雕塑家通过运用不同的造型手法和表现形式来创造独特的视觉效果。例如，在浮雕作品中，艺术家会利用光影效果来突出形象的立体感和层次感；在圆雕作品中，他们会注重塑造形象的体积感和空间感。这些手法的运用，使雕塑作品在视觉上呈现出丰富多样的美感。

●典型示例

"瞬间永恒"在雕塑作品中的体现，需要艺术家具备敏锐的观察力和精湛的技艺。他们要善于从现实生活中捕捉那些具有代表性和感染力的瞬间，然后通过雕塑语言将其固定下来。例如，约公元前450年，古希腊著名雕塑家米隆的代表作《掷铁饼者》（图8-17）被誉为"空间中凝固的永恒"。雕塑选择了铁饼摆回到最高点、即将抛出的一刹那，有着强烈的"引而不发"的吸引力，生动再现了运动员娴熟、优美的投掷姿态。虽然是静止的雕塑，但艺术家把握住了从一种状态转换到另一种状态的关键环节，达到了使观众心理上获得"运动感"的效果，成为后世艺术创作的典范。

图8-17 米隆《掷铁饼者》

综上所述，"瞬间永恒"在雕塑艺术中的体现，不仅展现了雕塑艺术的独特魅力，更从深层次上揭示了美的本质与内涵。这种对于美的探索和追求，正是雕塑艺术作为人类精神文明产物重要组成部分的价值所在。通过雕塑语言，我们得以在阅读美的过程中，感受到生活的丰富多样与人性的深刻复杂，从而更加珍视和追求美的存在。

延伸阅读8-4

欲学习更多相关内容，请扫描查看延伸阅读8-4。

四、再塑崇高——在雕塑情感中拥抱美

崇高，这一美学概念，在雕塑艺术中得到了淋漓尽致的体现。它不仅仅是一种视觉上的震撼，更是一种心灵深处的触动，是艺术家通过作品传递给我们的一种超越日常经验的美。

欲学习更多相关内容，请扫描查看延伸阅读8-5。

延伸阅读8-5

在雕塑艺术中，崇高首先体现在作品的外观与形态上。艺术家通过运用宏大的规模、雄伟的姿态与精致的细节，创造出令人敬畏的视觉形象。这种形象往往能够引发观众对于英雄、历史、文化等主题的深沉思考，从而产生一种超越日常的崇高感受。例如，一些纪念性雕塑通过巨大的体量和庄严的姿态，让观者感受到历史的厚重与英雄的伟大，这种崇高感让人心生向往。

然而，雕塑艺术中的崇高并不仅仅停留在视觉层面。它更深入到作品所传达的情感、精神与内涵之中。艺术家通过描绘人物的表情、动作与姿态，成功地传达出坚忍、勇敢、牺牲等崇高的精神品质。这些品质在观众心中引发共鸣，让观众感受到一种深刻的精神震撼。同时，雕塑作品所蕴含的深刻思想与哲理也是构成其崇高的重要因素。一件优秀的雕塑作品往往能够引发观众对于生命、自然、社会等宏大主题的深思，这种思考使作品具有了更加深厚的文化底蕴与更加崇高的美学价值。

与绘画中的崇高相比，雕塑艺术中的崇高具有其独特性。雕塑是一种三维立体的艺术形式，它通过实体的物质形态来表现崇高，需要观众的身体感知和空间体验。这种实体性和空间感使雕塑作品中的崇高更加直观和可感，观众可以围绕作品走动，从不同的角度感受其雄伟与庄严。而绘画更注重通过色彩、线条等平面元素来表现崇高，需要观众的视觉感知和心理体验。因此，尽管绘画和雕塑都是表现崇高的艺术形式，但它们在表现形式和审美体验上存在着明显的区别。

雕塑艺术中的崇高之所以能够触动人心并提升审美境界，还在于其独特的艺术魅力和表现手法。雕塑作品通过形态、情感、空间感和立体感等多种艺术手段的完美结合，创造出一种超越日常经验的美。这种美不仅让我们感受到视觉上的愉悦和满足，更让我们在心灵深处产生一种无法言喻的感动和震撼。

综上所述，雕塑艺术中的崇高是一种深刻的美学体验，它涉及作品的外观、情感、精神与内涵等多个层面。通过对崇高的阐释与表现，雕塑艺术得以展现出其独特的魅力与价值，不仅让观者在视觉上得到享受，更让观者在心灵深处感受到一种崇高的震撼与洗礼。这种震撼与洗礼不仅触动了观者的情感，更提升了观者的审美境界和精神追求。

延伸阅读8-6

欲学习更多相关内容，请扫描查看延伸阅读8-6。

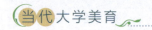

第三节 书法之美

书法是中华文化的瑰宝，它蕴含着深邃的哲学思想，被视为一种高度艺术化的书写形式。"博大精深，精妙绝伦，既高明至极又秉持中庸之道"的文人理念，在书法中得到了完美的体现。经过夏、商、周至秦、汉两千多年的漫长岁月，书法艺术逐渐成熟，并形成了独具特色的汉字造型与表情艺术。唐代书法家张怀瓘《书议》中有云："玄妙之意，出于物类之表；幽深之理，伏于杳冥之间。岂常情之所能言，世智之所能测。非有独闻之听，独见之明，不可议无声之乐，无形之相。"了解书法艺术的美学意义，不仅有助于领略到汉字书写的韵律美，更有助于深刻感受到中华文化的深厚底蕴与独特魅力。

一、中和沉静：书法艺术的点画追求

书法艺术与文字紧密相连，是随着汉字的诞生而逐步发展起来的，其发展离不开对书法史和文化史的深入解读。远古传说中，伏羲画卦、仓颉造字等故事，揭示了文字最初源于先民们创造的抽象符号与线条组合。从殷商时期的甲骨文，到周代的金文，再到春秋战国时期的石刻大篆，以及秦统一后的小篆，书法艺术在不断发展中逐渐摒弃了甲骨、青铜器、简帛等原始书写材料，进而采用了更能展现其艺术魅力的纸、笔、墨和石刻等媒介。

书法之美，源于其深植于中国传统文化的根基。它以中和沉静为核心，通过点画元素的精妙组合，展现出独特的艺术魅力。历代书法家在追求书法之美的过程中，不断探索点画的变化与和谐，使书法艺术在中和沉静中焕发出无尽的光彩。

孙过庭在《书谱》中详细论述了书法的韵律与和谐之美。他强调，在书法创作中，要注重点画之间的呼应与协调，使整体作品在变化中保持平衡，在规矩中释放创造。这种平衡与和谐，正是书法艺术中沉静美学的体现。通过点画的精妙组合，书法家能够创造出充满韵律感的作品，给人以视觉和心灵的双重享受。

历史上的书法名篇，无一不是通过点画的巧妙运用，展现出平和雅正之气。这些作品在点画的起承转合中，体现了儒道两家的精神内涵，展现了书法艺术的中和之美。无论是篆书的圆润婉转，还是隶书的方正刚健，都通过点画的细腻变化，传递出深厚的文化底蕴和极致的美学追求。

● 典型示例

王羲之的《兰亭序》（图8-18）被誉为"天下第一行书"，其点画之美是众所周知的。在《兰亭序》中，王羲之运用了丰富的点画元素，如蚕头燕尾、波折跳跃等，但整体上又保持了一种和谐与平衡。这些点画元素既增添了作品的艺术性，又没有破坏整体的中正平和之感。特别是那些细腻的笔触和微妙的墨色变化，更是让人感受到了书法艺术的无穷魅力。

颜真卿的楷书则以其厚重稳健著称。在其作品如《颜勤礼碑》（图8-19）中，我们可以清楚地看到点画元素如何在中正平和的美学指导下运用。颜真卿的字形端庄大方，点画饱满有力，但又不显得过于张扬或刻板。每一个点画都恰到好处地融入了整体之中，共同构成了作品的和谐与美感。

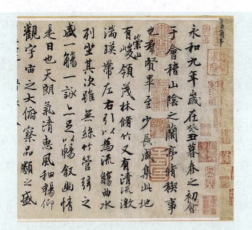
图 8-18　王羲之《兰亭序》（局部）

图 8-19　颜真卿《颜勤礼碑》（局部）

在书法创作中，点画元素的运用至关重要。书法家通过长期的实践和修炼，将点画线条运用到极致，展现出轻重疾徐、顾盼生姿的艺术效果。他们注重笔墨的浓淡干湿，追求点画之间的呼应与协调，使整体作品在力度和韵律上达到完美的平衡。这种平衡与和谐，正是书法艺术中沉静美学的具体体现。

除了点画元素的运用，书法家在创作前还注重心灵的沉静。他们通过焚香、静坐等方式，让心灵沉静下来，将世俗的纷扰隔离，进入一种空灵的境界。在这种状态下，书法家能够更好地把握点画的变化与和谐，将内心的情感和思想融入笔墨之中，创作出充满灵性和生命力的作品。

此外，书法艺术还体现了中国哲学大道至简的精神。书法家通过点画的挥洒，将复杂的事物简化为线条和墨色，以最简单的形式表达出最深刻的内涵。这种简化不是简单的省略或抽象，而是一种提炼和升华，是对事物本质的深刻把握和表达。在点画的挥洒中，书法家将自己的心灵历程、情感体验以及对宇宙万物的感悟都融入其中，使作品具有深刻的思想内涵和人文价值。

在现代社会中，我们应该更加重视书法艺术中沉静美学的价值。在快节奏的生活中，静下心来学习书法、品味书法，不仅可以提升个人的审美素养和文化底蕴，还可以更好地理解和传承中国传统文化。通过点画元素的精妙组合和运用，我们可以感受到书法艺术中那种超越言象之上的玄妙之意与幽深之理，体验到一种与天地万物同呼吸、共命运的境界。这种境界不仅是对个人修养的提升，更是对人类社会文明进步的贡献。

二、无法至法：书法艺术的章法内核

在中国，我们将书写艺术称为"书法"，它承载着深厚的文化底蕴，这一称谓深深植根于中国的文化传统与哲学思考中。在中国传统文化里，"道"是崇高且难以言传的，代表着宇宙万物的本源与规律。艺术被视为追求这一"大道"的途径，而具体的技艺被看作是辅助性的"小道"。因此，"书法"不仅仅是技艺，更是一种通过精神层面触及哲学层面的追求。书法章法，简而言之，就是字与字、行与行之间的布局与安排①。当我们提及

---

① 王岳川. 大美雅正：正大气象中国书法的美学精神略论 [J]. 中国民族，2024（1）：65.

书法，往往首先想到的是那些或矫健或婉约的笔画，但真正使一幅书法作品跃然纸上的，却是那背后的章法。

在书法的世界里，每个字都拥有独立的生命与情感，而章法是赋予它们生命的创造者。在一幅书法作品中，作者通过巧妙的组合与布局，形成一幅幅充满生命力的艺术作品。无论是楷书的端庄，还是行书的流畅，都离不开章法的精心安排。这种安排，如同一位园丁在书法花园中的细心栽种，既让每朵花、每片叶各自绽放，又保证了整体的和谐共生。

欣赏书法作品时，我们往往被那流畅的行气所吸引。这行气，正是章法的杰作之一。它像一条隐形的纽带，将每个字紧密相连，使它们共同呼吸、共同舞动。这种行气贯通的美感，赋予了书法作品以生命力和韵律感。同时，篇章布局也是章法的重要组成部分。在有限的空间内，章法如同一位高明的军师，巧妙地安排着每一个元素的位置和大小，正文、落款、钤印等元素在章法的统筹下和谐统一，共同构成了一幅幅美不胜收的书法作品。

● 典型示例

《多宝塔碑》（图8-20）是颜真卿早期的楷书代表作。在此作品中，字与字之间的排列整齐有序，行距大于字距，呈现出一种庄重、肃穆的美感。这种章法布局使每一个字都得到了充分的展现，同时整体上又显得和谐统一。

米芾的《苕溪诗卷》（图8-21）采用了纵有行、横无列的章法布局，字形大小错落有致，行气贯通流畅。米芾在书写时注重字与字之间的呼应和联系，使整幅作品在视觉上呈现连绵不断、一气呵成的效果。

苏轼的行书《寒食帖》（图8-22）在章法布局上，展现了大胆的创新。字形大小不一，错落有致，随文意而变化，既有行书的流畅，又带有草书的狂放。行与行之间，时而紧凑，时而开阔，形成了丰富的节奏变化。整篇作品既有整体的和谐统一，又有局部的生动变化。

 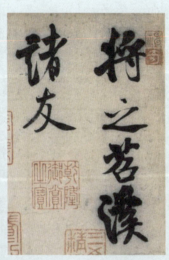 

图8-20　颜真卿《多宝塔碑》　　图8-21　米芾《苕溪诗卷》　　图8-22　苏轼《寒食帖》

这些作品不仅展示了书法家们卓越的技艺和对书法艺术深刻的理解，更体现了他们对"无法至法"这一哲学境界的追求与实践。"无法至法"是书法艺术的最高境界。它意味着在掌握技艺的基础上，要摆脱技艺的束缚，达到一种自由、自然、质朴的境界。这种境界不是通过刻意追求或炫耀技巧实现的，而是在长期的实践、领悟与修为中逐渐形成的。因此，学习和实践书法不仅仅是掌握技艺的过程，更是一次精神层面的提升和一个哲学思考的过程。只有深入理解并实践"无法至法"的理念，才能真正领略书法艺术的无穷魅力和深厚底蕴。

延伸阅读 8-7

欲学习更多相关内容，请扫描查看延伸阅读 8-7。

第四节　设计之美

一、艺术是把安乐椅：设计艺术与生活美学

"艺术是把安乐椅"，此名言出自法国画家亨利·马蒂斯之口。在他的随笔《画家笔记》中，他阐述了对艺术的独特见解："我梦寐以求的，乃是一种均衡的、纯粹的以及清澈的艺术……既像是一服心灵的镇静剂，又像是一把能够消除疲劳的安乐椅。"这一理念不仅揭示了艺术对生活的影响，更为我们理解设计艺术与生活美学的关系提供了全新的视角。实际上，当艺术与设计融入日常生活时，它们便共同构筑了一种生活美学，这种美学观点在多位美学家的论述中得到了深入的探讨。

尼采认为，艺术是我们的最高任务，它是我们存在的真正目的和基本条件。他将艺术视为人类生活的核心，认为艺术不仅能够提升生活的品质，更能够赋予生活以深刻的意义。当设计艺术渗透进我们的衣食住行各个方面，它实际上就是在实践尼采的这一美学理念，将日常生活艺术化，从而提升我们的生活体验。

另一位德国美学家西奥多·阿多诺（Theodor Wiesengrund Adorno）在《美学理论》中指出：艺术作品的真实内容，是由艺术形式所中介的社会内容[1]。他强调了艺术形式与社会内容的紧密联系。在设计艺术中，这种联系尤为明显。设计师们通过独特的艺术形式，将社会内容、实用功能与审美需求相结合，创造出既实用又具有审美价值的产品。这些产品不仅满足了我们的物质需求，更在精神层面给予我们美的享受。

沃尔夫冈·韦尔施（Wolfgang Welsch）是当代西方美学的重要学者之一，他认为，美学不应仅限于艺术领域，而应扩展到日常生活的各个方面[2]。韦尔施关注审美化的生活方式，并探讨了美学在日常生活中的角色和意义。理查德·舒斯特曼（Richard Shusterman）指出，我们能将艺术看作生活一部分，就像生活形成艺术的实质，甚至将其自身艺术地构成为"生活艺术"一样。艺术作品既作为对象，又作为经验，它们栖息于我们生活的世界和功用之中[3]。作为实用美学的倡导者，他主张将美学从传统的艺术领域解放出来，使其更加贴近人们的日常生活和经验，应该关注人们的身体经验和感官感知，提倡一种更加自然和经验性的

---

① 阿多诺. 美学理论［M］. 王珂平，译. 成都：四川人民出版社，1998：518-520.
② 韦尔施. 重构美学［M］. 张岩冰，陆扬，译. 上海：上海译文出版社，2006：8-10.
③ 舒斯特曼. 生活即审美［M］. 彭锋，译. 北京：北京大学出版社，2007：76.

美学观念。这些观点与当代设计艺术的理念不谋而合，设计艺术正是通过优化我们的日常生活环境，提升我们的生活质量，让我们在平凡的生活中也能感受到美的存在。

当我们谈论设计艺术与生活美学的关系时，这些美学家的论述为我们提供了宝贵的理论支持。他们告诉我们，艺术与设计并非高高在上、遥不可及的存在，而是与我们每个人的生活息息相关。通过设计艺术的实践，我们可以将美学的理念融入日常生活，让生活在实用与审美之间达到完美的平衡。

典型示例

马塞尔·万德斯（Marcel Wanders）的结绳编织椅子（Knotted Chair）（图8-23）和赫拉·简格瑞斯的《错位》（Misfits）系列瓷器（图8-24）同样是设计艺术与生活美学的完美结合。前者以独特的编织手法创造出舒适耐用的座椅，后者则通过不规则的形状与丰富的色彩为餐桌带来更多的趣味与个性。

图8-23　马塞尔·万德斯
结绳编织椅子

图8-24　赫拉·简格瑞斯
《错位》（Misfits）系列瓷器之一

这些杰出设计师的作品不仅让我们看到了设计艺术的无限可能性，更让我们深刻理解到设计与生活美学的紧密联系。生活为设计提供了广阔的舞台与灵感来源，设计通过实用与审美的结合为生活增添了更多的美好与享受，二者相辅相成，共同构建了我们丰富多彩的生活世界。在这个世界中，我们不仅能体验到物质的舒适与便利，更能感受到精神的满足与愉悦，这正是"艺术是把安乐椅"所追求的理想境界。

二、消费社会的个人审美提升：设计艺术与商品价值

在消费社会的浪潮中，个人审美的提升已不再是单一的感官享受，而是与深层次的美学思考和哲学理念紧密相连。康德在《判断力批判》中提出的"美是不依赖概念而被当作一种必然的愉快的对象"[1]，为我们提供了一种审视消费社会中审美价值的独特视角。在纷繁复杂的商品世界中，我们应追求那种不依赖于外界概念、形式或符号的内在愉悦感，这是审美判断的真正基石。

然而，消费社会中的审美现象往往受到法国哲学家鲍德里亚的批判。他犀利地指出，物

---

① 康德. 判断力批判：上卷 [M]. 宗白华，译. 北京：商务印书馆，1985：79.

品在消费社会中不仅承载着使用价值，更被赋予了厚重的符号价值。人们通过消费来展示社会地位和审美品位，但这种符号化的消费常常导致审美的同质化和平庸化。因此，提升个人审美，就需要我们警惕这种审美陷阱，保持独立的审美判断，不被流行的审美标准所左右。

西奥多·阿多诺在《美学理论》中的观点，也为我们提供了一种思考的方向。他强调，艺术作品的真实性并不在于其正确地反映了现实，而在于其以独特的方式揭示了现实的本质。这启发我们，在消费社会中，真正的审美价值不在于商品是否迎合了某种流行的审美标准，而在于其是否能够以别具一格的方式展现现实的本质和人的内心世界。

以 iPhone 为例，其成功不仅在于科技的卓越，更在于设计的匠心独运。它简约而不简单，流线型的设计优雅而时尚，同时传递出一种创新、精致和追求完美的精神内涵，与消费者的价值观产生共鸣，从而成为表达自我和追求品质生活的重要工具。

除了高端产品，设计艺术在提升日常用品价值方面也有着不可小觑的作用。宜家的家居设计就是一个典型的例子，它以舒适、实用为主导，同时注重空间的合理利用和环保理念，引领着消费者的生活方式和审美观念。又如，上海中心大厦，其设计灵感来源于中国传统文化元素，将形式结构与环境和谐融合，不仅提升了上海的国际形象和城市品牌价值，更将建筑本身转化为令人瞩目的旅游景点和文化遗产，这充分证明了设计艺术在提升建筑类商品价值中的关键作用。

综上所述，设计艺术在消费社会中的作用是多方面的，它不仅通过赋予商品独特的魅力和符号意义来提升其价值，更通过与消费者之间建立起的情感连接和文化共鸣来引领他们的生活方式和审美观念。在这个过程中，个人审美的提升显得尤为重要。我们需要用心去感受和观察生活中的美，更需要深入思考和理解审美判断的内在逻辑和价值基础。只有这样，我们才能够在消费社会中保持独立的审美立场，真正享受到审美带来的精神愉悦和满足。

三、美酒新盏香更宜：设计艺术与文化创新

设计艺术，作为文化传承与创新的先锋，既承载着对传统的尊重与弘扬，又担当着突破桎梏、引领潮流的使命。在全球化与本土化的双重语境下，设计艺术如何巧妙地将传统文化精髓与现代审美理念相结合，成了一个值得艺术家们深入探讨的课题。

(一) 作为文化符号的设计艺术

从理论上讲，设计艺术在文化传承与创新中的角色得到了符号学等理论的深刻阐释。符号学认为，设计艺术是一种符号的创造与传播过程，它通过对传统文化符号的提炼和转化，以及对新符号的创造，实现了文化的传承、创新与交流。这一理论视角不仅为我们理解设计艺术的文化功能提供了有力的工具，也为设计实践提供了有益的指导。在全球化浪潮中，设计艺术成为一种跨越国界和文化的通用语言。通过提炼和重组不同文化的符号元素，设计艺术能够创造出具有多元文化特色的作品，这些作品在展示文化多样性的同时，也促进了人们之间的相互理解与尊重。

(二) 设计艺术与文化交流

设计艺术在地域文化的推广和保护中也扮演着重要角色。地域文化作为一定地域范围内各种自然因素和人文因素综合作用的产物，具有鲜明的地域特征和独特的文化魅力。设计艺术通过挖掘和提炼地域文化中的元素和符号，结合现代设计理念和手法，能够创造出既具有地域特色又符合现代审美需求的作品。这些作品不仅有助于提升地域文化的知名度

和影响力，更能够为地域文化的传承和发展注入新的活力。

设计艺术在文化传承与创新中发挥着举足轻重的作用。它通过挖掘和转化传统文化资源、促进文化交流与融合、传递价值观念和社会正能量、推广和保护地域文化等多种方式，为文化的传承与发展贡献着力量。在未来的发展中，我们应该更加重视设计艺术的作用和价值，积极探索新的设计理念和技术手段，推动设计艺术与文化创新的深度融合，为文化的繁荣与发展做出更大的贡献。

以故宫文创产品为范例，我们不难发现，设计艺术在挖掘和转化传统文化资源方面展现出了惊人的创造力。这些作品不仅将传统元素以现代设计语言重新诠释，更在实用性与审美性之间找到了平衡点。故宫出版社的文创笔记本、与知名品牌联名的服饰和配饰，都是传统文化在现代设计中的生动体现，它们以新颖的形态和丰富的内涵，吸引着年轻一代的目光，从而实现了传统文化的有效传承与广泛传播。

此外，设计艺术的社会性和文化性使其成为引领社会风尚和传递价值观念的重要载体。社会公益海报设计便是一个典型的例子，它们以直观、感人的视觉形象，传递着环保、反家暴、关爱弱势群体等社会正能量，引导公众形成正确的价值观念和行为习惯。这些作品充分体现了设计艺术在解决社会问题、推动社会进步方面的积极作用。

在21世纪的今天，随着信息的爆炸和科技的飞速发展，人类逐渐认识到，单纯的经济增长和技术进步并不能带来真正的幸福和满足；相反，环境问题的日益严重使人们开始深刻反思。在这一背景下，设计艺术与环境美学的交融显得尤为重要，它们共同为可持续发展提供了新的视角和方向。

设计艺术，不仅仅是形态和功能的创新，更是文化和价值观的体现。环境美学则是对自然与人类关系的深入探讨，它强调人类应当尊重自然、顺应自然，与自然和谐相处。二者的结合，不仅为可持续发展注入了新的活力，更为人类未来的生活描绘了一幅美好的蓝图。

综合本章，绘画是线条色彩与心灵的交响，雕塑在空间中凝固了永恒的瞬间，书法在笔触中流淌着心灵的韵律，设计则在实用与审美之间寻找着完美的平衡。美术之美不仅是视觉的享受，更是心灵的启迪与创造力的源泉。在这一章的探索中，我们领略了美的多样性，也感受到了艺术的力量与魅力。

最后，我们不妨从后现代美学的视角重新审视这一艺术领域的多元价值。德里达认为美是解构与再创造的产物，它拒绝固定定义，拥抱变化与开放性。这种观念尤为体现在艺术家对传统美学界限的挑战，以及他们通过绘画、雕塑、书法和设计展现的无限创意中。通过强调美的开放性和无限可能性、美与文化等语境的紧密联系，以及对美的不断追求和探索的精神，后现代主义对美的观念无疑为我们更深入地理解和欣赏美术作品提供了更开放的视角。

欲学习更多相关内容，请扫描查看延伸阅读8-8。
欲回顾本章重要知识点，请扫描查看知识回顾8-1。

延伸阅读8-8　　　知识回顾8-1

课后赏析

纪录片《万里千寻》（Of Color and Ink）

制作国家/地区：美国
导演、讲述人：张伟民

上映时间：2023 年 10 月 23 日

剧情介绍：纪录片《万里千寻》（图 8-25）的剧情主要围绕导演张伟民对著名艺术家张大千后半生传奇故事的探寻。纪录片从张伟民的一次"邂逅"说起。十二年前，张伟民在美国旧金山州立大学偶然接触到一些关于张大千日常生活的陈旧胶片，这激发了她对张大千生平与艺术的浓厚兴趣。自那时起，她决定踏上一段寻找张大千足迹的旅程。在长达十二年的筹备与拍摄过程中，张伟民辗转亚洲、北美、南美、欧洲的二十多个国家和地区。她探访了张大千的子女、家人、朋友、弟子，以及国际上研究张大千的学者，共一百多人，积累了大量珍贵的第一手资料。纪录片通过大量的影像素材和访谈，生动地重现了张大千后半生的传奇故事。观众可以跟随张伟民的镜头，深入了解张大千的艺术创作、生活轶事以及他对故乡的深深眷恋。在探寻过程中，张伟民不仅揭示了张大千的艺术世界，还通过自己的亲身经历与感受，与观众分享了这段旅程中的感悟和思考。这使纪录片不仅具有历史价值，还富有深刻的情感内涵。

图 8-25　《万里千寻》剧照

评论与分析：由于《万里千寻》是一部纪录片，而非虚构的剧情片，因此并没有传统意义上的"演员阵容"，主要通过真实的记录、访谈和档案资料来展现张大千的生平，所以参与的人员主要是与张大千有关的人士，如他的子女、亲友、弟子，以及研究张大千的学者等。这些人在纪录片中通过访谈、解说等方式，帮助观众更深入地了解张大千的生平和艺术成就。总的来说，《万里千寻》是一部充满人文关怀和艺术魅力的纪录片，它带领观众走进张大千的世界，感受这位伟大艺术家的传奇人生。

课后思考

1. 请结合具体的绘画作品，分析绘画中的色彩、线条和构图是如何展现美的？

2. 你认为现代绘画与传统绘画在美的展现上有何不同？

3. 选择一件你熟悉的雕塑作品，探讨其如何通过形态、材质和表现手法来传达美感和艺术价值。

4. 你如何理解雕塑艺术在空间中的独特美感？

5. 书法作为一种独特的艺术形式，其美感主要体现在哪些方面？

6. 请从点画、结构、布局和墨色等角度，分析一幅书法作品的美学特点。

7. 请结合具体的设计案例（如产品设计、室内设计或平面设计），阐述现代设计如何平衡功能性与艺术性。

8. 你认为未来设计的发展趋势是什么？

第九章　戏剧戏曲之美

📖 **学习目标**

了解戏剧的起源和主要特性、中西戏剧的发展脉络、中西戏剧的审美差异，具体到戏剧的起源、发展、特点、功能、种类等审美知识。

📑 **能力目标**

具备欣赏戏剧的审美能力，对人类文化思潮的感受能力；培养对戏剧的审美情感，提升对中西戏剧的审美品位。

📰 **案例导读**

汤显祖的《牡丹亭》（图9-1）是在当代依然为中国戏曲赢得世界性声誉的作品。宋代以来，中国的文化普遍走向内省，艺术则越来越转向内在的心境。《牡丹亭》的思想性，在女主人公一线主要表现在《惊梦》《寻梦》两出，讲杜丽娘爱上了一个梦中人。如《寻梦》中的【江儿水】曲："似这般花花草草由人恋，生生死死随人愿，便酸酸楚楚无人怨。"这支曲子是可以和【皂罗袍】曲的"原来姹紫嫣红"相媲美的，这是在理学的禁锢下，人性对自由的呼唤。在男主人公一线则主要表现在《拾画》《叫画》两出，主要讲柳梦梅爱上了一个画中人。某种程度上，男女主人公的恋爱都是远离现实世界的心灵镜像。

图9-1　《牡丹亭》海报

　　文化是"历史上所创造的生存方式的系统，既包括显性方式又包括隐性方式；它具有为整个群体共享的倾向，或是在一定时期中为群体的特定部分所共享"。① 或者说，"一种文化就如一个人，是一种或多或少一贯的思想和行动的模式"。② 总之，文化作为历史地凝结成的稳定的生存方式，表现为人们的思想和行为模式，而这种模式是建构在社会心理基础上的价值观念对人们的思想和行为支配的结果。因为这种模式差异，就形成了文化的差异。正因为如此，任何一种文化的核心都是它自身所推崇并奉行的价值观。艺术原本就是文化的精髓，是一个民族的文化精神、审美价值观的集中体现。

　　任何一个民族的本土戏剧，往往都是该民族艺术最高形式的表现。当代学者郭英德说："稍具艺术史常识的人都知道，戏剧曾经有过一段极其灿烂辉煌的历史。是谁在图腾崇拜的隆重仪式中充当主角？是谁在雅典的神殿里激起千百万观众如痴如狂的情绪？是谁在黯淡的中世纪里鼓荡起巫风，携带着狂欢？是谁吹响了人文主义的嘹亮号角，揭开了近代新世纪的帷幕？是谁擂响了浪漫主义的动地鼙鼓，宣告了昔日神权统治的旧世界的灭亡？是谁以古典美的鲜明风范，在古老神州掀起一次次群情沸腾的场面？是谁以现实主义的锐利锋芒，向方兴未艾的资本主义制度勇敢挑战？又是谁以荒诞的审美形式，无情地粉碎了人对神、人对现实、人对自身的玫瑰色的幻想？"③

　　确实，戏剧在当今社会并不是方兴未艾的艺术形式。但在人类的所有艺术门类中，戏剧是对人们的精神世界产生了最久远、最重要影响的一种艺术。可以说，它伴随着人类精神世界的进化，由上古一直走到现在。

　　戏剧发生于人类社会的早期，是人类由蒙昧到文明阶段的最重要艺术门类之一。它的产生和发展，一直也伴随着人类精神世界的变迁和发展。而人类戏剧的历史最早由悲剧艺术开始，也由悲剧引领了戏剧艺术的巅峰。

　　人类古典戏剧分为三大体系：希腊戏剧、印度梵剧、中国戏剧。

一、希腊戏剧

　　希腊戏剧是西方戏剧的源头。早在公元前 6 世纪，古希腊在城邦经济的基础上由酒神祭祀仪式发展成为希腊戏剧。祭祀酒神狄奥尼索斯的活动会在春秋两季举行。每逢此时，人们便排着长长的队伍组成合唱队，由一名队长带领。当队伍行至酒神神坛之前，合唱队队长便会讲述有关狄奥尼索斯的神话故事，合唱队则会歌唱赞美酒神之歌。而后，合唱队又增加了一名演员，他会与合唱队有问有答，所讲述的故事也扩展到有关酒神以外的神话，这便逐渐形成了戏剧意义上的悲剧。

　　希腊戏剧在公元前 5 世纪至公元前 4 世纪走向鼎盛，在这一时期，三大悲剧家埃斯库

---

① 克鲁克洪，等. 文化与个人 [M]. 高佳，等译. 杭州：浙江人民出版社，1986：6.
② 本尼迪克特. 文化模式 [M]. 张燕，等译. 杭州：浙江人民出版社，1987：45.
③ 郭英德. 优孟衣冠和酒神祭祀 [M]. 合肥：安徽教育出版社，2014：1.

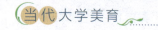

罗斯（前 525—前 456）、索福克勒斯（前 496？—前 406）、欧里庇得斯（前 480—前 406）也成为人类文化史上最伟大的存在。

公元前 384 年，古希腊哲圣亚里士多德（前 384—前 322）出生于马其顿的色雷斯。他是柏拉图的学生，马其顿国王亚历山大的老师。柏拉图和亚里士多德师生俩对世界和艺术有着截然不同的看法，柏拉图把现实世界看作理念的摹本，这样艺术就成为"摹本的摹本""影子的影子"；亚里士多德认为现实世界是真实的存在，艺术来自对客观世界的模仿。这就有了那句著名的话："吾爱吾师，吾更爱真理。"亚里士多德的《诗学》，是古希腊唯一系统的戏剧学著作，也是欧洲戏剧学乃至人类戏剧学的开山之作。他指出诗人的本分不是在叙述已经发生的事，而是在描写那些可以发生的事，也就是按照生活的必然律和或然律能够发生的事，即"诗发扬普遍的真理，历史记载特殊的真理"。

古希腊喜剧起源于酒神祭祀的狂欢歌舞和民间滑稽戏，代表性的剧作家有阿里斯托芬（前 446？—前 385）和米南德（前 341 或前 342—前 290）。每个时代的喜剧都是自己时代的一面独特的镜子，阿里斯托芬的喜剧创作开始于希腊悲剧盛极转衰的时候，它们反映了公元前 5 世纪雅典的民主政治和社会生活；之后，舒适安逸的中产阶级生活催生了米南德的喜剧。喜剧艺术对于罗马来说有着更为重要的意义。公元前 3 世纪的罗马文学始于喜剧作家普劳图斯（前 254？—前 184）。而正是喜剧作家普劳图斯和泰伦斯（前 195 或前 185—前 159）创造了后世欧洲喜剧的范式，成为真正意义上的欧洲喜剧的奠基人。他们通过拉丁文影响了欧洲的广泛疆域，强有力地塑造了西方文明。

二、印度梵剧

印度梵剧成熟于 1 世纪，2—5 世纪走向繁荣。2 世纪，印度梵剧的第一部理论著作《舞论》产生了。在印度人看来，戏剧的精神中心是"舞"，可以说，印度的宇宙运行之理在艺理上体现为最早的理论著作《舞论》。

三、中国戏曲

中国戏剧（通常称为中国戏曲）正式形成在 12 世纪中叶，此时南戏产生。以 1234 年蒙古灭金为界，在此前后元杂剧逐渐形成。元杂剧是中国戏曲的第一个高峰期，基本属于北方艺术。明代中叶，由南戏发展而来的明清传奇开启了戏曲的第二个高峰期，以昆曲为代表。清代乾隆末叶，花部乱弹开始登上历史舞台，开启了以京剧为代表的第三个高峰期。中国第一部成系统的戏曲理论著作是明中叶王骥德写的《曲律》；清初李渔写的《闲情偶寄》中的《词曲部》与《演习部》主要讲戏曲的创作理论，也为理解和研究中国戏曲提供了重要的理论资源。

在世界三大古典戏剧体系中，中国戏曲起源颇早却形成最晚，是至为特殊的一个现象。原因大约有三：第一，融合唱念做打、载歌载舞的综合性戏曲表演体系的形成，需要一个漫长的历史时期，这个表演体系的形成是在宋代；第二，我国叙事文学的发达，出现在中唐之后，已进入中国封建社会的中晚期；第三，中唐以后商业经济逐步兴起，宋代市民阶层出现，市民艺术的兴起，也在中国封建社会的中晚期。这三个条件兼具，才有中国戏曲的正式形成。

唐文化与宋文化，具有两种截然不同的文化精神。唐代是古典文化的巅峰，两宋社会则继承并发展了中唐以来重视世俗享乐的风气，并进一步开启了元代社会世俗化、平民化的风潮。宋代封建官僚政治的确立，庶族地主和自耕农经济的发展，城乡商业经济前所未有的繁荣，反映在文化上则是以广大庶族官僚地主阶级知识分子为精神主流的世俗家常、平易近人的人文氛围。正如唐文标在《中国古代戏剧史》中指出："寻求中国古代戏剧的起源，……主旨不仅要知道文化形式的演化情形，还要了解人类历史如何蜕变，民间社会如何由经济进步而发展出精神活动、文化需求，乃至有休闲娱乐的人性行为。一种文学、艺术的类型的兴起……一定跟社会的成长、时代的需要，以及大多数人的爱好有关。"①

欲学习更多相关内容，请扫描查看延伸阅读9-1。

延伸阅读9-1

第二节 西方悲剧的剧性美

人类历史上出现过两次伟大的悲剧时期，一个是雅典伯里克里斯时代的希腊，另一个是伊丽莎白时代的英国。这两个时代虽然相距两千年，但从政治上来看，二者都处于欣欣向荣的鼎盛期，而与没落腐朽的时代氛围无关。所以悲剧诞生的核心要素在于悲剧精神，而不在于悲惨酷烈的时代和事件。

一、西方悲剧的灵魂洗涤

悲剧来自崇高和激越的生命感。人类生活的意义和尊严是悲剧所绝对不能放弃的唯一的东西，没有它就没有悲剧。什么东西使它成为悲剧？要回答它，就要回答另外一个问题：归根到底，什么东西决定人生的尊严？它同时包含了人生最基本的意义。悲剧是痛苦和激情的神奇结合，它显示出人在灾难临头时所表现出的不可战胜的精神。假如人类被理解为既没有意义，也没有尊严，只是琐屑无聊，低贱卑鄙，阴郁沉闷，没有希望，那么悲剧精神就不翼而飞了。悲剧具有一种神奇的力量，它把痛苦和死亡表述出来，从而使人们感动得情绪高涨，而不是沮丧忧伤。②

悲剧精神的本质，在于人的激昂向上的超越精神，个体的血肉之躯对生命现实的质疑和反思。德国哲学家雅斯贝尔斯说："没有超越就没有悲剧。即使在对神祇和命运的无望抗争中抵抗至死，也是超越的一种举动。它是朝向人类内在固有本质的运动，在遭逢毁灭时，他就会懂得这个本质是他与生俱来的。"③

悲剧将恐惧与力量、悲哀与崇高、悲剧结局和人的英雄主义水乳相融，悲剧精神就来自这种悲哀和力量的浑成感。它给人以充分发挥生命力的余地，通过人直面困苦而唤醒人的价值感。叔本华说，"悲剧的真正意义是一种深刻的认识"④，我们借悲剧主人公认识人性的不足，也认识人性的高贵。在埃斯库罗斯笔下，被缚的普罗米修斯比撕裂他的宙斯更

① 唐文标. 中国古代戏剧史［M］. 北京：中国戏剧出版社，1985：104.
② 汉密尔顿. 希腊方式［M］. 徐齐平，译. 杭州：浙江人民出版社，1988：195-197.
③ 雅斯贝尔斯. 悲剧的超越［M］. 亦春，译. 北京：工人出版社，1988：26.
④ 叔本华. 作为意志和表象的世界［M］. 石冲白，译. 北京：商务印书馆，1982：352.

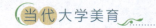

加伟大。在整体审美形态上，中国古代神话中的悲剧故事仍然与西方古希腊的悲剧有着最为接近的特征，在精神上更属于崇高悲剧的范畴，它们都在悲哀与力量的结合中表现出自己的崇高性，同时具备了恐惧和鼓舞。

二、西方戏剧的性格之美

主人公的性格基础最后决定了他命运方向的抉择。黑格尔说："在戏剧里，具体的心情总是发展成为动机和推动力，通过意志达到动作，达到内心理想的实现……动作就是实现了的意志，而意志无论就它出自内心来看，还是就它的终极结果来看，都是自觉的。这就是说，凡是动作产生的后果都是由主体本身的自觉意志造成的，而同时又对主体性格及其情况起反作用。"①

"悲剧之父"埃斯库罗斯笔下的普罗米修斯，被宙斯绑在高加索山脉每日受苦，这位为了人类盗火的天神，却在坚定地向众神发表自己绝不屈服的宣言：

> 别看那众神的王现在侮辱我，给我带上结实的镣铐，他终会需要我来告诉他，一个什么新的企图会使他失去王权杖和权力。我不会受他的甜言蜜语欺骗，不会因为害怕他的凶恶恫吓泄露那秘密，除非他先解了这残忍的镣铐，愿意赔偿我所受的侮辱。（《普罗米修斯》）

克吕泰涅斯特拉为长女复仇，在杀死丈夫阿伽门农后，她打开宫殿的大门，当众宣告了自己的行为和快乐：

> 我还是站在我杀人的地方，我的目的已经达到了。我是这样做的——我不否认——我刺了他两剑；他哼了两声，手脚就软了。我趁他倒下的时候，又找补第三剑，作为献给他地下的宙斯，死者的保护神的还愿礼物。这么着，他就躺在那里，断了气；他喷出一股汹涌的血，一阵阵的黑点便落到我身上，我的畅快不亚于麦苗承受天降的甘雨，正当出穗的季节。（《阿伽门农》）

纵然一位为女复仇的母亲值得同情，但王后克吕泰涅斯特拉的刚毅、残忍依然令人感到恐惧。

索福克勒斯是希腊三大悲剧家的第二位，被认为是最代表希腊精神的悲剧诗人。他的作品反映了雅典民主政治全盛时期的思想，人物丰富，形式趋于完美。他笔下的安提戈涅说：

> 我走向最后的旅程，走向坟墓，
> 没有亲朋，没有为我流下的眼泪。
> 没有孩童们的哭泣。
> 请看，我所忍受的苦难，
> 请看，我受谁的毒害，
> 只因为我坚持高尚的情操。（《安提戈涅》）

---

① 黑格尔. 美学：第三卷下册 [M]. 北京：商务印书馆，1979：244-245.

欧里庇得斯是希腊三大悲剧家之一。欧里庇得斯的思想具有令人震惊的现代性特征，那就是：同情遭受苦难的人们；肯定每一个活着的人的价值，肯定他们对自身尊严的捍卫。他笔下的美狄亚说：

> 但是，他们说，我们在家里平安地生活，而他们，也就是男人们拿着武器去打仗。不，傻瓜们，我宁愿拿起刀剑盾牌，也不愿十月怀胎生娃娃。（《美狄亚》）

三、西方戏剧的哲思之美

早在埃斯库罗斯生活的年代里，就已经出现了探求真理的精神。索福克勒斯的代表作《俄狄浦斯王》，反映了古希腊人对人类命运的深刻思考。古希腊的悲剧诗人认为命运是前世注定的，人自身无法改变；但同时，他们也尊重人的自由意志，因而人可以凭借善良和美德，在苦难中维护自己的尊严，经受磨难；即使不能逃离死亡，也可以选择高贵地走向生命的终结。他在《安提戈涅》中赞美安提戈涅的视死如归，死亡是她自己的选择，虽然失去了年轻美好的生命，合唱队说她"始终是自己命运的主人"。

如果说，人类戏剧中有四位伟大的悲剧诗人，前三位都是古希腊人，那么第四位就是英国伊丽莎白时代的威廉·莎士比亚（1564—1616），其《哈姆雷特》是最富于哲思品格的悲剧作品。

●典型示例

莎士比亚善于运用独白来揭示人物的性格和心灵。在《哈姆雷特》（图9-2）中，莎士比亚首先定位了主人公徘徊犹豫、多思少断的忧郁个性，刻画出人文主义者耽于思考、行动力不足的普遍特征：

> 生存还是毁灭，这是一个值得思考的问题；默然忍受命运暴虐的毒箭，或是挺身反抗人世的无涯的苦难，通过斗争把它们扫清，这两种行为，哪一种更高贵？死了，睡着了，什么都完了；要是在这一种睡眠之中，我们心头的创痛，以及其他无数血肉之躯所不能避免的打击，都可以就此消失，那正是我们求之不得的结局。死了，睡着了，睡着了也许还会做梦；嗯，阻碍就在这儿：因为当我们摆脱了这一具朽腐的皮囊以后，在那死的睡眠里，究竟将要做些什么梦，那不能不使我们踌躇顾虑。人们甘心就困于患

图9-2　《哈姆雷特》海报

难之中，也就是为了这个缘故；谁愿意忍受人世的鞭挞和讥嘲、压迫者的凌辱、傲慢者的冷眼、被轻蔑的爱情的惨痛、法律的迁延、官吏的横暴和历尽艰辛所换来的小人的鄙视，要是他只要用一柄小小的刀子，就可以清算自己的一生？谁愿意负着这样的重担，在烦劳的生命的压迫下呻吟流汗，倘不是因为恐惧不可知的死后，惧怕那从来不曾有一个旅人回来过的神秘之国，是它迷惑了我们的意志，使我们宁愿忍受目前的折磨，不敢向我们所不知道的痛苦飞去？这样，重重的顾虑使我们全变成了懦夫，决心的赤热的光彩，被审慎的思维盖上了一层灰色，伟大的事业在这一重考虑之下，也会逆流而退，失去了行动的意义。（《哈姆雷特》）

这位丹麦王子热情地讴歌了自己的同类，莎士比亚为人类在自己的时代树立起了一面人文主义的崇高旗帜。哈姆雷特是一个具有人文主义理想的思索者形象：

人类是一件多么了不起的杰作！多么高贵的理性！多么伟大的力量！多么优美的仪表！多么文雅的举动！在行动上多么像一个天使！在智慧上多么像一位天神！宇宙的精华！万物的灵长！（《哈姆雷特》）

第三节　中国戏曲的诗性美

从文化传统上看，中国戏曲和西方戏剧的不同在于，西方戏剧自产生之初就处于民族文化和意识形态的上层，主要承载着哲学和思想层面的内容；中国戏曲一直处于民族文化和意识形态的底层，具备很强的民俗性特征。戏曲长期以来一直客观存在于民众的生活中，虽然人们的精神娱乐绝不乏对它的依赖，却迟迟没有去深究其艺术理念的意识，这也就导致了中国戏剧学的不发达。在古代中国，戏曲是全民性的、雅俗共赏的艺术；时至今日，最能承载、最能体现民族文化特点的恰恰还是中国戏曲。

欲学习更多相关内容，请扫描查看延伸阅读9-2。

延伸阅读9-2

一、戏曲的程式和意象之美

我们知道，力求用接近生活的形式来反映生活的艺术，属再现性艺术；不拘泥于生活的自然形态来反映生活的艺术，属表现性艺术。不论哪一种艺术，它们都有自己所遵循的规范法式。或许可以说，正是它们各自不同的规范性，标示出它们的与众不同。只是再现性艺术的规范法式力求使人不易觉察，表现性艺术的规范法式却比较严格鲜明。戏曲的程式就属于这种严格而鲜明的规范法式中的一种。

中国传统戏曲的精髓是高度的提炼、强调的夸张以及鲜明的节奏。戏曲表演之所以具有这三个基本特征，是因为程式首先具有这三个如此鲜明的特征。作为戏曲艺术的一种单位形式，程式是戏曲赖以实现自身审美价值的重要手段和组成部分，它是戏曲反映生活的表现形式，是具有高度的技巧、鲜明的夸张、强烈的节奏、严谨的规范的审美意象化的戏曲语汇。作为戏曲表演基本单位的表演程式，当它们以一对或一组的方式独立存在时，尚不能构成独立的舞台形象；只有根据人物性格和规定情境的要求，把若干程式按照生活逻辑和舞台逻辑组合起来，方能塑造出独立的、具有某种具体思想感情的舞台形象，最终完成对戏曲审美客体的塑造。也正是表演程式把诗歌、舞蹈、音乐、剧情完美地统一起来，在综合的、水乳交融的状态下创造一种涵虚、模糊的审美条件，从而使戏曲最适合于抒情写意。

延伸阅读 9-3

欲学习更多相关内容，请扫描查看延伸阅读 9-3。

二、戏曲的文辞和声情之美

戏曲艺术延续了唐诗宋词的流风遗韵，在审美上讲求声情无限。在戏曲发展史中，昆腔的悠扬婉转，秦腔的高亢激扬，京剧的慷慨悲凉，皆一时占尽历史风华。

典型示例

《西厢记》（图 9-3）的曲深得古典诗词的神髓，可谓剧曲中的天籁之音。其剧曲情景交融、华美工丽，情态逼真，堪为剧曲中之绝唱。其首曲【正宫·端正好】尤为家传户诵：

图 9-3 《西厢记》剧照

> 碧云天，黄花地，西风紧，北雁南飞。晓来谁染霜林醉？总是离人泪。

该曲化用范仲淹【苏幕遮】，又取意于《董西厢》的《长亭送别》，情景交融，臻于化境，遂成千古绝唱。王骥德曾比较王实甫和关汉卿说："实甫以描写，而汉卿以雕镂。描写者远摄风神，而雕镂者深次骨颜。"[1] 王实甫将纷纭繁杂的社会生活过滤升华，以自己对生活的美学评价，主要是以美和诗意来引发审美者的心慕神往。《西厢记》的华章锦句，灿若星辰，随处可见。又如第二本第一折中的【混江龙】：

> 落红成阵，风飘万点正愁人。池塘梦晓，阑槛辞春；蝶粉轻粘飞絮雪，燕泥香惹落花尘；系春心情短柳丝长，隔花荫人远天涯近。香消了六朝金粉，清减了三楚精神。

一曲之中，就产生了两句脍炙人口的千古佳句。"风飘万点正愁人"化自杜诗，"人远天涯近"则化自欧阳修词。作者熟练地运用前代文学作品里许多为人传诵的诗词，来传达主人公热恋的情怀和优雅的风格。它自产生以来，因为"第可供骚人侠客

---

① 王骥德. 新校注古本西厢记自序 [M]//陈多，叶长海. 王骥德曲律. 长沙：湖南人民出版社，1983：340.

赏心快目、抵掌娱耳之姿耳"①，所以一直和士大夫阶层保持着密切的关系。在明代的戏曲评论中，何良俊算得上是对《西厢记》最欠崇敬的人了，但他还是承认，"王实甫《西厢记》，其妙处何可掩?"② 他由衷赞赏"蝶粉轻粘飞絮雪，燕泥香惹落花尘；系春心情短柳丝长，隔花荫人远天涯近。香消了六朝金粉，清减了三楚精神"数句，说："如此数语，虽李供奉复生，亦岂能有以加之哉!"③

欲学习更多相关内容，请扫描查看延伸阅读9-4。

16世纪以来的中国，随着资本主义萌芽的出现，人本主义思潮的兴起，人们对爱和美的追求空前绝后，这表现为明清之际盛行的以情为主的审美观念。

延伸阅读 9-4

《牡丹亭》崇尚真性情，反对假道学，尊情而抑理；认为合理的人欲是符合天理的，应该是圣洁而非淫邪的。它以戏曲艺术形式承载和推动当时的文化思潮。杜丽娘怀春暮色，就是人对美好情感的自然渴求。汤显祖在《牡丹亭·题词》中说：

> 天下女子有情，宁有如杜丽娘者乎! 梦其人即病，病即弥连，至手画形容，传于世而后死。死三年矣，复能溟莫中求其所梦者而生。如丽娘者，乃可谓之有情人耳。情不知所起，一往而深。生而不可与死，死而不可复生者，皆非情之至也。梦中之情，何必非真? 天下岂少梦中之人耶? 必因落枕而成亲，待挂冠而为密者，皆形骸之论也。……嗟夫! 人世之事，非人世所可书。自非通人，恒以理相格耳! 第云理之所必无，安知情之所必有邪!

汤显祖认定"世总为情""人生而有情"。而人可以为之生可以为之死的情为"至情"，此是有情人生的最高境界，而杜丽娘就是"情"的化身，《牡丹亭》便是对"至情"的演绎。《寻梦》中杜丽娘去园中寻找梦中曾经的感觉，逐渐由迷醉到清醒，乃至由失望到绝望，最后清醒地意识到自己会徒然死于对爱的渴望。冥冥之中又觉得自己和梅树有关系，那么死后要埋葬到梅树底下也是知足的，仅仅因为对方的名字里有一个"梅"字。"是睡荼蘼抓住裙钗线"描写在寻梦的迷醉中，女主人公杜丽娘对外部事物的独特感受，刻画了她此刻不能自拔的心理。柳梦梅游园时，该园子已经三年无人打理，更为破败，但是杜丽娘的那幅画像仍然在静悄悄地等待着他的到来。《幽媾》一出，正如南宋词人黄孝迈的《湘春夜月》所写："欲共柳花低诉，怕柳花轻薄，不解伤春。念楚乡旅宿，柔情别绪，谁与温存!"

《牡丹亭》的男女主人公历经百转千回求而有得，得以了却心愿获得大团圆结局，将人生所有的美好兼而得之，可能只有在大明全盛的时代，人们才能有这样的雄心和情怀。人们不能在现实世界里成就的，转而在理想世界里成就。《牡丹亭》诞生在昆曲走向鼎盛的时期，确实，文辞典雅细腻的《牡丹亭》除了用昆山腔来演唱，其他腔声往往也达不到这种婉转、细腻、唯美的效果。

---

① 王骥德. 西厢记评语 [M]//陈多，叶长海. 中国历代剧论选注. 长沙：湖南文艺出版社，1987：61-162.
② 何良俊. 曲论 [M]//中国古典戏曲论著集成：四. 北京：中国戏剧出版社，1959：7.
③ 何良俊. 曲论 [M]//中国古典戏曲论著集成：四. 北京：中国戏剧出版社，1959：8.

三、戏曲念白的韵律和节奏之美

梨园行经常说，"千斤话白四两唱，小小秤砣压千斤"，它准确地说明了唱腔与念白的辩证关系。念白易而难，难处就在于其高低、抑扬、缓急、顿挫，无腔、谱可借，如果演员缺乏对生活和人物的良好把握，必然较歌唱难于掌握。京剧的念白在湖北话的基础上形成，几乎自成一个语系，这就是所谓的"韵白"。尤其是大段韵白出现的时候，往往似骈似散，不文不白，抑扬顿挫，起落铿锵，具有鲜明的节奏和很强的表现力。

● 典型示例

京剧《审头刺汤·审头》（图9-4和图9-5）就是这样一出以念白为主的优秀的传统剧目，它的基本情节来自明末清初李玉的著名传奇《一捧雪》。写明嘉靖间太仆寺卿莫怀古曾赏识并将汤勤荐于权臣严世蕃门下。汤勤贪恋莫怀古之妾雪艳貌美，以怨报德，以"一捧雪"杯为由两次向严府告密陷害莫怀古，严世蕃令总镇戚继光拿获莫怀古就地斩首，莫怀古的仆人莫成相貌与主人相似，舍身代死。汤勤又指证人头是假，严世蕃代传圣谕令锦衣卫正堂陆炳主审且令汤勤会审。面对莫怀古的假人头，陆炳拟断为真，汤勤坚持为假，二人几番言语交锋，始终纠缠不能结案。由于陆炳急于开脱戚继光，又受到雪艳暗示，于是佯将雪艳断与汤勤为妻，汤勤以为会得到雪艳，才见好收场，"审头"事件终于结束。

欲学习更多相关内容，请扫描查看延伸阅读9-5。

延伸阅读9-5

图9-4　《审头刺汤·审头》剧照1　　　图9-5　《审头刺汤·审头》剧照2

欲回顾本章重要知识点，请扫描查看知识回顾9-1。

知识回顾9-1

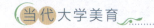

课后赏析

舞剧《赵氏孤儿》

出品单位：中国歌剧舞剧院

主演：胡阳

出品时间：2016 年

剧情介绍：舞剧《赵氏孤儿》（图9-6）改编自传统戏曲剧目《赵氏孤儿》。该剧讲春秋时期晋国重臣赵盾受奸臣屠岸贾陷害，而遭受灭门之灾。赵朔的门客、草泽医生程婴冒着生命危险，以给庄姬看病为名拿药箱把刚刚出生的赵氏男婴偷了出来。善良的程婴牺牲了自己的亲生儿子，换回全城婴儿和赵氏孤儿的性命。在所有人的误解和唾骂中，家破人亡、走投无路的他决定带着赵孤投入屠岸贾门下，以图将来。十六年间，程婴带着孤儿忍辱负重，呕心沥血地抚养他长大。眼见程屠（赵孤）认贼作父而不自知，程婴决定在他即将成人时向他揭开身世的真相。在赵武的成人礼上，程婴父子意欲行刺而不敌。生死之际屠岸贾撕下了父爱的面具，敌我悬殊之下程婴却用身体替赵武挡住了利刃。父亲的鲜血激发了赵武的悲愤和仇恨，也给了他前所未有的勇气和斗志，最终屠岸贾死于赵武之手。程婴却在弥留之际，满怀欢欣地看到了自己一生愧疚、钟爱的妻儿，感受了向往已久的与妻儿团聚的幸福。中华民族从来都有自己的脊梁在。多少人一诺千金，为了公平正义可以舍生取义。舞剧《赵氏孤儿》为了更好地表现程婴形象的光辉和深度，甚至删掉了该剧原有的另一个重要人物公孙杵臼，结果却丝毫没有折损该题材原有的、浓郁的悲剧精神。对歌舞剧而言，这是一个大胆的、成功的尝试。该剧在演员表演、舞美、音乐、人物刻画上都颇具光彩，足以担当一个时期的经典。

图9-6　《赵氏孤儿》剧照

课后思考

1. 中西戏剧的发展脉络和人类戏剧艺术的基本特征是什么？

2. 中西的历史文化传统对各自戏剧艺术形态的影响有哪些？

3. 中西戏剧艺术形态的审美差异，表现在哪些方面？

第十章　电影之美

学习目标

掌握与电影艺术有关的基本概念和知识体系，了解电影的发展历程以及常见的美学流派及其风格特点。

能力目标

能够运用电影美学知识分析和鉴赏电影作品，能够识别和评价电影中的美学元素和表现手法。

案例导读

《城南旧事》中的人文美学

电影《城南旧事》（图 10-1）改编自林海音 1960 年出版的同名小说。该片由吴贻弓执导，沈洁、郑振瑶、张丰毅等主演，于 1983 年上映。该片通过小女孩英子（沈洁饰）的独特视角，表现了她对自己成长环境的细腻体会和敏锐观察。同时，影片也生动描绘了老北京城南的社会风貌，为观众呈现了一幅幅鲜活的历史画卷。

图 10-1　《城南旧事》剧照

《城南旧事》采用散文化的叙事风格，展现了小英子所经历的种种事件，影片节奏舒缓而富有韵律感，与电影整体风格基调相得益彰，通过巧妙的镜头语言设计，留给观众充足的思考和感受空间。作为影片的主题曲，《送别》在影片当中多次出现，这首乐曲婉转悠扬，有效地表达了角色的内心世界和情感变化，同时音乐风格与电影所表现的老北京地域文化和时代背景也相得益彰。

第一节　重要的电影创作流派①

电影诞生至今已有百余年的时光。作为建筑、音乐、绘画、雕塑、诗歌和舞蹈之后的"第七艺术"，电影对人类社会产生了深远的影响。电影的诞生离不开摄影技术的发展，柔软、可弯曲的胶片为长时间记录动态影像提供了物质基础，而人们对于视觉暂留现象的探索推动了画面机械式走停系统的出现。

在问世之初，电影主要被用来记录街头实景和家庭生活，而随着技术的不断进步以及人们对电影这一新鲜事物认识的转变，电影逐渐发展为一种能够进行复杂叙事、表达思想情感的艺术形式。在这一过程中，电影也孕育出了丰富多样的风格和流派。

欲学习更多相关内容，请扫描查看延伸阅读10-1。

延伸阅读10-1

一、苏联蒙太奇学派

苏联蒙太奇学派的发展，标志着电影艺术在理论和实践层面的一次重大飞跃。这一学派不仅仅关注电影作为视觉艺术的外在形式，更深入探讨了电影语言如何能够通过剪辑的技巧创造出超越视觉内容本身的新的意义。这些先驱者坚信，电影不应该只是简单地记录或再现现实，而应该通过影像的重新组合来揭示现实之下的深层含义，以及激发观众的深层次思考。

作为这一学派的核心人物，谢尔盖·爱森斯坦的理论和实践对后来的电影艺术影响颇深。他提出了著名的"杂耍蒙太奇"概念，即通过镜头的冲突和碰撞来产生新意义，这一理念颠覆了传统电影叙事的方式。爱森斯坦通过自己的作品，如《罢工》和《战舰波将金号》（图10-2），展示了蒙太奇用来强化电影主题思想和情感表达的方式，使电影成为传递社会和政治信息的强大工具。

图10-2　《战舰波将金号》剧照

---

① 因篇幅所限，本节选取了历史上比较有代表性的五个电影创作流派，若读者想系统了解电影流派全貌，可参阅《电影艺术词典》。

维塞沃洛德·普多夫金和吉加·维尔托夫等人也对蒙太奇理论做出了重要贡献，他们的工作进一步丰富了蒙太奇的理论基础，并将其应用于电影实践中，探索了蒙太奇在表达复杂情感和思想方面的可能性。特别是列夫·库里肖夫的"库里肖夫实验"，更是直观地展示了蒙太奇技术在改变观众对影像解读方式上的巨大力量，强调了观众如何在影像的组合中寻找意义。

苏联蒙太奇学派的影响远不限于苏联电影本身，其理论和实践对全球电影艺术的发展都具有深刻的意义。蒙太奇理论的辩证方法不仅被用来分析电影文本，也被应用于电影的创作实践中，激发了无数电影人的创造灵感。它在提供一种全新的电影语言的同时，还使电影成为表现思想与观念的强有力的媒介。

二、欧洲先锋派电影

先锋派，源自法语"avant-garde"，其意为"前卫"。先锋派电影的历史可以追溯到20世纪初，当时它与绘画和文学中的先锋派运动一并出现。在那个时期，美国商业片的涌入对欧洲电影产业构成了冲击，为了抵御这种外来文化的入侵，并寻找电影艺术的新方向，先锋派电影在欧洲应运而生。它不仅挑战了传统的电影叙事方式，更重新定义了电影美学的边界。

先锋派电影特色鲜明、别具一格，它不再遵循平铺直叙的叙事方式，而是大量采用跳跃、交叉甚至颠倒的叙事手法。此外，先锋派电影的特点还包括对情绪表达的重视、对视觉艺术性的强调以及对电影技巧的实验。这些电影常常拒绝传统戏剧结构，转而探索抽象的概念和主题，尤其讲求对纯艺术特点的探索。

●典型示例

对于先锋派电影而言，路易斯·布努埃尔与萨尔瓦多·达利合作创作的影片《一条安达鲁狗》（图10-3）是其中的佼佼者，这部影片集中体现了先锋派电影的核心特点和艺术追求。首先，电影摒弃了传统的线性叙事结构，转而采用了一系列看似毫无逻辑和联系的场景，模仿梦境的碎片化和非理性，这种叙事方式挑战了观众对于电影的常规性认知。其次，影片在视觉造型上大胆创新，大量使用了视觉象征的手法，眼球切割场景、从手掌心钻出

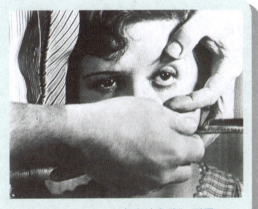

图10-3　《一条安达鲁狗》剧照

的蚂蚁、被拖行的钢琴……这些超乎想象的视觉元素直接冲击着观众的感官，让观众在情感和心理层面产生强烈的刺激，体现了先锋派电影强调视觉艺术性和抽象性的特点。最后，这部影片不仅是一部艺术作品，也是一次文化上的反叛。它反对传统审美观念和社会习俗，试图通过电影这一媒介解放思想，打破观众对现实事物的固有认知，体现了先锋派电影追求艺术创新和社会评论的双重目的。

作为早期电影中的杰作，《一条安达鲁狗》构建出一个超现实且荒诞离奇的视觉

盛宴，引领观众穿梭于一系列非连续的场景之中。影片通过对于梦境、记忆等意象的呈现，巧妙地融入了精神分析的元素，以其先锋性和前卫姿态突破了传统叙事框架，丰富和拓宽了电影的表现形式，成功确立了超现实主义风格在电影领域中的重要地位。

除了《一条安达鲁狗》，先锋派电影还有许多其他的杰出作品，如谢尔曼·杜拉克的《贝壳与僧侣》以及阿贝尔·冈斯的《车轮》等，这些作品都充分展现了先锋派电影的艺术魅力和美学价值，代表着电影艺术在初创阶段具有创新意义的探索与尝试。

三、德国表现主义电影

表现主义电影兴起于20世纪初的德国，深受表现主义文艺思潮的影响。这种风格强调不自然的形式、极度的失真与变形以及夸张造型元素的运用，从而描绘人物内心的恐惧、焦虑、爱、恨等强烈的情感。第一次世界大战后，德国知识分子对社会的恐慌和不安，为德国表现主义电影提供了丰富的精神土壤。这一时期的电影通过变形的布景、古怪的角度、阴暗的照明和斜射灯光，以及咄咄逼人的人物造型，营造了一种前所未有的视觉氛围。

德国表现主义电影代表作包括罗伯特·维内的《卡里加里博士的小屋》、弗里茨·朗的《三生记》、保罗·威格纳的《泥人哥连》和保罗·莱尼的《蜡像馆》等，这些影片均展现了表现主义电影的独特美学风格。

典型示例

以《卡里加里博士的小屋》（图10-4）为例，这部电影通过弗朗西斯和卡里加里博士等角色所经历的一系列离奇事件，探讨了现实与幻想、个体与社会之间的冲突。倾斜且拥挤的建筑物、充满各种凌乱线条的墙壁、明暗对比强烈的布光方式、人物造型中夸张的眼妆，甚至包括影片中字幕的字体样式，这些充满表现主义特征的视觉形象营造了一种阴郁、压抑以及恐怖的氛围，生动地反映了影片创作者的思想观念。这部影片不仅是一次对电影美学的革命性探索，也是对社会、政治和文化现实的深刻反思。

图10-4 《卡里加里博士的小屋》剧照

德国表现主义电影以独树一帜的视觉造型与不同寻常的美学范式，为后来的电影制作和理论提供了宝贵的启示和借鉴，让观众在观影过程中感受到了前所未有的视觉冲击与心灵震撼，并通过象征化的视觉隐喻对社会现实进行了批判。

四、意大利新现实主义

意大利新现实主义是 20 世纪 40 年代兴起的一场电影运动，旨在通过展示现实社会以及人们真实生活状态的方式，来扭转因意识形态需要而使意大利电影艺术发展停滞的局面。这一运动的代表人物包括罗伯特·罗西里尼、维托里奥·德·西卡、卢奇诺·维斯康蒂以及朱塞佩·德·桑蒂斯等，他们的作品如《罗马，不设防城市》《偷自行车的人》《大地在波动》以及《罗马 11 时》等，都深刻地反映了当时意大利社会的现实问题。

新现实主义的美学纲领和创作方法强调对日常生活事件的朴实、真挚和深刻的描绘。这些艺术影片通常聚焦于战后特定的题材和内容，采用实景拍摄、自然光效和非职业演员等手段，展示了鲜明的现实主义美学倾向。

欲学习更多相关内容，请扫描查看延伸阅读 10-2。

延伸阅读 10-2

意大利新现实主义不仅是一场电影美学的革命，更是对人类生活和社会现实的深刻反思。它通过电影这一媒介，为后世留下了一批记录意大利战后社会变迁和人民生活状态的珍贵影像，同时对全球电影制作和美学理论产生了深远的影响，为后来的电影制作者提供了启发与灵感，推动了电影艺术的发展与进步。

五、法国"新浪潮"电影

法国"新浪潮"电影是 20 世纪 50 年代末至 60 年代初在法国电影界兴起的一场革命性运动，由一群志同道合的年轻导演和影评人发起，旨在与美国好莱坞电影的倾销以及法国当地基于文学作品改编、墨守成规的"优质电影"相抗衡。这场运动的核心成员包括弗朗索瓦·特吕弗、让-吕克·戈达尔和克劳德·夏布洛尔等人，他们大多是《电影手册》杂志的撰稿人，受到《电影手册》创办人安德烈·巴赞在电影美学与观念上的影响，通过杂志发表文章批评传统电影的制作方式，并大力倡导一种全新的电影理念，力求为电影艺术注入新的活力。

法国"新浪潮"电影的特点包括强调导演的个人风格，倾向于使用实景拍摄，降低制作成本，用长镜头取代传统的蒙太奇剪辑技术，以及启用非职业演员等。这些特点打破了旧的制片秩序，使电影更加接近现实，为当时的世界电影生态带来了新鲜的空气。

弗朗索瓦·特吕弗的《四百击》、克劳德·夏布洛尔的《表兄弟》、让-吕克·戈达尔的《精疲力尽》均是法国"新浪潮"电影的优秀作品。

欲学习更多相关内容，请扫描查看延伸阅读 10-3。

法国"新浪潮"电影的繁荣期虽然相对短暂，但它却在法国乃至世界电影史上留下了不可磨灭的痕迹，它不仅是一场电影艺术的革命，更向传统的电影制作方式发起了挑战。

延伸阅读 10-3

通过鼓励导演以更自由和个性化的方式进行电影创作，以及对日常生活进行细腻观察和深刻反思，法国"新浪潮"电影使电影艺术的美学风格得到进一步的丰富，为世界电影艺术贡献了一系列经典之作。

第二节 电影的形式之美

作为一门融合视觉与听觉的艺术形式，电影的总体审美特质是由电影所包含的各种艺术元素共同决定的。对于电影画面而言，景别的大小、拍摄的角度及高低、前景与背景的选择以及色彩的运用都是影响画面美学风格的因素，例如，仰拍能够使被摄对象看起来更加高大伟岸，画面中蓝色调的运用则能够传递出冰冷和孤独的感受。

除了画面，声音亦是电影视听艺术的重要组成部分。自 1927 年世界上第一部有声片《爵士歌手》上映以来，声音不仅显著增强了电影的真实感，还赋予了电影讲述复杂故事的能力。电影声音中的语言、音乐、音响三要素分别具有不同的听觉审美价值，且声音对于电影营造地域感、时代感与空间感等艺术特征而言意义重大。

一、画面之美

（一）景别

在电影的视觉艺术中，景别的选择不仅关乎画面的构成，更深刻地影响着观众的情感体验和对故事的理解。摄影中的景别，是指被摄对象在画面中展现的尺寸和范围，它是影视创作中表达空间关系、环境氛围、人物状态和情绪的关键要素。景别的选择和变化，决定着观众对作品的感知和理解。具体来说，景别主要受到镜头焦距和摄影机与被摄对象之间距离的影响。在一定的拍摄距离下，使用较长焦距的镜头，将会缩小拍摄范围，减少画面中包含的元素，使被摄对象在画面中呈现更大的体积。相反，若保持镜头焦距不变，增加摄影机与被摄对象之间的距离，则拍摄范围扩大，画面能够捕捉到更多的元素，被摄对象在画面中的体积相对变小。

这种通过控制焦距和调整拍摄距离来变化景别的方法，为电影摄影艺术提供了丰富的表达手段，它不仅能够帮助导演精准地描绘场景细节，营造特定的空间感和深度感，还能够有效地传递人物的情感状态和心理活动。因此，景别的灵活运用是电影创作中不可或缺的艺术技巧，对于丰富视觉语言、提升作品艺术性和观赏性具有重要意义。

延伸阅读 10-4

欲学习更多相关内容，请扫描查看延伸阅读 10-4。

（二）画面构图

电影构图对于电影而言至关重要，决定了电影整体的视觉风格以及观众的审美感受。画面构图是一个综合选择的结果，由画幅比例、被摄对象的取舍（画面主体、画面陪体、场景、拍摄角度与高度）的运用等要素共同决定。

1. 画幅比例

在电影的视觉叙事中，画幅不仅是构图的基础要素，还是塑造影片视觉风格和审美体验的关键。不同的胶片格式及画面宽高比，如经典的 4∶3、数字时代影视节目常用的 16∶9，以及部分电影大片为了追求更宽阔视野而采用的 2.35∶1，这些不同的画幅为电影的视觉表达提供了丰富的形式。

画幅的选择直接影响了画面的构图，决定了哪些元素能够出现在画面中，以及这些元素的分布方式。画幅的边界，或称为画面的"边框"，实际上是一种视觉约束，它一方面限定了观众视野的范围，另一方面决定了导演和摄影师的创作方式，在不同画幅的限定下，导演和摄影师需要在这一有限的空间内做出创造性的选择，如通过精心的画面分割和元素布局，使画面内的事物产生联系和意义，构建出富有层次感和深度的电影视觉世界。

2. 画面主体

在电影构图中，主体是画面中最为关键的元素，它代表了影片的焦点和核心内容。主体的选择和位置决定了观众的视线集中点，对于吸引观众的注意力起到至关重要的作用。常见的主体位置包括画面的几何中心或黄金分割点，部分影片也会将主体置于画面边缘位置以获得个性化的视觉表达。在法国电影《天使爱美丽》（图10-5）中，影片中的角色总是出现在画面正中心的位置，这种构图方式一方面强调了艾米丽是电影叙事的核心人物，另一方面也使观众可以更加清晰地看到她的表情、动作，从而更好地理解她的性格、情感和经历。

图10-5 《天使爱美丽》剧照

3. 画面陪体

相对主体而言，陪体常常被忽视，但它却是协助主体完成叙事和意义呈现的重要视觉元素。一方面，陪体可以起到衬托主体的作用，能够使主体更加鲜明突出，在不少电影画面中，主体的特质是通过与陪体进行对比体现出来的。另一方面，陪体还具有丰富画面元素以及平衡画面的作用，当主体位于画面中的非几何中心时，陪体的设置能够使画面获得平衡感。除了可以美化画面，合理地运用陪体还能够起到推动情节发展的作用。在一些电影作品中，陪体有时也承载着关键的剧作信息，常常通过与主体紧密配合的方式来完成影片主题的展现。

4. 场景

场景在电影构图中具有传递信息、营造氛围、烘托主体、推进叙事以及表达主题等作用。电影中的场景不仅限于自然风光，也包括由人物构成的场景，如人潮汹涌的街道或地铁车厢。以科幻电影《独行月球》为例，影片巧妙地运用了地球与月球两种截然不同的场景来反映主题，并深入展现角色的内心世界；其中，地球被赋予了浓厚的时代气息，月球则被塑造成一个寒冷、孤寂的宇宙空间，二者通过环境对比的方式强化了影片的情感张力。

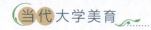

5. 拍摄角度与高度

在电影艺术中，拍摄角度的选择不仅改变了画面的透视和呈现方式，还极大地影响了作品的视觉冲击力和艺术表现力。通过运用不同的角度，导演和摄影师能够强调或夸张画面中的元素，突出电影的主题，加深影片的情感。角度的变化常伴随着拍摄高度的调整，二者相互作用，共同塑造电影的视觉风格。

（1）平视。

平视，即摄影机与被摄人物的眼睛处于同一水平线上的拍摄角度，是电影摄影中最为常用的视角。它接近人们平时的视觉习惯，给观众一种平稳、安定的感受，可以营造出亲切感。这种角度适合表现人物的心理状态、动作和情感，它能够以平等、客观、真实的方式呈现人物的形象，让观众产生共鸣。

（2）仰视。

仰视，或被称为仰拍，是从低处向高处拍摄的角度，这种构图方式使画面的地平线向下移动，通常用来净化背景，使画面更加简洁、纯净。这种角度能够产生强烈的透视对比，当拍摄人物或建筑时，能够赋予被摄对象崇高、庄严甚至神圣的感觉，强调被摄对象的高大和重要性。仰视的使用带有明显的主观色彩，往往用来表达对人物的敬仰。

（3）俯视。

俯视，即从高处向下拍摄，使画面的地平线向上移动，适合展现广阔的视野以及表现视平面以下的事物。与仰视一样，这种角度在拍摄时也可以呈现出强烈的透视效果，适合拍摄大规模的场景、人群或城市风光，能够展示地面的图案和视觉上的气势，同时增加画面的信息量和视觉的深度。在表现人物时，俯视拍摄会导致人物躯体的扭曲和变形，创造出非正常的视觉比例，最终获得一种特殊的视觉效果。

（4）顶视。

顶视，也称为"上帝视角"，是一种极端的俯视，摄影机高于被摄对象，以几乎垂直于地面的方式进行拍摄。这种独特的视角常用于表现人物的运动和人物与环境之间的关系，或者用来展现场景的全貌。顶视不仅能够提供广阔的视野，还能够以一种近乎全能的视角呈现事件的全局，为电影带来独特的叙事效果和视觉冲击力。

通过精心选择和运用这些不同的拍摄角度，电影制作人能够丰富电影的视觉语言，增强叙事的表现力，从而创作出具有强烈个性和深刻内涵的影视作品。

欲学习更多相关内容，请扫描查看延伸阅读 10-5。

延伸阅读 10-5

二、声音之美

自 1895 年卢米埃尔兄弟发明电影以来，在电影发展所经历的重要变革中，声音的引入无疑是其中关键的节点。实际上，在电影诞生之初，很多人尝试在电影中加入声音。然而，由于声画难以同步、音响设备功率不足以及音质不理想等问题的存在，这些早期尝试并未得到广泛应用。1926 年，华纳兄弟公司推出电影《唐璜》，与之一同面世的还有"维他风"（Vitaphone）声音系统。"维他风"是贝尔电话公司和西部电气共同研发的有声电影系统，该系统通过一套复杂的机械装置，实现了电影画面与硬质唱片上声音的同步播放。《唐璜》利用"维他风"系统录制并播放了音乐和效果声。

1927 年，《爵士歌手》（图 10-6）的上映开创了电影史上的新篇章。与之前的《唐璜》不同，这部影片用"维他风"录音技术展现了阿尔·乔尔森的歌唱和对话，成为电影历史上首次"开口说话"的影片。《爵士歌手》的问世，标志着有声电影时代的正式到来。正因为其在影片中首次加入了人声，使《爵士歌手》被广泛认为是首部真正意义上的有声电影。

无可否认的是，声音的出现极大地丰富了电影的艺术表现力。第一，声音的加入将电影从单纯的视觉艺术转变为视听艺术，使电影的真实感显著提升。第二，声音革新了电影的叙事方式。在无声片时期，人物之间的对话需要通过穿插的字幕才能够呈现，频繁插入的字幕常常打断观众的连续观影体验，声音的引入使人物对话能够与人物动作同步展现，从而使画面更加连贯，叙事更加流畅。第三，声音赋予了电影讲述更复杂故事的能力。除了与画面同步，声音还能以画外音等形式存在，通过声音提前或延后等技巧建构更

图 10-6　《爵士歌手》海报

为丰富的声画关系，为展现不同时间空间和增加叙事层次提供了更多的可能性。随着时间的推移，电影中的声音不仅仅是信息传递的工具，更具备了独特的美学价值。

欲学习更多相关内容，请扫描查看延伸阅读 10-6。

2012 年以后，全景声技术的出现又一次提升了电影声音的艺术表现力。全景声是 2012 年杜比公司推出的一种沉浸式影院还音系统，它的问世象征着电影声音技术从环绕声进入空间声时代。影院还音技术经历了单声道、立体声、模拟环绕立体声、数字环绕立体声等阶段。全景声技术在数字环绕立体声的基础上，进一步提升了声道的数量，并且在影院

延伸阅读 10-6

上方增加了顶置声道，从而将平面声场转变为立体声场。全景声系统能够实现声音在影院空间内更加精确的定位以及位移，带给观众更为细腻和震撼的听觉体验。全景声技术通过增加顶置声道，使声音的空间表现力更加全面，为观众提供了从四面八方甚至是头顶传来的声音，如在《地心引力》中，这种技术被用来营造宇宙空间的无重力状态，给观众带来了前所未有的视听体验。

第三节　中国电影的美学探索

尽管电影这一艺术形式源自西方，但在传入中国后，它与中国深厚的文化底蕴相融合，逐渐开拓出了独具中国特色的电影工业与文化之路。中国电影在早期便已经展现出具有含蓄内敛、情感细腻等特质的东方意蕴色彩，如《渔光曲》等影片，便巧妙地运用了丰

富的视听艺术手法，深刻表达了对当时的劳动人民的深切同情与关怀。

自《火烧红莲寺》上映并引发轰动以来，武侠电影崭露头角，成为中国独有的电影类型标志。这类电影中，角色们飞檐走壁、刀光剑影的场景给观众带来了无尽的遐想。武侠电影融合了艺术性、娱乐性与商业性，对世界电影产业的格局产生了深远影响，成为中国文化闪耀世界的一张亮丽名片。

近年来，得益于综合国力尤其是电影工业水平的飞速提升，特效技术为我国电影产业注入了新的活力。《西游记之大圣归来》《智取威虎山》等 3D 特效大片相继上映，均取得了令人瞩目的票房成绩。更值得一提的是，在电影科技日新月异的今天，中国也迎来了科幻电影创作的黄金时期。《流浪地球》凭借精彩的叙事与不输好莱坞的视听特效，将中国科幻电影推向了一个全新的高度，充分展现了这一类型电影的发展潜力。

一、东方意蕴的美学魅力

电影起源于 1895 年的法国，电影的发明者和创作者卢米埃尔兄弟将电影镜头对准了生活中的普通场景，如被水浇湿的园丁、进站的火车以及缓缓打开的工厂大门，将法国当时的社会风貌真实地呈现在人们的面前。十年后的 1905 年，中国人开启了自己的电影创作历程。北京丰泰照相馆的创始人任庆泰拍摄了由京剧名角谭鑫培主演的电影《定军山》，用胶片将这一京剧经典剧目中的几个场景记录下来，标志着中国电影创作的起点。将戏曲作为中国首部电影的题材，预示着中国将要走上一条与西方截然不同的自主电影创作之路——使中国传统文化与这一新兴艺术表现形式融合的道路。

即便在中国电影发展历史的早期，创作者们所拍摄的作品就已经显现出具有东方文化魅力的特征，如山水画般的自然景观、含蓄内敛的叙事方式、唯美典雅的银幕造型以及朴实深刻的思想内蕴等，这些特质构建了具有中国文化特色的审美旨趣，并且对中国的电影艺术创作产生了深远的影响。

在中国早期电影中，1934 年上映的《渔光曲》（图 10-7）是融合了传统中式美学元素的杰出代表作品。影片由联华影业公司上海第二制片厂摄制，蔡楚生担任编剧和导演，一经上映便受到观众的热烈欢迎，创造了连续放映八十四天的记录，堪称中国电影史上的奇迹。此外，它还是第一部在国际上斩获奖项的中国电影。

云儿飘在海空

图 10-7 《渔光曲》剧照

影片用充满诗意的视听手法，讲述了一个我国东海沿岸渔民家庭的凄惨故事。徐小猫（王人美扮演）和徐小猴（韩兰根扮演）出生在一个困难的渔民家庭，当时徐家生活已然非常艰辛，两个孩子的出生让这个家庭更是雪上加霜。不得已，徐妈只能到渔业大户何家去当保姆。然而，不幸却接踵而来，父亲和婆婆相继离世，受到重创的徐妈在恍惚之中打碎了何家的珍贵瓷器，被何家无情辞退。长大后，小猫和小猴挑起了养家糊口的重担，他们几乎每天都要站在没过膝盖的水中操作渔网，延续着艰难困苦的生活。与此同时，何家凭借雄厚的财力，成立了"华洋渔业公司"，采用自动化的设备捕鱼，进一步蚕食了小猫、小猴等普通渔民的生存空间。无奈之下，小猫和小猴决定去上海谋生。可是，大城市不仅不是避风港，反而却有着更为惨烈的生存环境。在找工作失败后，小猫和小猴还成了嫌疑犯，尽管最后被无罪释放，可他们还是受尽了委屈。就在他们买了肉回去看望妈妈之际，妈妈却被家中燃起的大火烧死，而留学归来的何子英也必须面对公司破产、父亲自杀的悲惨结局。最终，三个人又只能回归打渔生活，而小猴由于积劳成疾，最终在妹妹的怀里与世长辞。

欲学习更多相关内容，请扫描查看延伸阅读10-7。

与《渔光曲》类似，吴永刚的《神女》、费穆的《小城之春》、谢铁骊的《早春二月》等一系列中国优秀电影作品也都鲜明地体现出含蓄内敛、情感细腻的具有东方文化意蕴的美学风范。

延伸阅读10-7

二、中国武侠电影的文化叙事

中国文化对世界电影的另一个重要贡献是武侠电影的创立与繁荣。贾磊磊在《武舞神话：中国武侠电影纵横》一书中将中国武侠电影定义为："一种以武侠文学为原型，融舞蹈化的中国武术技击为外部表演特征和以侠义精神为内在主旨的动作影片。"[1] 由此可见，武侠电影既要包含中国武术的动作元素，又要包含中国传统文化的精神内蕴，这使武侠电影成为中国电影类型中最能够完整、全面地体现中国文化特色的影片类型。

20世纪初期，社会环境的变迁以及商业诉求的驱动共同促成了武侠电影的诞生和盛行。在早期的中国武侠电影中，最著名的莫过于20世纪20年代的《火烧红莲寺》。这部影片改编自近代杰出武侠小说家平江不肖生的武侠小说《江湖奇侠传》，由张石川执导，讲述了崆峒、昆仑两派之间不断争斗的故事。

电影上映之后票房大卖，获得了空前的成功。为了继续吸引观众，明星公司不仅开始拍摄续集，且自第二部启用具有巨大票房号召力、有着"电影皇后"之称的女明星胡蝶担任主演。最终，《火烧红莲寺》一口气拍摄了十八集，不仅使明星公司在当时从亏损转为盈利，还一度成为中国影史上最长的系列影片[2]。自此之后，武侠电影便蔚然成风，为了追求市场利润，各家电影公司争相推出了形式多样的武侠电影，使这一片种得到了空前的发展。经过漫长的探索与实践，武侠电影在中国最终发展成为一种深受大众喜爱、具有深厚文化根基且延续至今的本土化影片类型，它对于世界电影格局的形成与发展产生了重要影响。

欲学习更多相关内容，请扫描查看延伸阅读10-8。

在此之后，中国电影迎来了武侠电影的创作高潮，《东方不败》《新龙门客栈》《笑傲江湖》《太极张三丰》，以及《黄飞鸿》系列、《方世玉》系列等优秀武侠电影如雨后春笋进入观众的视野，极大地促进了中国武侠电影类型的发展。

延伸阅读10-8

2000年，李安执导的武侠电影《卧虎藏龙》上映，影片以独特的东方美学征服了全球观众，斩获了包括最佳外语片在内的四项奥斯卡金像奖，这在华语电影史上是一个前所未有的成就。此后张艺谋的《英雄》不仅继承了中国武侠电影的艺术精髓，更是真正意义上开启了中国电影的"大片时代"。这部作品凭借基于历史背景改编的剧情、绚丽的色彩运用、精湛的表演以及层次丰富的声音设计，成功地向世界展示了武侠电影所能达到的艺

---

① 贾磊磊. 武舞神话：中国武侠电影纵横 [M]. 北京：中国人民大学出版社，2014：8.
② 丁亚平. 中国电影通史：全二册（1）[M]. 北京：中国电影出版社，2015：90.

术高度，同时将中国传统文化的魅力表现得淋漓尽致。

三、本土电影的工业赋能

电影是技术与艺术结合后的产物。历史上，每次技术的升级都会对电影的创作观念与美学特征产生影响。从彩色胶片的问世、特效技术的突破、宽银幕画面的普及，到多声道环绕立体声的引入、3D 视觉效果的创新，以及 4K 甚至 8K 超高清影像的实现，这一系列的技术进步为电影带来了更加广阔的创作空间，同时满足了观众对于更加丰富、多维的观影体验的需求。

（一）技术进步推动电影形式的创新

近年来，技术进步不断赋能中国电影的创作，产生了一系列的"中式大片"，在叙事手段、表现形式、艺术风格、类型创新等方面改变了中国电影的整体风貌，不仅在视听效果上达到了国际先进的水平，还更好地通过电影展现了中国的文化内涵与价值观念。

技术的升级在很大程度上丰富了中国电影的表现形式，对于中国电影艺术表现力的提升有重要作用，尤其是让不少经典作品在新时代焕发出了新的生命力，《智取威虎山》就是其中的代表。20 世纪 70 年代，北京电影制片厂摄制了戏曲电影《智取威虎山》，这部由童祥苓、沈金波等参演的戏曲电影在形式上保留了传统舞台剧的形式与元素，如在片头和片尾设置幕布的开闭来表现影片的开始与结束。2014 年，徐克将这一经典剧目再次搬上银幕。作为中国著名商业片导演，徐克执导过《新蜀山剑侠》《黄飞鸿》《狄仁杰之通天帝国》《龙门飞甲》等在商业上取得成功的影片。徐克在打造新版《智取威虎山》时延续了他的类型片逻辑，同时大胆引入了视觉特技、特效化妆、三维动画等技术，特别是 3D 技术的运用，更是为观众带来了前所未有的视觉震撼，打虎上山、滑雪作战、飞机坦克、子弹时间等新颖的视听元素及场景建构给观众留下了深刻印象。

（二）先进的电影技术助力中国神话故事的改编与再创作

3D 动画电影《西游记之大圣归来》于 2015 年与观众见面，影片上映后不仅票房成绩斐然，且收获了诸如"国产动画电影良心之作""国产动画电影的里程碑"等好评与赞誉。

在角色设定方面，该片中的孙悟空在继承原著中整体形象特征的基础上进行了夸张与改编，他的身形更为修长，脸部特征为国字脸，与观众所熟知的电视剧中的形象有着明显的区别。此外，孙悟空的性格也被塑造得更为复杂多变，他性格孤僻，偏爱独处，遇事显得消沉落魄，总是对江流儿表现出不耐烦的态度，也不愿承担责任。然而，即使他受到封印的限制而无法使用法力，也在面对恶势力时展现出不屈不挠的精神。

剧中唐僧更是被江流儿这个角色取代。江流儿是唐僧的乳名，在整部电影中，唐僧被设定为一个圆头圆脑、说话奶声奶气还流着鼻涕的小男孩，刷新了观众对于唐僧的认知。尽管江流儿的形象设计较为新颖，但其在剧中所起到的功能却仍然延续了原著中的设定，江流儿的存在不仅衬托了孙悟空作为保护者的角色，也是孙悟空自身成长与得到救赎的重要推动力。在危难关头，纵使有失去生命的危险，江流儿也表现出对齐天大圣的不弃不离，展现出人性的光辉，也使大圣终究"归来"，战胜敌人。

影片在色彩设计上匠心独运，充分体现了中国传统艺术的美学精髓。在色调上，影片整体上采用暖色调，如红色、黄色与橙色等，这些高饱和度的颜色使画面显得鲜活明快，富有活力，而在山洞以及最终的决战场景中，冷色调的运用则凸显了角色面临的危险和紧张的氛围。值得一提的是，中国红、青绿色、金色等中国传统色彩的选用，通过与现代动画技术及高动态范围显示技术相结合，生动地传递了富有中国传统绘画特有的美学韵味。

（三）技术的进步促进中国电影类型的丰富和发展

中国电影类型的多样化与蓬勃发展，在很大程度上得益于技术的进步，其中科幻片的兴起尤为引人注目。历史上，中国曾出品过《珊瑚岛上的死光》《霹雳贝贝》《大气层消失》等科幻电影，但受限于资金、技术与人才等，相比其他类型片而言，这些早期科幻电影不仅数量相对较少，且视听效果与以好莱坞为代表的西方科幻大片相比也有明显的差距。近年来，随着综合国力的增强尤其是电影工业的持续发展和进步，中国电影拍摄与制作水平有了质的飞跃，特别是在科幻领域，中国电影实现了从依赖情节的"软科幻"到依靠先进技术呈现视听奇观的"硬科幻"的转变。

典型示例

2019 年，《流浪地球》（图 10-8）的上映引爆了中国科幻影迷的热情，吸引了众多观众前来观影，最终，该片获得近 50 亿元的票房，因此 2019 年也被称为"中国科幻元年"。影片改编自刘慈欣的同名小说，讲述了未来太阳由于内部反应异常正在急剧老化，不断持续的巨星将在一百年后吞没地球，人类文明面临生死存亡的绝境。在这种情况下，地球联合政府决定在地球表面建造一万座"推进式发动机"，将地球推向 4.2 光年外的新星系。在流浪地球计划执行过程中，地球需要借助木星引力才能飞出太阳系，然而在地球掠过木星轨道时，由于木星引力激增造成了行星发动机组出现大面积故障，使地球失去了转向能力，如果不及时处置，将与木星发生撞击。在这种情况下，全球开始展开营救，各国救援队伍奋不顾身，赴汤蹈火，在与时间赛跑的过程中试图重启行星发动机。

图 10-8 《流浪地球》海报

最后，当行星发动机的推力仍然不足以摆脱木星引力时，身处"领航员号"国际空间站中的中国航天员刘培强决定以牺牲空间站的方式点燃木星，进而推动地球离开太阳系。

相比以往的科幻电影，一方面，《流浪地球》的主题无疑更为"硬核"，其核心概念"将地球推离太阳系"展现了惊人的想象力，且任务的成败直接关系到全人类的命运，如此宏大的科幻主题在中国电影史上尚属首次，而较高的电影工业水平则为实现这一高技术含量的科幻巨作提供了坚实的物质基础。另一方面，全片不仅特效镜头数量多，达到了两千余个，而且特效场景的品质也达到了国际先进水平。浩瀚无垠的宇宙、巨大无比的"领航员号"国际空间站、冰封之下的北京CBD和上海陆家嘴，无论是观众熟悉的场景，还是陌生的未来景象，都以丰富的细节和强烈的真实感呈现在大银幕上，满足了观众对于科幻视觉奇观的审美期待。

更为可贵的是，《流浪地球》实际上是借用科幻的外壳讲述了一个中国式父子情的故事。刘启在年幼之时就经历了母亲病逝、父亲长期在太空执行任务等变故，自己只能与外公相依为命在地下城生活。成长过程中，父亲的缺席让刘启心生怨恨，且把母亲的离世归咎于父亲，导致父子间产生了深深的隔阂。然而，在影片的结尾，当刘培强准备牺牲自己，点燃木星以拯救全人类时，刘启强烈地表现出对父亲的不舍。在刘培强驾驶空间站冲向木地连接处的关键时刻，影片巧妙地运用了声音虚化的手法，只留下父子间深情的对话，扣人心弦，催人泪下。因此，这部电影不仅展现了壮观的科幻场景，更传递了中国传统的人伦价值，尤其是父子之间的深厚情感，这也是影片能够获得成功的重要因素之一。

欲回顾本章重要知识点，请扫描查看知识回顾10-1。

知识回顾10-1

课后赏析

电影《可可西里》（*Mountain Patrol*）

出品单位：华谊兄弟传媒股份有限公司

导演：陆川

上映时间：2004年

作品简介：《可可西里》（图10-9）是中国导演陆川执导的一部剧情片，于2004年上映，该片获得了第25届中国金鸡电影节最佳故事片奖、第17届东京国际电影节评委会大奖等奖项。

图10-9 《可可西里》剧照

影片讲述了以日泰为首的巡山队在可可西里无人区与藏羚羊盗猎者抗争的故事。巡山队员强巴在执行巡山任务时被盗猎者残忍杀害，报社委派记者尕玉从北京赶赴青海对可可西里地区的盗猎现状进行调查。随着夜幕降临，尕玉与日泰带领的巡山队连夜进山对盗猎团伙展开行动。然而，当他们终于追上盗猎者的踪迹时，眼前的景象令人触目惊心——五百多具刚刚被剥皮的藏羚羊骨架，无声地控诉着盗猎者的罪行。队员们终于追上了剥羊皮的村民，结果却由于食物短缺因此不得不将他们全部释放。在随后的艰难跋涉中，巡山队相继遭遇了物资匮乏、大雪封山、队员伤亡等重重困境。最终，在与盗猎团伙头目的正面对决中，由于力量悬殊，日泰被对方残忍杀害，英勇牺牲，为保护藏羚羊献出了宝贵的生命。尕玉回到北京写出了震惊世界的报道，这篇报道不仅揭露了盗猎者的罪行，更推动了可可西里国家自然保护区的成立。从此，这片广袤而神秘的土地得到了应有的保护，藏羚羊这一珍稀物种也得以繁衍生息。

影片在画面上大量采用全景镜头与长镜头等带有纪实美学色彩的拍摄手法，展现了可可西里的壮丽与荒芜，以及在这片广袤土地上发生的生死离别。此外，影片的整体色调偏暗偏冷，营造了悲怆、苍凉的氛围，不仅凸显了生态保护问题的严峻性，还彰显了巡山队员们坚定不移的信仰和对生命的执着坚守。

 课后思考

1. 你认为摄影技术的进步如何影响影像美学的发展？
2. 爱迪生发明的电影与卢米埃尔兄弟发明的电影有何不同？
3. 常见的电影创作流派有哪些？有哪些美学主张？它们各自有哪些代表作？
4. 常见的景别有哪些？不同的景别分别有何特点？
5. 请结合一部你喜欢的电影，分析其在构图、色彩、镜头设计等方面的特点。
6. 电影中的声音应当如何进行分类？不同的声音元素具有什么样的作用？
7. 请结合影片，分析武侠电影的美学特征。
8. 你认为中国电影该如何开辟出一条独具特色的发展道路？

第十一章　建筑之美

📖 **学习目标**

掌握建筑艺术语言、建筑形象、建筑风格、建筑象征等知识。

📣 **能力目标**

学会欣赏中外建筑的审美特点，增加建筑艺术的审美素养，提高建筑审美能力。

📑 **案例导读**

中国国家大剧院（图 11-1）外部为钢结构壳体，内部由一根根弧形钢梁组成，形成一个巨大无支柱的天穹，呈半椭球形。它采用钛金属板作为材料，表面金属光泽极具质感。中部为渐开式玻璃幕墙，椭球壳体外环绕人工湖。它的造型新颖、前卫，构思独特，是传统与现代、浪漫与现实的结合。它像一个孕育着生命

图 11-1　中国国家大剧院

的"蛋壳"，象征着旧的结束与新的开始。它也像一颗"湖中明珠"，象征着璀璨光明与对美好的向往。它是中国现代建筑标志，也是典型建筑之美的代表。

　　建筑是通过形态建构、空间安排、材料结构，实现现实生活载体的功能，并表明一种文化意图，反映一种社会文化。我们通过建筑的空间秩序进行认知，理解其内在属性、地域场所的社会文化意义，以及建筑的审美价值。建筑师为了达到目的与效果，会根据一定的建筑理念，采用适合的结构组织与设计方法，这样就形成了不同建筑风格。"建筑"范畴本身含义包括术、物、学三种意义，它的本质可以有多维的理解。建筑有其自然本质，

它为人类适应自然、保障安全而造；有其人类本质，它是为人类的物质享受、精神追求而进行的环境改造之物；有其社会本质，它可以是政治统治权力的空间、经济竞争的表现之物，文化宣扬的对象。多种结构对应着多种不同质的建筑现象，从自然本质上看，建筑关联人类生活设施，如房屋、桥梁等。从自然与人类、社会结合的多元本质上看，建筑关联统治场所、宣传载体、经济支柱等，如宫殿、庙宇、纪念堂、商品楼等。建筑的特点是固定工程形态，并具有物理的不动性。同时，它还具有目的性，根据人类主观目的而建造；地点性，根据基地条件、环境条件而建造；时间性，根据时代情况而建造。另外，建筑也具有社会物质产品与实用艺术作品"两重性"，如长城、故宫、天坛等。尽管建筑是人力造就的具有多种功能的物体，不可否认其中令人愉快的审美因素也是十分突出的。

第一节　建筑艺术的语言

一个人必须先有一定的建筑技术知识，才能理解建筑之美。建筑技术知识即为建筑语言，包括比例、尺度、空间、结构等，形成美学范式，营造了不同具象空间的秩序关系。古罗马建筑理论著作《建筑十书》是西方建筑经典，其作者维特鲁威对均衡、对比、韵律、比例、尺度等建筑手法做了阐述，并提出了建筑的三大要素，即美观、实用、坚固，涉及建筑审美、功能、结构、材料、制造等。

一、比例

比例是建筑物的长、宽、高三向维度间的数值关系，以及一个建筑整体与局部间存在着的合乎逻辑的关系，用于反映总体的构成或者结构。最佳比例是"增一分则太长，减一分则太短"，即黄金比例 0.618，它符合人们的审美体验。建筑平面深广比、立面比，往往都会追求一种和谐完美的比例。古希腊毕达哥拉斯认为美即是"数"的和谐，建筑受到了黄金分割率的制约与影响。例如，古希腊帕特农神庙的水平线与垂直线之比接近 0.618：1；法国巴黎圣母院正面宽与高的比例是 5：8。北京天坛的圜丘坛上层直径与中层直径的比值是 0.6，中层直径与下层直径的比值是 0.714。圜丘坛上层地面以圆石作为中心，圆石外依次排列九环扇面形石块，石块的直径都是 9 的倍数。《礼记·礼器》规定："天子之堂九尺，诸侯七尺，大夫五尺，士三尺。"间接反映出建筑空间比例与人的地位的关系，体现出与人身份相宜的思想。宋代李诫编著的《营造法式》规定我国古建筑使用基本单位为"材"，它是斗拱中拱的断面，厚广比为 2：3。传统建筑根据等级高低选用适当的"材"，例如，殿堂类使用一到八等材，厅堂类采用三到八等材。到清代规定建筑"斗口制"为测算标准。无论是古代建筑，还是现代建筑，其空间之间、构件之间等都存在着一定的秩序性。在现代建筑中，建筑师发挥了更大的能动性和创造性，比例甚为灵活。建筑的发展是为了满足人类的目的，人的目的性决定了建筑师需要充分运用比例规律设计出富有美感的建筑，才可获得赞赏。

二、尺度

尺度是物件大小可度量的数值，也是任何物件存在的内在属性。建筑尺度是建筑整体的高度、厚度、宽度与人视觉感受之间存在的度量参照关系，它通过内部要素的比例反映出来。对建筑尺度合理把控，需要遵循建筑基本的原则，同时要符合人的视觉感受。我国古代建筑空间尺度受到"礼"的深刻影响。《礼记》中："有以大为贵者。宫室之量，器皿之度，棺椁之厚，丘封之大，此以大为贵也。"帝王建造的皇宫、陵墓都追求巨大的尺度、宏伟的气势，其他官员住所大小不能超越皇帝。隋唐时期的典制《营缮令》明确规定三品以下堂舍不得过五间九架，四、五品堂舍不得过五间七架，庶人所造房舍不得过三间四架。显然，这一建筑尺度要求带有很强的等级性。宫殿建筑是为了达到震撼、威慑的效果，如故宫太和殿等级最高，构架、开间和高度都最大。它的建筑面积达 2 377 平方米，高 26.92 米，连同台基通高 35.05 米，广场面积达 3 万平方米。广场地面铺的砖横七竖八，共 15 层，地面砌嵌两行白石块，共约 200 块。所有的空间尺度给人巨大心理映射，显示了皇权之"威"。我国古代建筑空间尺度在自然法则下，也产生了象征性的尺度。如祭祀建筑尺度往往与对天地的理解有关。同时，建筑尺度与环境、气候相关，如我国江南地区人口密度大，传统建筑建造两层，梁架大，每层高度较高，面阔 3~5 开间，进深 5 檩到 9 檩。由于空间尺度狭窄高深，故而有利快于排水与通风。对人的生活而言，建筑的规模与尺度控制在一个适宜的范围。现代高层建筑体积庞大，高度高，整体视觉醒目突兀。主楼的高度、面宽、围合程度、外部空间的构成形态都会影响高层建筑的尺度感觉。高层建筑节约了土地面积，增大了建筑空间，但是它的高度与体量也给人造成一定心理压力。为了消解高层建筑的大尺度，建筑师往往采用内紧外松、体量镂空、阶梯裙房、衔接街道、尺度呼应等方法进行处理。

三、形态

形态由点、线、面、块要素构成，形状、色彩、肌理、大小、位置、方向则是建筑的视觉要素。建筑的形与形之间会产生复杂关系，具体关系如下：

（1）接触，是两个物体相连、相关。如图 11-2 所示，美国水晶教堂外壳全部为银色玻璃，晶莹透亮，其形体保持各自独有的视觉特性，同时在接触时形成一定角度的转折。

（2）复叠，是一部分与某一部分交叉重叠，形成复叠关系。如图 11-3 所示，这栋建筑如积木盒般叠加在一起。

图 11-2　接触　　　　　　　　　　　　　　　图 11-3　复叠

（3）联合，是两个物体结合并存。如图 11-4 所示，西班牙诺艾恩市政厅的形体之间联合成新形。

（4）减缺，是从一个完整的形中切掉一部分，既可保持原型的基本特征，又产生了减缺的变异性，造成缺损与完整的对比。如图 11-5 所示，贝聿铭设计的美国国家美术馆东馆，其主体的形被另一形体消减。

图 11-4　联合

图 11-5　减缺

（5）穿插，是面与体穿插或体与体穿插，可以是相同形穿插，也可以是异形穿插。穿插因对象、部位、方向的不同，可以形成千姿百态的变化。如图 11-6 所示，这栋建筑纵立面与横平面互为穿插、结合。

（6）拉伸，是把建筑整体中的某一个局部通过夸张变形的方式表现出来，使其成为视觉焦点。如图 11-7 所示，这栋建筑横向地、水平地进行悬空拉伸。

（7）断裂，以个别的、局部的破损来突破过分完整形态的封闭和沉闷。如图 11-8 所示，这栋建筑宛如一个物体内部产生了破裂、损坏的状态。

在建筑的大小、高低、方圆、虚实、连断、厚薄、轻重、敞合等各异的形态中，我们感受到了丰富、变化与充裕的美感。建筑形式演变之途为正常、反常、超常，体现建筑师推陈出新、突破创新的不懈追求。

图 11-6　穿插

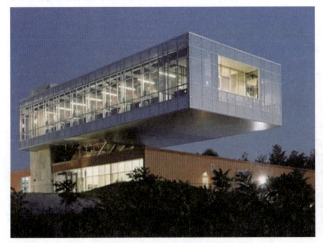

图 11-7　拉伸

图 11-8　断裂

四、空间

建筑空间是由长度、宽度和高度表现出来客观形式，其大小主要与人体尺度以及人的各种使用要求有关。如博物馆、影视院、学校的空间等，都是按照功能需求设计的。建筑空间的平面是建筑功能的基础和载体，由点、线、面等二维基本元素系统构成。建筑空间有以下几种类型：

（1）基本几何形态，包括三角形态、矩形形态、圆形形态等，例如福建客家土楼就是圆形平面形态。

（2）几何原形的变形组合，如进行扭曲、旋转、倾斜等。例如，迪拜阿联酋旋转塔（图11-9），每层楼都能独立旋转，整幢大楼不断变换外形，好似空中旋转"跳舞"，体现出动感的形态。

（3）几何原形的分割重组，是利用各个几何原形的引力、平行、交错等关系，塑造出更丰富的空间。例如，马里奥·博塔的斯塔比奥圆房子（图11-10），在几何原形的平面上方，设置了一条"裂缝"，将光线引入建筑内部。

图11-9　迪拜阿联酋的旋转塔　　　　图11-10　斯塔比奥圆房子

空间塑造是建筑艺术十分重要的内容，不同类型的空间形状，给人的美感不同。矩形空间规矩，圆柱形空间的空间感、场域感强；穹窿形空间新颖，易于形成光的聚焦；曲面空间生动流畅；锥形空间稳定且富于变化；管状空间导向性强，有期待感；不规则空间奇特有趣。例如，阿塞拜疆共和国阿利耶夫文化中心（图11-11）大量使用了跌宕起伏和弯曲变化的柔美线条，波浪、分叉、折叠、自由的形态产生魔幻的审美效果。

图11-11　阿塞拜疆共和国阿利耶夫文化中心

空间的不同组合，带给人不同的审美体验。大厅式组合是以一个大空间为纽带，将众多空间组合在一起，如普通住宅的空间。穿套是若干空间相互沟通组合成整体，常见于博物馆、美术馆。重置就是大空间套小空间的方式。并列是众多空间不分主次，以走道连接，组合成整体，如学校教室。叠加是众多空间上下重叠组合，如摩天大楼的多层空间叠加。混合组合是综合运用组合方式，用以组织众多的空间，形成建筑物。空间还可以按照时间序列设计，形成四维空间的艺术效果。金字塔空间序列由河谷神庙、甬道、停尸神庙和金字塔组成。故宫的空间序列中，太和殿就是重点和艺术高潮。武当山古建筑群的空间布局特点是以最高峰天柱峰上的金顶为中心，向四周以辐射状的方式建九宫八观共三十三处建筑群；在空间距离上，以 1：2：3 的手法，把建筑距离做分割，目的是体现道家"道生一、一生二、二生三、三生万物"的思想。

五、结构

结构是由建筑材料做成的，用来承受各种荷载或者作用，以起骨架作用的空间受力体系。其主要类型有以下几种：

（1）框架结构，是以由梁、柱组成的框架作为竖向承重和抗水平作用的结构。梁、柱、墙的组合所产生的线条表达的是一种连续的韵律美。它的空间分隔灵活，利于安排较大空间。例如，上海环球金融中心（图 11-12）是一个正方形柱体，由四根 H 型钢组成巨大支架，两个巨型拱形斜面逐渐向上缩窄并于顶端交会，凸显出大楼的垂直高度，形状类似开瓶器。

（2）剪力墙结构，是利用建筑物的外墙和永久性内隔墙的位置布置钢筋混凝土承重墙的结构。例如，北京中信大厦（图 11-13）又名"中国尊"，结构体系是由巨型框架、钢板组合剪力墙、核心筒组成。其外形自下而上自然缩小，形成中部略有收分、顶部逐渐放大的双曲线建筑造型，体现出庄重的东方神韵。

（3）筒体结构，是由一个或几个密柱形筒体构成高耸空间抗侧力及承重的结构，具有良好的刚度和防震能力，有单筒、套筒、束筒三种。美国纽约 110 层的世界贸易中心大厦为单筒建筑。50 层的深圳国际贸易中心大厦使用套筒结构。美国芝加哥 110 层的西尔斯大厦（图 11-14）应用束筒结构。

图 11-12　上海环球金融中心

图 11-13　北京中信大厦

图 11-14　芝加哥西尔斯大厦

（4）网架结构，是由许多杆件按照某种有规律的几何图形通过节点连接起来的网状结构，具有空间受力小、质量轻、刚度大、抗震性能强等优点。这一结构按力学规律交织、穿插，显隐之间相互制约，表现出一种有组织变化的交错韵律。同时，空间的开敞性和通透性增强了视觉审美效果。例如，英国伦敦斯坦斯特德机场（图11-15）由钢结构网架及构件组成，有着清晰的结构形式和自然光线的趣味，由此获得英国建筑工业奖的最高大奖。

（5）膜结构，采用高强度柔性薄膜材料与辅助结构，使其内部产生一定的预张应力，并形成应力控制下的某种空间形状，其张力的刚度可以抵抗外部荷载作用。这一结构具有独有的优美曲面造型，风格简洁、明快，是刚与柔、力与美的完美组合。例如，伦敦千年穹顶（图11-16）是膜结构应用的典范，穹顶依靠钢桅杆、钢缆支撑，屋顶覆盖膜材，还设有四圈索行架将钢索连成网状。

图 11-15　英国伦敦斯坦斯特德机场

图 11-16　伦敦千年穹顶

（6）悬索结构，是由柔性受拉索及其边缘构件所形成的承重结构。这一结构中辐射式悬索或交叉网状悬索在营造建筑空间时，会呈现具有渐变韵律的宽窄变化、疏密变化。例如，日本代代木体育馆（图11-17）采用高张力缆索为主体的悬索屋顶结构，创造出带有紧张感、力动感的大型内空间。

图 11-17　日本代代木体育馆

随着社会、科技的进步，建筑结构体系的种类正趋于多元化发展。

第二节　建筑形象、风格与象征

一、建筑形象：外部形体和内部空间的组合

(一) 建筑形象的内涵

建筑形象是以其形体、空间的占有，展现客观存在的物体，形成人知觉感知之后的映象。建筑形象依靠形体、材料、结构等语言，形成建筑空间，反映其形状、体量、位置和颜色等，表现其属性、类别和形态特征。不同的建筑之间会有体量、色彩、层级形式、屋顶、内外装饰等方面的不同，提供不同视觉信息，以强烈的感染性唤起人的情感。这既展现了建筑自身的美感，如崇高、威严、富丽、秀美和恬淡等，也表达设计意图、美好愿望、文化观念等方面的诉求。建筑形象表现要素有空间、形与线、材料、质感、色彩与光影。

(二) 建筑形象的主角

建筑提供人的生存交往空间，空间是建筑的主角，统摄形式、功能、结构三大要素，满足基本功能。从欧几里得几何来理解，建筑的空间由长、宽、高三维构成。根据欧几里得原理，西方建筑学家基本把建筑空间看作是几何空间机械组合，如密斯的模数空间、中性流动空间，赖特内外结合的空间，勒·柯布西耶的柱支撑结构形成的开放空间，等等。这些建筑空间论以基本技术为主，建筑空间以形体组合与体块之间的穿插咬合来形成主体，合理的空间组合构成建筑形象。

(三) 建筑形象的要素

延伸阅读 11-1

建筑形象以形与线的组合形式，加强造型表现性。建筑体量的分割线、建筑形体的边界线、建筑与背景空间的天际线等，都是强化建筑形象的因素。

欲学习更多相关内容，请扫描查看延伸阅读 11-1。

(四) 建筑形象的材料

建筑形象以材料的选择与使用，形成独特的质感。建筑木质、石质、钢质的材料组织编排，是建筑视觉表达元素。

典型示例

埃及金字塔（图 11-18）以石质堆叠出稳定的造型，表现为一个竖向力和水平力的结合；厚重体量和实心结构，又表达了一种恒久不变的秩序。选择无生命石头，有体量和重量，走向"绝对空间"。它以巨大的体量、夸张的尺度、严峻的风格、威壮的气势，树立了崇高的审美形象。金字塔的形象美感是多重的，大体量给人以雄壮感，高体量给人以神圣感，方形底座角锥体给人以稳定感，等腰三角形给人以平衡感。埃及审美原则，即追求平衡对称与二元性的美感。为了法老死后成为太阳神，

金字塔的角锥体象征了刺破青天的太阳光芒，表示对太阳神的崇拜。同时，它利用环境的渲染，有效地建立建筑氛围，表达丰富的内涵。

图11-18　埃及金字塔

（五）建筑形象的色彩与光影

建筑形象通过色彩与光影所产生空间感，营造一定的审美氛围。色彩与光影对建筑形象具有补偿作用，在不断变化中呈现出不同的面貌。

典型示例

西班牙毕尔巴鄂的古根海姆美术馆（图11-19），整个建筑由一群外覆钛合金板的不规则双曲面体量组合而成，它创造出以往任何高直空间都不具备的、打破简单几何秩序性的强悍冲击力，随着日光入射角的变化，建筑表面会产生不断变动的光影效果，曲面层叠起伏、奔涌向上，光影倾泻而下，如盛开的"钛合金的花朵"。西班牙建筑师拉斐尔·莫尼欧对它由衷叹服道："没有任何人类建筑的杰作能像这座建筑一般如同火焰在燃烧。"[1] 它表现出的没有寓意与逻辑的解构主义的奇特感，引起建筑界强烈反响。

图11-19　西班牙毕尔巴鄂的古根海姆美术馆

---

① 看古根海姆博物馆如何改变一座城市的命运［EB/OL］.［2015-08-04］.http://art.china.cn/haiwai/2015-08/04/content_8128905.htm.

（六）建筑形象与环境

建筑形象和实际环境融合在一起，形成和谐统一的建筑群结构。

● 典型示例

悉尼歌剧院（图11-20）的建筑形象是生动、激动人心的，具有很强的象征意义。它建在海边，屋顶为流线曲面的壳体，不同的三角形壳片是从相同球的壳面割取。它的形象似白鹤亮翅，像扬起的风帆，如剥开的橘瓣，又似贝壳造型。它超越了时代，远远领先于当时的技术，成为地标性建筑，并改变了整个澳大利亚的国家形象。

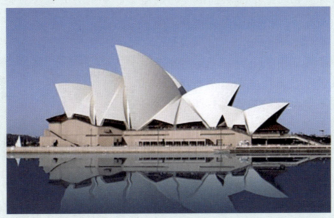

图11-20　悉尼歌剧院

二、建筑风格：时代与环境的标识

建筑形象表现出风格，不同建筑形象对应不同风格。建筑风格是在材料选择、形体样式、结构造型、空间组织、平面布局、立面形式等方面呈现出的特色与面貌。它表现建筑师对建筑材料的使用、建筑手法的运用、建筑形象的表现、建筑语言的表达等的独创性、一贯性与稳定性。建筑风格应遵循以下原则：个体性与社会性相统一，稳定性与变异性相统一，一致性与多样性相统一。建筑风格特征由功能、空间、体量、形制、形体、比例、立面等元素体现。如民居与宫殿的功能不同，露天剧场与陵墓空间有别，摩天大楼与低矮平房形制迥异等，这些不同元素导致建筑风格的差异。建筑风格的形成与政治、经济、文化、时代、地域等有关，也与审美趣味有关。如宫殿建筑的奢华风格与帝王的权力、王朝的财力、富丽的趣味有关。建筑风格的谱系发展为自然建筑、古代建筑、现代建筑。建筑风格按不同的标准有不同的分类体系，建筑风格分类从民族风格上划分，有中国式、日本式、伊斯兰式、意大利式、英吉利式、俄罗斯式等；从时代风格上划分，有古希腊式、古罗马式、哥特式、古典主义式、现代式等。

西方建筑的代表性风格有以下几种：

1. 哥特建筑风格

"哥特"一词意味着"野蛮"，这一风格代表着基督教建筑的典型风格。哥特式教堂以拱顶为中心进行纵向发展，其基本原则在于解决整体结构的承重，重力被隐藏在拱和穹顶之中。典型特点是采用挺拔的垂直线、线条轻快的尖形拱门取代了罗马式圆拱、造型灵巧的小尖塔，强化了上升的感觉，力图把人的目光引向高空，表现出崇高美和对来世的向往。尖形拱券与组合束柱、构成拱顶边缘的横拱和边拱一起构成拱顶。纤细的柱子构成的柱簇，像是有生命的树干一样向上延伸，形成与教堂顶部融合在一起的拱肋。附加的飞扶壁、扶壁垛，来分解和承担侧向推力。飞扶壁使建筑立面变得既通透玲珑又轻盈纤巧，且按对角线方向组织结构，同时在空间上保持开放。它的平面布局为拉丁十字形，墙壁和柱身均饰有形象生动的浮雕和石刻，显现出十分浓厚的宗教意味。巨大的纵深尺度具有强烈的方向性和引导性，透过彩色玻璃窗或明或暗的光线，又增加了纵深空间的深邃感和神秘感。哥特式建筑表现了朝向上帝的宗教精神，创造了信仰空间的精神意义。

● 典型示例

法国巴黎圣母院（图 11-21）是最为优雅柔美的哥特式教堂。它正外立面采用特殊的平顶双塔结构，内部平面布局呈横翼较短的十字形。它创新了一种更为灵动轻盈的建筑骨架，又符合比例与尺度，有着丰富的美感。教堂建造中采用了尖券、尖拱和飞扶壁，使内部空间更加高旷。绚烂的玻璃花窗营造出了神圣的空间氛围。尖形拱门的雕像，增添了华贵感。正如维克多·雨果在《巴黎圣母院》中所说："这座可敬的纪念性建筑的每一面、每块石头，都不仅载入我国的历史，而且载入了科学史和艺术史。"[①]

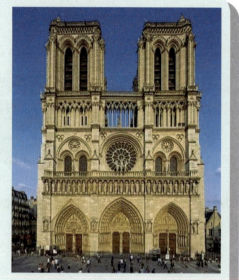

图 11-21　巴黎圣母院

2. 拜占庭建筑风格

东正教要求信徒之间亲密一致，圆形穹顶突出的教堂形制形成了内部空间的向心性，映射出一种精神性的凝聚力量。拜占庭建筑把穹顶支撑在四个或更多的独立支柱上，以帆拱作为中介连接，使成组的圆顶集合在一起，形成广阔而有变化的空间形象。

欲学习更多相关内容，请扫描查看延伸阅读 11-2。

延伸阅读 11-2

3. 巴洛克建筑风格

这一风格富于变化与动感，流行于 17—18 世纪的欧洲。巴洛克原意是"畸形的珍珠"，它常采用断裂山花或套迭山花，有意使一些建筑物局部不完整。在材料上大量使用

---

① 维克多·雨果. 巴黎圣母院［M］. 陈敬容，译. 北京：人民文学出版社，1982.

贵重的材料，讲究品质。在构图上采用节奏不规则的跳跃方式，常以双柱、三根柱子为一组，开间变化大。在室内装饰上喜欢用大量的壁画和雕刻，璀璨缤纷，焕发出强烈的生命力。它关注建筑的空间感和立体感，强调光线。

欲学习更多相关内容，请扫描查看延伸阅读11-3。

延伸阅读 11-3

4. 古典主义建筑风格

它讲究规范和规则，突出轴线，强调比例，坚持对称外观、稳定构图、古典柱式，表现出端庄、严谨、华丽的特点。

● **典型示例**

作为古典主义风格建筑代表的法国王宫凡尔赛宫（图11-22），建于路易十四时代。宫殿建筑气势磅礴，布局严密、协调。其立面为标准的古典主义纵、横三段式处理，顶部为平顶，建筑左右对称，造型轮廓整齐，外观庄重雄伟，诠释了理性美的理念。凡尔赛宫的古典主义建筑风格引起俄国、奥地利等国君主的羡慕与效仿。

图 11-22　凡尔赛宫

5. 现代主义建筑风格

这一建筑风格出现于20世纪20年代。它采用标准化与模式化设计，重视建筑功能，造型简洁抽象，线条明快鲜明，形体硬朗凝练，表现出高新技术特征，彰显都市感和现代感。

欲学习更多相关内容，请扫描查看延伸阅读11-4。

延伸阅读 11-4

6. 后现代主义建筑风格

这一建筑风格是对现代主义建筑风格的修正，出现于20世纪70年代。它批判了现代主义建筑的无个性的同质化，采取了新旧融合、兼容并蓄的折中主义立场，强调形态的隐喻、符号，主张借助古典建筑元素或符号进行装饰。美国建筑师罗伯特·文丘里认为，装饰性元素可以满足人们对多样性和交流的需求，他用"少即是乏味"回应了密斯·凡·德·罗著名的格言"少即是多"，这成为建筑学中的永恒之争。建筑师开始创造既熟悉又新颖的空间，鲜艳的色彩、有趣的造型、不对称和倾斜的形体，使后现代主义的建筑充满了复杂性与矛盾性。后现代建筑的发展更加极致的方向是解构主义，非线性设计，使结构表面具有明显非欧几里得几何形状，造成变形与移位。

●典型示例

　　罗伯特·文丘里设计的"母亲之家"（图11-23），被公认为是后现代主义建筑的第一个范例。它的建筑设计中的山形屋顶、烟囱、门和窗户，都重新引入传统房屋相关的元素。借由窗户摆放的位置，创造出一种对称感。它简单的正面掩藏了它复杂的思想，两分法是其力量的本质，使它成为第一个在思想上打破现代抽象的美国建筑。

图11-23　罗伯特·文丘里的"母亲之家"

三、建筑象征：实体蕴含的寓意

（一）建筑象征的内涵

　　建筑是无言的实体，却可以表现出某种抽象的意义，建筑形象会生发人的联想。黑格尔曾说过："建筑物要向旁人揭示出一种普遍意义，除了要表现这种较高的意义之外别无目的。"[1] 象征是指通过一个具体对象来暗示一种抽象的精神概念。建筑象征是通过自身的形象、体量、构成等系列关系反映出一种抽象的精神境界。古代建筑中的宗教建筑、祭祀建筑，其主要任务就是象征性表达，如埃及金字塔表现对神的敬仰，哥特教堂象征着信徒向上帝伸出的手臂，巴黎凯旋门意味着向胜利者致敬，天坛表现对上天的祭拜，牌坊是对功德的公开表彰等。现代建筑依然如此，希望给予某些象征意义，如哈利法塔让人们看到了财富堆积上天，埃菲尔铁塔折射出了法兰西的骄傲，华盛顿纪念碑彰显了美利坚的自豪。

---

① 黑格尔. 美学：第三卷 [M]. 朱光潜，译. 北京：商务印书馆，1984：34.

● **典型示例**

国家体育场（图11-24），又称为"鸟巢"，其外观为网格状的建筑构架，结构的组件相互支撑，形成了网络状的构架，就像用树枝编织的鸟巢，如同孕育生命的摇篮，寄托着人类对未来的希望。其灰色的钢网以透明的膜材料覆盖，不仅立面与结构达到了完美的统一，而且中国传统文化中镂空的手法、陶瓷的纹路，与现代最先进的钢结构设计也完美地融在一起，被誉为"第四代体育馆"的伟大建筑作品。

图11-24　国家体育场

（二）建筑象征与文化

一种文化，需要一种建筑象征形式。印度佛教建筑有寺庙、陵墓等。"窣堵坡"是梵语 stūpa 的音译，指安置佛祖遗骨、经文和法物等的陵墓，外形是半球形体，它象征宇宙、须弥山、圣殿。冢顶上有三层华盖小伞，寓意佛界三宝，即佛陀（佛宝）、教规（法宝）、僧侣（僧宝），伞轴象征宇庙的立轴。围栏形成的回廊表现轮回教义，四座牌坊代表四谛。它完整统一、庄严肃穆，以直观形象强调了佛祖为宇宙的灵魂的地位与价值，其象征意义胜过审美意义。

欲学习更多相关内容，请扫描查看延伸阅读11-5。

延伸阅读11-5

（三）建筑象征体系

一个民族在发展中，会筑构建筑象征体系。中国古代建筑围绕"中"展开，样式以方、圆为主，建筑结构观念为矩形的架构，大都有三角形的屋顶，内部支撑依靠斗拱系统。我国古人对宇宙图形的想象是天圆地方，造在四方之地上的房子就应是方形。建造城市讲究以最低成本取得较大的面积，正方形便成为造城的传统形制。一些古都，如西安、洛阳、开封到北京，几乎是方形的。方形建筑代表地，也代表人的生活环境，被定位为大宇宙的象征意义。在佛教传入之后出现圆形建筑，圆形象征佛教的"圆圆海""圆寂"，还有一些八角形象征佛教"八正道"，六角形象征佛教"六道轮回"之类。中国传统的宫殿建筑通过台基、开间数量、屋顶形制、色彩等来象征皇权的至高无上。

● **典型示例**

国家游泳中心（图11-25），又称为"水立方"，其造型简洁现代，外观如冰晶状的立方体。它玲珑别透的外表，表达出深刻的象征意义，形成与水的特性吻合的轻灵清澈的想象。这一"水立方"建筑被半透明人工高强度氟聚合物制成的膜材覆盖，膜结构气枕像皮肤般包住整个建筑。"方盒子"能够最好地满足国家游泳中心的多功能要求，实现了传统文化与建筑功能的完美结合。"水立方"设计来源于中国传统文化"天圆地方"的思想，它与圆形的"鸟巢"相互呼应，相得益彰。

图 11-25　国家游泳中心

我国一些现代建筑不仅自身成为亮点，而且成为城市名片、国家性地标。这些优秀建筑独特且富有象征意义，这种建筑功能与建筑使命内生的象征性，一定会具有持久的影响力。

第三节　中国建筑之美

一、中国官式建筑：雕梁画栋的华美

我国古代建筑由台基、屋身、屋顶组成，一般都是由单体建筑与围墙、廊子等围合院落，再由院落组成建筑群，主要是沿纵深方向布局。官式建筑为满足统治者阶层精神和物质的功利需要而建，包括宫殿、礼制、宗教、陵墓、衙署等。宫殿是统治者居住、办公的场所，宫殿建筑是古代中国最高权力的象征、巩固政权的有力工具，统治者将等级观念和皇权意志赋予其上。

以下是宫殿建筑的主要特性：

1. 强烈的巩固社会统治的政治性

在位置上，"王者必居天下之中"，宫殿建于城中心，突出中央集权、统领八方的观念；在形制上，单体建筑规模巨大，体量超乎常规，强调庄严雄伟的形象，以象征皇帝的至高无上。如秦始皇阿房宫前殿"东西五百步，南北五十丈，上可以坐万人，下可以建五丈旗"[1]。

2. 浓厚的伦理需求、等级秩序的礼制性

在格局上，主殿居中，配殿陪衬，左祖右社，前朝后寝，合规合矩。建筑的开间数量、规模大小、屋顶样式、台基高度等都有等级规范。

---

① 司马光. 资治通鉴：卷七［M］. 北京：中华书局，1956：244.

3. 自觉的天人合一、象天设都的堪舆性

宫殿建筑模仿天象安排的布局，同时遵循堪舆上的吉祥原则，藏风聚水、负阴抱阳、前宽后窄、左右对称。如秦始皇筑咸阳宫时，辟门通达四方以模仿紫微垣的中心位置而象征天帝宫室，引渭水通过宫城之前象征银河，建桥梁跨越渭水模仿牵牛星。

4. 严格的精益求精的工艺性

宫殿代表着传统建筑艺术的最高技艺。材料上，选用最上等珍稀木材、石材、玉料；工艺上，台阶、柱础、梁、柱、椽、枋、门、窗、斗栱等制作精良；色彩上，选用符合皇权要求的色彩，金碧辉煌；装饰上，有彩绘图案、刻镂花卉、琉璃镶嵌、麝香涂壁、锦幔珠帘，富丽堂皇。如《三辅黄图》记汉代未央宫前殿"以木兰为棼橑，文杏为梁柱，金铺玉户，华榱璧珰、雕楹玉碣、重轩镂槛，青锁丹墀，左墄右平；黄金为壁带，间以和氏珍玉，凡至其声玲珑然也"[①]。即以木兰为栋，以杏木作梁，椽头贴金，门扉雕金花，门面配玉饰，铺手鎏金镶宝，奢华至极。可以说，我国古代宫殿崇楼彤镂，通过"象天"来证明君王"代天牧狩"的权威，通过等级规定构建了人间社会的秩序，塑造了一个联系天、地、人的空间体系。

古代宫殿建筑经过了几个发展阶段，最早的商朝宫殿为"茅茨土阶"，即茅草盖顶，夯土建造。西周开始建造高台宫室，秦朝则有规模空前的宫殿，如咸阳宫、阿房宫。西汉为宫苑相结合模式，如未央宫。隋唐长安太极宫按照"三朝"纵向布置大殿，即外朝承天门、中朝太极殿、内朝两仪殿，这三个主殿各有特点。

● 典型示例

最能够代表古代宫殿建筑水平的就是故宫（图11-26）。它是明清两朝二十四位皇帝的皇宫。古人认为紫微星是天帝居住的地方，故宫又名"紫禁城"。政治体制、社会结构、礼制理念左右了故宫的建筑审美取向，它从选址、布局到建筑的造型、结构、构造、装饰、色彩，处处都有礼制上的要

图11-26 故宫

求。故宫选址是背山面水，北靠景山，南临金水河。所有建筑围合成"宫城"，设置东华门、午门、西华门与神武门四门。建筑群体组合采用中轴对称的布局，体现了"中正无邪"思想，表现出尊卑有序的君权至上法则，符合儒家人伦、礼制的精神。

---

① 三辅黄图 [M/OL]//阙名. 四部丛刊三编：第 132 册. https://www.shidianguji.com/book/SBCK420/chapter/SB-CK420_15?version=3.

宫城采用"前朝后寝"的形制，后部是御花园。宫城内分为外朝和内廷两个部分。外殿布局采用奇数表阳，称为"五门三朝"，而内廷多用偶数为阴，为"两宫六寝"。外朝的中心"三大殿"太和殿、中和殿、保和殿是国家举行大典礼的地方。"三大殿"左右两翼辅以文华殿、武英殿。内廷的中心是"后三宫"乾清宫、交泰殿、坤宁宫，是皇帝和皇后居住的正宫。恢宏磅礴的太和殿是主要建筑，其他建筑围绕其展开，呈现出帝王独尊、主次分明的社会等级秩序。

在屋顶设计上，太和殿采用最尊贵的重檐庑殿式。在建筑色彩和装饰的运用上，以黄、红为主，黄色是皇权的代表。太和殿正脊两端装饰着龙形大吻，檐角有龙、凤、狮子、海马、天马、押鱼、獬豸、狻猊、斗牛、行什共十只小兽。故宫处处蕴含"天人合一"寓意，如日精门象征着太阳，月华门象征着月亮，即日月同辉。承乾宫意为"遵循天意"，景阳宫意为"尊重光明"，交泰殿寓意天地交和、康泰美好。

此外，故宫建筑群中还有中正殿、雨花阁、宝华殿、宝相楼等佛堂，钦安殿、玄穹宝殿等道教建筑，以及祭祀城隍的城隍庙等。可以说，政治、宗法、风俗、礼仪、佛道、风水等中国思想对故宫产生了深刻影响。

欲学习更多相关内容，请扫描查看延伸阅读11-6。

延伸阅读11-6

二、中国园林建筑：立体的画，流动的诗

园林是主要由建筑、山水、植物等构成的人类创造的第二自然。它是建筑、人、环境和谐关系的体现，是沟通天与人的中介。在我国园林发展过程中，出现过商周时期殷纣王的沙丘苑台、周文王的灵台与灵囿，春秋时期燕国的黄金台、楚国郢都的章华台、魏国的灵台、吴国的姑苏台等，秦汉时期的上林苑，魏晋时期曹操的铜雀园、石崇的金谷园，隋唐时期唐代的东都苑，宋元明清时期宋徽宗的艮岳、康熙的畅春园、雍正的圆明园、光绪的颐和园。从园林审美构成因素上说，其一是建筑美。园林里的殿、堂、楼、阁、馆、斋、厅、亭、轩、榭、舫、塔、廊、桥、台等建筑，既满足了生活需求，又起到分割、串联的功能。其二是山水美。"石令人古，水令人远。园林水石，最不可无。"[1] 假山模拟高山，孤石代替雕塑，如太湖石的瘦、漏、透、皱，表现出独特的赏石趣味。山为骨，水是血，青山碧水令人心旷神怡。其三是植物美。造园家巧妙栽植花木，如插柳沿堤、栽梅绕屋、雨打芭蕉、金莲映日、万壑松风、梨花伴月，让人感受天地自然生命时间的流动。我国园林审美设计原则为自然而然，忌讳几何规则，避免人为痕迹。造园家计成说："虽有人作，宛自天开。""有真为假，作假成真。稍动天机，全叨人力。"[2]

我国园林分为皇家园林与私家园林两类，前者占地广阔、建筑宏大、色彩艳丽、技术考究，后者规模不大、建筑精致、色彩淡雅、小巧玲珑。

---

① 文震亨. 长物志·卷三·水石[M/OL]//https://www.zhonghuadiancang.com/xueshuzaji/changwuzhi/314872.html.
② 计成. 园冶·卷三·掇山[M/OL]//https://www.gushiwen.cn/guwen/bookv_bab658682294.aspx.

（一）皇家园林

皇家园林是供皇帝游憩或处理政务的园林，其规模宏大，建筑富丽，是皇家生活环境的一个重要组成部分。其审美特征主要有：

1. 壮丽恢宏的审美境界

皇家园林设计讲究因地制宜，依形就势，叠石为山，引水为池，种花植木，修桥建亭，挪移自然美景，"纳千顷之汪洋，收四时之烂漫"，看似散落布置，实则轴线关系明确。

2. 开阔疏朗的审美视野

园内面积较大，随景设计路线，步移景异，蜿蜒前行，分离视线，延长动线，在"游""居""观""赏"中感受园林之乐。

3. 繁复巧妙的审美体验

皇家园林使用了虚景与实景、起伏与层次、隐藏与显露、曲折与直接、疏与密、引导与暗示等多种造园手法，扩大游览者的感受空间，丰富其审美感受。沈复在《浮生六记》中曾言："若夫园亭楼阁，套室回廊，叠石成山，栽花取势，又在大中见小，小中见大，虚中有实，实中有虚，或藏或露，或浅或深。"

欲学习更多相关内容，请扫描查看延伸阅读11-7。

延伸阅读11-7

（二）私家园林

私家园林为贵族、富商、士大夫等私人所有，最早起于汉代。它是集居住、休闲、游玩、观赏于一体的私密空间。造园家往往巧借地势、随势赋形、叠石为山、聚流为水，建筑无多、山石有限、奴役风月、左右游人，使片山有致、寸石生情、小中见大、以少胜多，形成"壶中天地"境界。从本质意义上说，私家园林是以宇宙天地为尺幅，安顿人的整个生命世界的自然审美的"寄寓"，江南的苏州、扬州园林即是代表。以下是私家园林的特点：

1. 巧于因借，步移景异

通过各种造园手法，对有限的园林空间进行处理。有将园外之景等引到园内的"借景"，将一处景点与另一处景点有机连接起来的"对景"，通过山石、水流等划分园林空间和景观的"分景"，利用植物、建筑等遮挡人们的视线的"障景"等。

2. 旷奥交替，对比生境

私家园林注重空间的层次性和延展性。如网师园进入正门后西面便是曲折回廊，空间为奥如之境。转过道古轩，登云冈之时，观波光粼粼的湖面，顿觉豁然开朗。这些造园手法增添了视觉层次，制造空间的多义性，形成游、观、听、触等行为。

3. 以景写情，诗画入景

私家园林融合了诗、书、画等内容，这在园林建筑名称和楹联就明显地体现出来。可以说，私家园林体现了崇拜自然、尊重自然的审美意识，淡泊隐逸、典雅清静的道家、禅宗审美风格，以及温文儒雅、乐山乐水的儒家审美追求。

● 典型示例

　　始建于明正德四年（1509 年）的拙政园（图 11-27），以其悠久的人文历史、丰富的文化内涵、高度的造园成就、疏朗自然的风格、典雅秀丽的景色成为苏州四大园林之首。它包括中、东、西三部分，东部明快开朗，中部池广树茂，西部台馆分峙。它造园手法多样，曲邃深远，层次丰富，处处诗情画意，山石、古木、绿竹、花卉，构成了一幅幽远宁静的画面。

图 11-27　拙政园

　　这些园林不仅是中国传统园林的代表，更体现了中国古代哲学思想和审美观念，也为生态美学提供了宝贵的实践启示。

三、中国民居建筑：生活空间的架构

　　我国传统民居建筑出发点以"人"为中心，体现出乐生、重生的现实理性精神。民居就是服务百姓的居所，也是生存文化的直观载体。民居结构类型有木构抬梁式、穿斗与混合式、竹木构干栏式、木构井干式、砖墙承重式、碉楼、土楼、窑洞、毡包等，以构架建筑为正统。以下列举几种我国比较有代表性的民居建筑形式：

1. 北京四合院

　　它是我国汉族居民传统住宅的正宗典型。根据堪舆制度相关的"后天八卦"理论，南方为"离位"，为"火""吉位"，为男性客人使用；东南方为"巽位"，为"风""吉位"，因在此开院门。东南"吉位"房子，一般是私塾使用。西南角属于"坤位"，为"地""凶位"，设立厕所。北为"坎位"，为"水""吉位"，正房为主人使用。东面为"震位"，为"木""吉位"，安排儿童居住，利于"生长"。西面为"兑位"，为"泽""凶位"，一般供少主人居住。从光照上看，以坐北朝南的北房为最好，其后依次为坐西朝东的西房、东房和南房。主要建筑为抬梁加硬山，次要房间也可用平顶。如图 11-28 所示的北京四合院，采取紧凑围合式布局，空间封闭内向，具有安全稳定的特点。它以大小规模来区分主次关系，以门楼或牌匾来显示身份或品位，反映了长幼有序、家族和谐等价值观，以及对权威和规范的尊重。它强调轴线性和序列性，呈现出一种规整而不单调、严谨而不死板的庄重、整齐的美感。

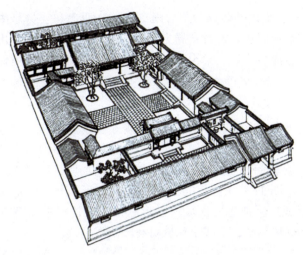

图 11-28　北京四合院

2. 山西平遥古城

山西平遥古城（图 11-29）素有"龟城"之称，传统民居按坎宅巽门八宅风水理论修建，大多坐北朝南，基址南北长，东西短。内部布局都呈现中轴对称、尊卑、长幼有序的形态特征。空间序列以宅门为起点，随着向内院的行进逐渐展开，多进庭院增加了封闭的层次。照壁和屏门两者分别位于大门和垂花门下，起到遮挡作用。高耸山墙、屋顶的风水楼、风水影壁增加了封闭性外观的视觉层次。另外，高耸的墙垣、无窗的沿街立面、半坡屋顶等共同构筑了聚气藏风的空间形态特征。在装饰上，通过对历史人物、佛道神灵、动物、植物、器物等的具象化、人格化，寓意天人和谐，以求趋吉避凶、驱邪祈福。

图 11-29　山西平遥古城

3. 安徽徽州古民居

这类民居建筑按风水选址，形式一般为方形、矩形的两层楼房的四合院、三合院。它布局紧凑，采用冬瓜梁、丝瓜柱结构体系。庭院狭小，成为天井，别有洞天。外观简朴，

"马头墙"可防风防火,而内部装饰华美,雕刻彩绘。西递和宏村是徽派民居代表。西递村四面环山,村落仿船形而建。宏村布局为牛形。这些建筑掩映在青山古树之间,青瓦白墙高低错落。建筑的色泽、体量、架构、形式、空间,都与自然环境保持一致,形成了古朴淡雅的审美风格。

4. 云南少数民族建筑

它以干栏式建筑最有特点,这种建筑形式起源于百越族群和百濮族群的先民,为避免洪水、毒蛇侵扰,并适应潮湿多雨的气候而创造。干栏式房屋由粗大柱子支撑,分为上下两层,下层是炊事和牲畜活动的透空空间;上层为活动场所,以栏板、圆柱围合,屋顶均为脊长檐短的倒梯形。图11-30所示的云南干栏式建筑,上层由堂屋、卧室、前廊、晒台、楼梯和谷仓等组成。屋顶为两面坡人字形歇山式。竹楼平面有方形、曲尺形、凸形等。整个竹楼隐现于绿树丛中,形成了傣族特有的自然情调。

图11-30　云南干栏式建筑

5. 福建客家土楼

它是客家人顺应自然、防匪防盗而建造的抵御性城堡式建筑。建筑主体大多为圆形,不仅是"天圆"宇宙观的反映,还是防御动机的体现。在空间秩序上,土楼空间具有内聚感、向心性。其平面布局呈内向型秩序,布局紧凑,内部庭院空间为集体共享,通过平层通廊式布局又强化了空间公共性,体现了聚居理念。

● **典型示例**

　　福建客家土楼是易经文化的承载,具有天地人和谐相融、家庭和睦的内涵,已经成为世界文化遗产里的瑰宝。图11-31所示的福建龙岩永定客家土楼最为典型。被誉为"土楼王"的承启楼,按照《易经》进行排列,祖堂外的三环分别布局为八个部分,最外面的外环分隔最为明显,环环相扣、相得益彰。振成楼被称为"土楼王子",外环楼设计青砖相隔来巧妙地预防火灾,正门与左右的三个门来对应八卦中的"天地人"三才。

图 11-31　福建龙岩永定客家土楼

可以说，中国建筑以"天人合一"为思想基础，遵循建筑与自然环境相融的理念，强调建筑元素的和谐、结构的平衡，形式上蕴含传统礼制观念，突出空间的等级划分与规范。通过独特的技艺、语言，以流畅的屋顶曲线、鲜艳的琉璃构件、层叠的梁枋斗拱、华丽的雕饰彩绘、内敛的空间格局，成为适合人类居住的建筑体系之一。

延伸阅读 11-8

欲学习更多相关内容，请扫描查看延伸阅读 11-8。

第四节　西方建筑之美

一、西方古代建筑：古希腊的崇高与古罗马的雄伟

（一）古希腊建筑

古希腊建筑是西方建筑的源泉，它对欧洲建筑形态、形制产生了深远的影响。古希腊神话的全民性、民主性，"神人同形"思想，以及人体美的审美观念给建筑留下了烙印。古希腊建筑风格特点主要是和谐、完美、崇高。它运用柱式构建建筑外部柱廊空间，建筑立面明确展现内部结构的梁柱体系。在柱子、额枋和檐部的形式、比例和相互组合上，形成了程序化模式，称为"柱式"。其中有三大柱式：爱奥尼柱式（图 11-32）、科林斯柱式（图 11-33）、多立克柱式（图 11-34）。

1. 爱奥尼柱式

爱奥尼柱式的特点是：柱头有涡卷装饰，柱身有圆面凹槽，檐部多复合线脚，曲线明显，审美风格是秀美纤细、优雅高贵。由于微妙的数学关系，模拟出了女性体态，这一柱式又被称为"女性柱式"。它广泛出现在古希腊的大量建筑中，伊瑞克提翁神庙（图 11-35）就是运用的这一柱式。

Ionic Column

图 11-32 爱奥尼柱式

Corinthian Column

图 11-33 科林斯柱式

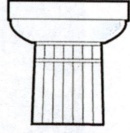

Doric Column

图 11-34 多立克柱式

2. 科林斯柱式

科林斯柱式的比例更为纤细，柱头用毛茛叶作装饰，造型类似盛满花草的花篮，装饰性更强，规范而细腻，充满生气。这一柱式的代表性建筑是雅典的宙斯神庙（图 11-36）。

3. 多立克柱式

多立克柱式的特点是没有柱础，柱身有棱角凹槽，柱头没有装饰，审美风格为刚劲有力、雄壮粗犷，又被称为"男性柱式"。雅典卫城的帕特农神庙（图 11-37）采用长方形的列柱回廊式形制，列柱采用多立克柱式，高大挺拔、结构匀称、比例合理，有丰富的韵律感和节奏感，既简洁明确又庄严肃穆，焕发出蓬勃的生命力，是古希腊建筑中的典范之作。

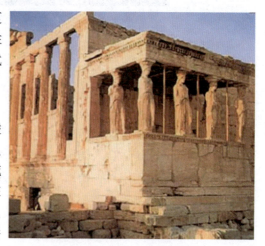

图 11-35 伊瑞克提翁神庙

这三种柱式具有人体的隐喻，形态比例来源于完美的人体。同时，也有明确的数比关系的体现，如多立克柱式的直径与柱子高度之比为 1∶6，爱奥尼柱式的为 1∶8。古希腊柱式匀称协调、准确优雅，体现了和谐审美观、理性思维、人文主义精神等内容，对后世产生了深远影响。

图 11-36 宙斯神庙

图 11-37 帕特农神庙

(二) 古罗马建筑

古罗马建筑的贡献是穹顶、拱券与混凝土。它出现了一些雄伟壮观的建筑，诸如罗马角斗场、罗马浴场、图拉真广场、罗马万神庙等。这些建筑与古罗马奴隶制经济的繁荣、国力的增强、征服世界的勃勃雄心、务实理性的性格有关。古罗马人喜欢宏大的审美风格，同时又注重对古希腊文化的继承。如罗马角斗场在券柱式的基础上，发展了多层建筑柱式的规则，底层是多立克柱式，二层为爱奥尼柱式，三层为科林斯柱式，四层为壁柱。罗马人在建筑拱门、拱顶和穹顶等方面实现了技术性的进步，特别完善了拱券体系，从最开始的筒形拱结构到中期的十字拱结构再到最为辉煌的穹窿结构，对后世的欧洲建筑产生了巨大影响。

●典型示例

万神庙神殿内部（图11-38）为球形空间，上半部有一穹顶，象征天宇，直径达43.4米，无横梁与支柱，下半部扩大成圆柱形，墙身有龛洞。万神庙是建筑设计的奇迹，它简单明了的空间体量，优雅的室内装饰，来自穹顶的自然光线，体现了宇宙的和谐，也强调了人为万物之灵的意义。正如美国诗人爱伦·坡的著名诗句所说："光荣归于希腊，伟大归于罗马。"

图11-38 万神庙神殿内部

二、西方宫廷建筑：豪华风格和精湛工艺

西方宫廷建筑为满足君主对权力、宗教、生活的统一需求而建。它们是欧洲的风景与文化的标志性建筑，也是君主炫耀其奢华精致的生活、雍容华贵的审美品位的场所。这些宫殿一般以石材为主，坚固耐用，规模较大，内部结构按多种功能划分，装修上美轮美奂、金碧辉煌、极致华丽，给人以巨大的视觉冲击和心灵震撼。其主要代表有法国凡尔赛宫、英国白金汉宫、美国白宫、俄罗斯克里姆林宫。

（一）法国凡尔赛宫

法国凡尔赛宫（图11-39）是欧洲
最豪华的皇宫，为法国国王路易十四修
建。它由主体宫殿、大花园、教堂和剧
场组成，建筑面积为11万平方米，有
五百多间大殿小厅。其建筑风格为古典
主义，立面划分为纵横三段，中间凸出
部分为王宫，南北两翼为王子及贵族、
官僚居住办公的地方。建筑左右对称、
布局严密、造型严谨、端正雄浑，被称
为理性美的代表。外壁装饰大理石人物
雕像，造型优美，栩栩如生。内部装饰

图11-39　法国凡尔赛宫

以巴洛克风格为主，有大理石的地板、
玉阶的巨柱、彩绘的天花板、精美的油画等，令人眼花缭乱。镜厅是"镇宫之宝"，厅堂
装饰以镶金及镜面为主，镜面里反射着歌颂"太阳王"的穹顶壁画。窗户之间装饰着科林
斯壁柱，天花板垂挂着豪华水晶吊灯，壁龛中站立着人物雕像，一切都是那么绚丽夺目、
金碧辉煌。镜厅的南面为和平厅，北面为战争厅，表现帝王征战胜利、国富民强。凡尔赛
宫还有王室教堂、王室剧院，前者室内色调以白、金为主，体现在拼花地面、鎏金装饰、
天棚壁画等各处，华贵而高雅；后者是法国第一个椭圆形大厅，室内以蓝、金为主调，科
林斯柱式和重重帷幔的应用，使其装饰风格兼具挺拔庄严与柔美华丽。

（二）英国白金汉宫

英国白金汉宫（图11-40）是世界
上最具标志性的建筑之一。它的建筑风
格为新古典主义，华丽堂皇。它主体建
筑为五层，拥有六百多个典礼厅、宴会
厅、音乐厅、画廊等。王座室是为维多
利亚女王修建，以红色装饰墙面与地
板。镂空的木质吊顶由手工雕刻而成，
屋顶悬挂着巨型水晶吊灯，四周墙壁顶
端绘有15世纪玫瑰战争的情景。正中
有两把红丝绒御座，后面衬有红色落地
帷幕，上有镀金的英国国徽，再上面建
有巴洛克风格的拱门，拱门两侧雕有天

图11-40　英国白金汉宫

使像，天使向两边拉起两串镀金花环。拱门、帷幕加上三层台阶，使王座显得格外高贵庄
严。音乐厅房顶呈圆形，由象牙与黄金装饰而成。蓝色客厅为宫内最雅致的房间，白色会
客厅用白色、金色装饰。议事厅是宫殿最古老的部分，爱奥尼柱式尖顶门廊由四根石柱支
撑，内厅两侧摆放着中国式镀金青瓷花瓶，前面是女王半身铜像。二楼画廊挂着各种名
画，有风景画、肖像画等，也有讲述历史传说、宗教故事的画作。

（三）俄罗斯克里姆林宫

克里姆林宫（图11-41）是俄罗斯最具代表性的建筑之一。俄罗斯谚语是这样形容它的："莫斯科大地上，唯见克里姆林宫高耸；克里姆林宫上，唯见遥遥苍穹。"克里姆林宫包括大克里姆林宫、多棱宫等宫殿和斯巴斯卡雅等许多钟塔。它的建筑风格融合了巴洛克、文艺复兴和拜占庭式等多种元素。大克里姆林宫第一层有一个四方形观礼台，上面盾形装饰刻着双头鹰浮雕。观礼台上面的屋顶有四个圆形壁龛，两个有表盘，两个是报时钟。第二层中有格奥尔基大厅、弗拉基米尔大厅和叶卡捷琳娜

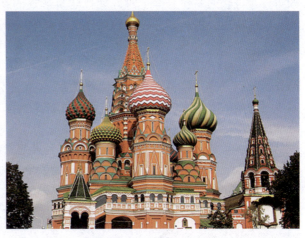

图11-41　克里姆林宫

大厅。宫殿中面积最大的是乔治厅，外表白色和金色相间，它是象征俄罗斯军人品格的荣誉神庙。宫殿正中阁楼上有紫铜圆顶，并立有旗杆。圣母升天教堂是最典型的拜占庭风格建筑，有山字形的拱门、高大的灰色石墙、细长而简洁的窗框、圆弧金顶，圣洁而庄严。天使报喜大教堂整个屋顶都镀金，被誉为"金色拱顶"。伊凡大帝钟楼是克里姆林宫内最高建筑，也是莫斯科地理中心的标志。钟楼窗户为棱锥形或白石菊形，雕刻着奇狮怪熊的图案，四面安装机械自鸣钟，被称为"世界第一钟王"。克里姆林宫富丽堂皇，独具魅力，称得上是世界最美的古代建筑群之一。

延伸阅读 11-9

欲学习更多相关内容，请扫描查看延伸阅读11-9。

三、西方现代建筑：摆脱传统束缚后的复杂性

现代建筑以反传统的姿态登上了建筑舞台，走向了新发展方向，它以一种新精神开启了一个伟大的时代。在建筑空间理念和技术上出现了创新与发展，现代建筑空间呈非标准、不规则、自由、柔和、连续流动等形态。一些建筑师主张发展新的建筑美学，即表现手法和建造手段的统一，外在形体和内部功能的配合，灵活均衡的非对称构图，简洁的处理手法和纯净的体形等。

（一）现代建筑的发展

1851年英国在伦敦海德公园举行了世界第一次国际博览会。英国工程师约瑟夫·帕克斯顿以钢铁为骨架，以玻璃为建材，运用温室结构，建造了一个水晶宫（图11-42）。它通体透明，宽敞明亮，没有多余装饰，完全表现了工业生

图11-42　水晶宫

产的机械本能，开创了采用标准构件、钢铁和玻璃设计和建造的先河，成为工业革命时代的重要象征物之一，开辟了西方现代建筑形式的新纪元。它摈弃了传统砖石建筑厚、重、闭、实的特点，展示了一种新的现代建筑审美风格，即轻、光、透、薄，其晶莹之感，让人产生犹如"仲夏夜之梦"的幻觉。

建于 1908 年的德国通用电气公司透平机车间（图 11-43），把功能、技术与艺术有机结合，被西方称为第一座真正的"现代建筑"。主体车间以钢作骨架，转角处为砖石墙体，室内是开敞的大空间、大玻璃窗，满足了加工与采光要求，为探求新建筑起到了一定的示范作用。

图 11-44 是 1925 年德国建筑师格罗皮乌斯建立的包豪斯学校。学校内建筑群高低错落，采用非对称结构、行列式布局、长方体造型，全部采用预制件拼装，使用玻璃幕墙结构，无任何装饰。它形成艺术与技术的新统一，堪称 20 世纪 20 年代现代主义建筑的杰作。

图 11-43　德国通用电气公司透平机车间

图 11-44　包豪斯学校

（二）现代建筑的特点

1. 重视建筑功能的要求

现代主义建筑的重要先驱沙利文，提出"形式追随功能"。美国建筑家赖特认为"功能与形式是一回事"，提出了有机建筑理论。他认为，建筑要和环境建立联系，反映出人的需要、场地的自然特色以及使用自然材料。他曾说："我属于自然，我是自然的一部分。我在自然之中观察、体验和感悟自然的秩序，然后将之融入我的设计中。"

流水别墅（图 11-45）是赖特在生活场所中融入自然理念的完美体现。别墅靠着几层平台而凌空于溪水之上，外形强调块体组合，几何平面交叉、重叠，楼层高低错落，建筑与溪水、山

图 11-45　流水别墅

石、树木自然地结合在一起。流水别墅像是一件艺术品，构成了一个人类所希望的与自然

结合、对等和融合的形象。它在空间的处理、体量的组合及与环境的结合上均取得了极大的成功，为有机建筑理论做了确切的注释，在现代建筑历史上占有重要地位。

现代建筑设计以功能为中心，注重科学性、方便性、经济性和效率性，形式适应功能。同时，注重建筑功能为普遍化的理性人服务，在空间设计中，以处理好人、物与空间三者的关系为主，重点是满足人的舒适需求，把简单几何形体当作最为适用的形式。

2. 讲究技术手段的创新

工业革命和技术革命奠定了建筑技术基础，技术性表现为在实际建造中使用了如水泥、玻璃、钢材等材料，钢筋、混凝土、悬索等结构，现场组装等搭建方法。现代新技术作为优化实践的一种手段，被应用得越来越多，如建筑信息建模，工业化、模块化和预制建筑，3D打印、施工机器人等，人们正在使用新技术探索新的建造方式。钢筋混凝土结构决定了结构美学中的革命，新技术、新工艺、新材料带来新审美变化。现代建筑大师密斯·凡·德·罗曾说："当技术完成它的真正使命时，它就升华为建筑艺术。"美之生成来自工艺技术的生产完善。

● 典型示例

法国蓬皮杜国家艺术文化中心（图11-46）突出强调建筑中的现代科技成分，是现代建筑中高技派的代表作。它的外部钢架林立、管道纵横，所有钢筋和管道都不加遮掩地暴露在立面上。格贝尔悬臂梁是其结构创新，它以短支撑悬臂梁的方法支起桁架主梁，轻松优雅地解决了结构、空间和建筑间的所有矛盾，让人们认识了结构美与工艺美。管道与设备用房的外移，释放了建筑的内部空间。这一建筑大胆、反叛、颠覆传统，同时单纯又复杂，裸露得动魄惊心。它像一座工厂，故又有"炼油厂"和"文化工厂"的别称。

贝聿铭设计的卢浮宫玻璃金字塔（图11-47），由玻璃和钢建造，网状的钢结构起到了支撑、承载玻璃的作用。锥体的表面积最小，能覆盖较大的建筑面积，既解决了采光问题，又解决了广场活力问题，它的存在突出了中心，又不遮挡卢浮宫原有之美，与卢浮宫建筑互相映衬。从形式上看，三角形结构也是最稳定的形式之一，光、影和运动成为这一建筑的审美亮点，它标志着对传统石质建筑的突破，是这个时代的杰作。

图11-46　蓬皮杜国家艺术文化中心

图11-47　卢浮宫玻璃金字塔

3. 崇尚理性实用的观念

建筑以科学、标准化作为活动过程的标准。建筑以力学、工程学等理性原则为指导进行设计，遵循技术理性、规则、程序进行施工，按照人体工程学去构造使用功能，减少装饰，"装饰即罪恶"，[①] 以简单、实用、理性为美，"少就是多"。现代建筑多表现出纯净、简洁、大方、美观的风格。这些块状、平顶、纯色、玻璃的建筑也被称为"国际式"。

●典型示例

联合国总部（图 11-48）由玻璃和混凝土建造而成，将一个高大的几何形体的玻璃结构作为办公空间，一个低矮的圆形穹顶建筑作为集会大厅。它被认为是曼哈顿最现代的建筑设计典范之一。这是现代的国际风格美学，是高窄与横宽的对立的平衡。

巴塞罗那世界博览会德国馆（图 11-49）由三个展示空间、两部分水域组成。主厅平面呈矩形，厅内设有玻璃和大理石隔断，形成衔接、穿插，既分隔又连通的空间，没有多余东西、杂乱装饰、刻意变化，感觉轻灵通透、简洁高雅。它是现代主义建筑最初成果之一。

图 11-48 联合国总部　　　　　图 11-49 巴塞罗那世界博览会德国馆

4. 建立居住机器的美学

建筑设计上模仿机器，把房屋当作"居住的机器"。建筑如同现代化产品制造，建造标准则由逻辑分析与实验来确定。德国现代建筑设计重要奠基人格罗皮乌斯提出，包豪斯设计学院宗旨应该是："创造一个能够使艺术家接受现代生产最有力的方法——机械（从最小的工具到最专门的机器）的环境。"勒·柯布西耶认为最代表未来建筑的是机械的美。他设计的萨伏伊别墅（图 11-50）就是一个机械美的宣言，一个完美的功能美学作品，其建筑底层架空，屋顶平台，横向长窗，自由平面，自由立面，通体白色。建筑的漂浮结构和几何形体结构，简洁而不单调，以近乎完美的姿态呈现给世人眼前，给人以视觉享受。

---

① 卢斯. 装饰与罪恶 [M]. 武汉：华中科技大学出版社，2018：前言.

图 11-50　萨伏伊别墅

可以说，西方建筑以理性主义为宗旨，遵循实用、坚固、美观的原则，讲究建筑的比例、尺寸、韵律，追求建筑的逻辑、秩序和比例，注重对技术和形式的创新，强调建筑的个性和独特性，倾向于建筑风格和类型的多样化，勇于探索新的空间组织和形式表达。

从世界建筑发展趋势看，建筑师更加关注生活品质，更加注重对生态性、智能性、舒适性的需求的满足。在西方，随着环境问题的日益突出，建筑师开始重新审视自然与人类的关系。生态美学是围绕人与自然的关系而展开的研究，它不仅仅是关于自然美的欣赏，更是关于人类如何与自然和谐共生的美学思考。例如，美国生态美学家艾伦·卡尔松强调生态美学应当关注人类与自然环境的互动关系，探索如何在这种互动中实现和谐与共生，这为我们理解建筑与生态美学的关系提供了重要的理论支撑。环顾世界现代建筑，可以看出当代建筑师们所受生态美学的影响，他们不再追求单纯的视觉冲击或功能满足，而是更加注重建筑与周围自然环境的和谐共生。例如，建筑造型不仅具有极强的视觉冲击力，而且能够有效地反射阳光、减少能源消耗，体现了对自然的尊重与顺应。同时，建筑内部的空间布局充分考虑了通风和采光的需求，使整个建筑在节能和环保方面达到了很高的标准。此外，大量使用本地材料和可再生材料也体现了对环境的关爱。建筑与生态美学的结合是可持续发展的必然趋势，在未来建筑发展中，建筑师会通过创新的设计理念和先进的技术手段来实现这一目标。同时，我们应该加强对传统哲学思想和美学理论的挖掘与传承，为可持续发展注入更多的文化内涵和精神力量。相信在生态美学理论的指导下，建筑艺术将更好地服务于人类与自然的和谐共生，共同创造一个更加美好的未来。

知识回顾 11-1

欲回顾本章重要知识点，请扫描查看知识回顾 11-1。

> 课后赏析

北京大兴国际机场

北京大兴国际机场（图 11-51）被英国《卫报》评为"世界新七大奇迹"榜首。它的总体规划以凤凰作为意象，造型上一个航站楼连接着五条"羽翼"，象征"凤凰展翅"，同时隐喻着中国传统文化与现代主义建筑审美上的结合。它有着大跨度结构建筑体，外观曲线优美，内部如意祥云的吊顶流线，充满了未来感、科技感，建筑设计美学在大兴机场的设计中发挥得淋漓尽致。

图 11-51　北京大兴国际机场俯瞰图

课后思考

1. 建筑语言有哪些主要元素？建筑语言的时代变化是怎样的？
2. 建筑形象与建筑功能、建筑技术有什么关系？
3. 建筑风格与民族、地域有什么关系？
4. 建筑象征是如何体现的？中国建筑有哪些象征意义？
5. 中国传统建筑的审美特点是什么？与哪些文化有关？
6. 西方古典建筑与现代建筑的差异是什么？

第十二章　思想之美

📖 **学习目标**

从中西方美学思想发展的角度，理解美育的基本问题意识，以及这些问题性反思所带来的对人类精神性品格的促进作用。

🚩 **能力目标**

提升对美育问题思辨性探讨的基本能力，体会思想带来的审美深度。

📚 **案例导读**

柏拉图（Plato，前427—前347），古希腊最著名的哲学家。柏拉图是西方思想的重要源头，怀特海甚至极端地说过"一部西方哲学史只是柏拉图的注脚"。柏拉图的诸多对话涉及美以及美感教育的问题，是西方美学和美育思想的重要源头之一。图12-1所描绘的是柏拉图著名的比喻：洞穴喻（The Cave）。从中我们可以看到，人们背对着一堵高墙而坐，这是对人类生存状态的隐喻，高墙的背后有一大团火（The Fire），人们因此只能看到火投射下来的影子（Shadows），人们把这些影子当作事物本身来认识，因此永远看不到事情的真相。然后在图的右下角有一条通道（Ascent to Sunlight），这条通道可以

图 12-1　柏拉图的洞穴喻与启蒙的意义

走到洞穴之外看到事情的真相，即让人们走到外面的阳光（火）底下，看清事物的本来样子，而不是影子。走出洞穴看到真相的人回到洞穴中，通过回想在外面所看见的一切来启蒙还在洞穴中的人，所以，启蒙这个词在英文里就是 enlighten。这些人鼓励洞穴中的人也走出去看看外面的真实世界，因此这些出去又回来的人就成了启蒙者，也就是教育者。因此，教育的作用在于启示：解放被禁锢的人，转向真实的世界，获得认知上的自由。所以，一个人认知的是事物的影子，还是事物的真相，取决于他的受教育程度。

第一节　从美育问题到美学思想

我们通过对整本书的学习，大体上了解了从外到内的审美体验上的丰富性，也深切体会到了审美愉悦对人格教育的重要性。但体会总还似乎只是一种尚未言明的感触，对于美育问题的探讨总会让我们不禁追问：审美为什么能抚慰人心、塑造人格呢？要回答这个问题，我们就必须要从整体上重新检视审美教育的问题，也许探讨其目的、方式以及历史能够帮助我们来探索其中的原因。那么，在针对性回答美育之缘由性问题之前，我们要学习一下思考这类一般美育问题的学科：美学。从美育问题回归到探索美育问题的美学思想，也是对美育本身进行审美的一种实践，我们将在这样的实践中，体会一番思想之美。

一、美学与美育的学科性质

（一）美学是什么？

美学到底是一门什么样的学科？是教我们学习如何欣赏一个对象的知识体系吗？

我们都知道，美学在中文里有个"学"，好像是学科的意思，但从词源学角度上讲，美学（Ästhetik）一词来源于希腊语 aesthesis，其最初的含义是"用感观去感知"，用英文来表达就是 to feel；在德语中，它更贴切的翻译应该是"感性学"，而不是后来经中江兆民由日文"びがく"转译过来的"美学"。从字面上来说，asthetik 与"美"没什么关系。这似乎意味着，将德文的"Ästhetik"译为中文的"美学"，有误译之嫌。朱光潜先生就曾对把"aesthetics"翻译为"美学"，把"aesthetic"翻译为"审美（的）"大表遗憾。在他看来，把它们分别翻译为"感觉学"和"感觉的"要好得多。[①]

我们大家都很熟悉现在的学科称谓，比如心理学（psychology），或者生物学（biology）等，但从上一段词源来看，被称为"美学"的 Aesthetics 不是一门以 logy 结尾的学问，就像哲学（philosophy）一样。这些以 logy 结尾的学科都是比较近代的，而且往往是有统一的理论基础或者工作平台的，更接近自然科学的学科建制，因此更像我们通常印象中的"知识"，好像必须坐到教室里，小本子拿出来，认真记笔记，听讲，做练习题，学会各种分析技巧，才能学会的。哲学、数学、美学这种学问，并没有统一的理论基础或工作平台，它们一方面古老而复杂，另一方面它们更像是在为其他带 logy 结尾学科反思，或者批

---

① 克罗齐. 美学原理·美学纲要［M］. 北京：外国文学出版社，1983：167.

判其理论基础和工作平台，如果非要用一个什么学来形容它们的话，也许可以说它们是基础学科，是元学科。它们要做的工作不是生产知识，而是对知识生产进行反思，甚至反思自身的合法性。所以，美学在这个意义上并不同于艺术史或者鉴赏史，它总是跟反思活动联系在一起。

(二) 美育是什么?

如果美学是一门探索反思能力的学问，那么以美学为基础的实践应用美育，在其根本性目标上，就不只是学习一大堆可量化的知识，反倒更像是一种能力的培养，或者我们常说的，是一种理性人格的培养。

那么，美育的理性人格培养是不是就是在培养我们去学会怎么审美呢? 首先，我们都知道，审美活动是人类不可或缺的文化创造活动，但一说起"审美"，人们就容易把"美"字理解为"beauty"（美），好像"美"是某种实在的东西。而如果按照 to feel 来理解，它确实得是 to feel something（感受某物），但这个 something（某物）不是 asthetics（美学）的关注点，它的关注点不是在于确认审美对象，而在于 feeling（感受性）。按照后来康德的说法，是在对 something（某物）下一种特殊的带着情感的判断，即审美判断。所以，美学要研究和处理的问题可要比审出美来这样的中译字面义宽泛得多。

(三) 美育的目的

蔡元培先生在《对于教育方针之意见》中曾经倡言，"世界观教育，非可以旦旦而聒之也。且其与现象世界之关系，又非可以枯槁单简之言说袭而取之也。然则何道之由? 曰：由美感之教育"，又说"教育家欲由现象世界而引以到达于实体世界之观念，不可不用美感之教育"。可见，美育作为一个源于实践又归于实践的问题，其目的在于引导个体生命将其内在的生命情感与现象世界连接起来，在认知与体验的协调作用下，向外去深刻经历和体会世界生命的流转与广博，进而向内去完成对个人生命的整体塑造与全面发展。无论是从外在的自然风物中去读出人类活动的创造之美，还是从人类内部的文学艺术中去展示人类的精神之美，这都意味着，兼修内外的美育指向了一种"人之成其为人"的目的，成为一种引导人之生命成长的教育方式。这种成长既是礼乐教化的目的，也是亚里士多德悲剧净化灵魂的作用，这一目的在中国最直观的显现就是孔颜乐处[①]，安身立命不过如此，而希腊人对人全面发展的追求也不过如此。

二、美学与美育的研究对象

(一) 鲍姆加登的回答

不管中国还是西方，美学或者美育并不是自古有之。一般认为，"美学"作为一个独

---

① 孔颜乐处：成语，语出《论语·雍也》. 子曰："贤哉，回也! 一箪食，一瓢饮，在陋巷. 人不堪其忧，回也不改其乐. 贤哉，回也!"这是孔子对学生颜回的赞扬，说颜回用非常简陋的竹器吃饭，用瓜瓢饮水，住在陋巷中，别人受不了这种困苦，颜回却不改变他的乐观心态. 孔颜乐处简单来说，是指儒家知识分子倡导的那种安贫乐道、达观自信的处世态度与人生境界. 可以说，孔颜乐处是儒家设定的一个关于人格理想与道德境界的命题，汉、宋以来的儒学大师都把它奉为最高的人格理想与道德境界.

立的学科，是由德国哲学家鲍姆加登（Alexander Gottlieb Baumgarten，1714—1762）创立的。早在 1735 年，鲍姆加登就在他所发表的学位论文《关于诗的哲学沉思录》中首次提出了这一学科的名称，他于 1750 年出版的《美学》（Ästhetik）一书则标志着这门学科正式产生，他也因此被誉为"美学之父"。但尽管鲍姆加登将人的心理活动分为知、情、意三个方面，并主张研究知识或人的理性认识活动的有逻辑学，研究意志或道德活动的有伦理学，而研究情感或艺术活动的有美学；然而，如果我们仔细分析就会发现，在鲍姆加登那里，人类的情感活动还不是一种独立的行为，它只相当于认识的感性阶段。具体来说，他认为人类的认识活动有"明晰的认识"和"朦胧的认识"两种形态，研究前者是逻辑学的任务，研究后者则是美学的任务。他在《美学》一书中明确指出："美学对象就是感性认识的完善。"

（二）康德的回答

在鲍姆加登之后，进一步为人类的情感活动开辟出独立的学术空间的是康德。同鲍姆加登一样，康德也将人类的心理活动分为知、情、意三个方面，并试图在主体的心意机能方面为这三种活动的普遍有效性找到先验的根据。但与鲍姆加登不同的是，康德认为人类的情感活动不像科学认识和道德实践那样有着独立的心意机能，却可以在这两种心意机能的协调运动中获得普遍有效的先验根据。因此康德不把自己的著作称为《美学》，而是命名为《判断力批判》（Kritik der Urteilskraft），因为在这本书中他要做的并不是像鲍姆加登那样，把人类的情感活动视为认识活动的低级阶段，而将其看作联系认识活动和伦理活动的基础性介质，是对认知判断和伦理判断之可能性的进一步反思。那么，就美学与美育的研究对象而言，感性认识并不是其关注的对象，一般判断之所以可能的根据才是其研究对象。

（三）黑格尔的回答

继鲍姆加登之后，再次使用"美学"一词的是黑格尔，他在《美学》（或译为《美学讲演录》）中开宗明义地说："这些讲演是讨论美学的；它的对象就是广大的美的领域，说得更精确一点，它的范围就是艺术，或者毋宁说，就是美的艺术。"[①]如此说来，尽管黑格尔仍然沿用了鲍姆加登的概念，却赋予了"美学"一词不同的含义："艺术哲学"中将"美"视为其"绝对理念"自生成、自发展、自否定、自回归的一个环节，定义为"美是理念的感性显现"。他认为，作为世界本体的"绝对理念"在经过其自身发展的逻辑行程之后，自我否定"外化"为客观世界，并经由无机物、有机物、植物、动物发展到人；而作为"绝对理念"外化发展的最高阶段，人需要通过艺术、宗教、哲学等形式实现对"绝对理念"的回归，完成其"否定之否定"的逻辑行程；艺术是"绝对理念"感性状态下的显现形式，哲学是"绝对理念"逻辑状态下的自我完成。以艺术为核心的人类情感活动也便成为其哲学体系中的一个环节。就此，也为美学与美育的研究对象确定了基本内容。

欲学习更多相关内容，请扫描查看延伸阅读 12-1。

至此我们不禁要问，为什么美学作为一个学科会在 18 世纪的西方

延伸阅读 12-1

---

① 黑格尔. 美学［M］. 北京：商务印书馆，1979：3.

诞生，之前就没有美学，就没有美育问题了吗？那么中国呢？中国有没有美育问题及其美学反思呢？作为学科，它的出现到底意味着什么呢？中国的美学与美育又与西方有什么联系与不同呢？关于这些问题，我们都必须从源头处去探索，才有可能窥探一二了。

第二节 中国美学与美育发展源流概述

虽然，"审美教育"这一概念是德国美学家席勒提出的，对于中国来说，这是一个舶来品，但这并不意味着中国就没有美育思想，只是中国在这一方面的思想缘起并不是以概念的方式出现的，而始终处于实践过程中，与中国所有古老而生机勃勃的实践观念一起，共同构成了中国特色的美育思想图谱。自先秦至两汉，美育思想的起源具体表现为上古时期礼乐教化传统的形成过程。因此，中国美育思想产生的根本标志是礼乐教化观念的自觉。但这一自觉是有一个过程的，而这一过程实际上伴随着我们整个思想史。按照曾繁仁先生主编的《中国美育思想通史》第一卷前言的观点来看，区分出"不自觉的美育活动"与"自觉的美育活动"两个阶段，对于我们理解中国美育思想的起源与发展，有着以正视听的作用，我们在学习过程中需要加以警觉。①

一般认为，《尚书·舜典》是中国古代美育思想的最早文献，其中有如此记载：

> 帝曰："夔！命汝典乐，教胄子，直而温，宽而栗，刚而无虐，简而无傲。诗言志，歌永言，声依永，律和声。八音克谐，无相夺伦，神人以和。"夔曰："於！予击石拊石，百兽率舞。"②

其中所描写的百兽率舞，如图 12-2所示。

虽然我们可以说，中国美育思想起源于这一"先王之乐"，但这并不意味着就可以说自"先王之乐"伊始，我们就发展出了美育思想。西周以前的上古时代，是不自觉的美育实践的阶段。在这一阶段中，美育活动与原始巫术和宗教是一体不分的。作为美育之基本形式的乐舞，其本质是原始巫术和宗教祭祀活动的基本形式，礼与乐都承担着"事神致福"的功

图 12-2 百兽率舞

能。自西周到春秋，是中国美育思想的产生阶段，随着"礼"观念的正式提出，礼乐教化观念达到了自觉的阶段。到了春秋晚期至战国时代，伴随着宗法制度的逐渐解体，西周礼乐文化走向了"礼崩乐坏"的局面，引起了当时新兴知识分子阶层对这一传统的集中反

---

① 祁海文，曾繁仁. 中国美育思想通史·先秦卷 [M]. 济南：山东人民出版社，2017：4-6.
② 十三经注疏整理委员会. 尚书正义 [M]. 北京：北京大学出版社，2000：93-95.

思，从而进一步发展了美育思想，这是先秦美育思想的主体部分，其线索主要为诸子百家围绕着礼乐教化传统的百家争鸣。例如，儒家对礼乐教化传统持肯定态度，是西周美育思想的继承者和维护者，而道家、墨家和法家等持批判态度。战国后期，百家争鸣在相互影响和相互借鉴的过程中，试图融合，从而启发出了两汉到魏晋的名教与自然之争，以及后世沿着这一源头思想所引发的千年论战。

一、魏晋时期的美育思想

纵观历史，自儒学在汉代独尊后，经过魏晋南北朝的清谈之风以及与儒道释的融会贯通，终于出现了将作为名教的儒家与作为自然的道家在义理和人生境界上都提高到了自觉高度的人物，即郭象。

郭象在注《庄子》时说："夫圣人虽在庙堂之上，然其心无异于山林之中。""虽寄坐在万物之上，而未始不逍遥也。"他又说："夫仁义者，人之性也。""夫仁义自是人之情性，但当任之耳。"这就是内圣外王之道了，也是中国人君子理想的境界。由此可见，郭象对庄老学说是做了大修正的。在庄老那里，仁义道德是束缚人自然天性的东西，但是在郭象的见解里，仁义道德恰是天地独化人之为人的天然本性，是人性之固有者。只要顺应这样的人性固有，就是实现了人性之极致，达到圣人的境界。在这个意义上，他真正从理论上调和了名教与自然的纷争，也为礼乐之争对于人性教化之功到底有利还是不利的孔老之争，完成了理论上的真正融合。

二、隋唐时期的美育思想

在儒道融合的氛围下，儒学到了隋唐又重新被定为国学，把儒家的王道和礼乐教化思想作为治国安民的基本方针，成为隋唐时期的基本国策。到了唐代，不仅兴办儒学，而且尊崇道教，进一步把道家无为思想和儒家的王道思想在政治实践中相融合。这种兼容并蓄的政治风度，使礼乐教化呈现出了圆融通达的气象，制礼作乐，诗文俱盛。

三、明代的美育思想

随着唐代古文运动的兴起，到了中国现代化萌芽的明代中后期，出现了上承唐代的文学复古运动和上承宋代的心学运动，比如李梦阳、何景明等人就通过倡导古文运动来为明代诗文开新风。他们主张诗的情感特征，其目的是要将儒家礼乐诗教的传统从固化了的政道思维中解放出来，重新通过"真情实意"来感化，而不是通过政道大理来教化，这种感化在他们看来，才是真正的"教化"。这一思想的集大成者就是王阳明，尤其在其思想后期，他提出心本体说，强调知行合一，对中国美育思想史有极大的启发和贡献。

从人格教化上说，知行合一在王阳明那里就体现为了"圣人之心，以天地万物为一体"的至高境界。这种境界也就是"视天下犹一家，中国犹一人"。我们都知道，阳明心学不是纯理论的书斋王学文，而是一种结合着他坎坷一生的性命之学，这种强烈的实践精神也决定了他的心学教化思想在美育上必然是着眼于实践教化的。明代中叶兴起的大规模讲学活动为这一思想提供了最有效的传播途径，真正把思想落实到了教化层次上，在教育实践中实现了"知行合一"。就此，他提出了歌诗、习礼和读书三种教育手段，就是通过在启蒙阶段教授孩子们咏诗唱歌、学习礼仪、读书识字等方法，调理其情性，消化其粗顽，"使之渐于礼义而不苦其难，入于中和而不知其故"，也就是说让孩子能心甘情愿、乐此不疲地接受礼仪道德的教化，并在此过程中完成道德人格的培养。可见，他所谓的教化人心以致良知，是顺应孩子的自然天性来启迪其智，调理其性，从而达及对其人格的培养。只有把人教好了，万物一体，中国犹一人耳。

这种人国一体的思想，在此后的思想历史进程中始终是我们立足礼乐之教的核心。到了近代，近代美育思想既是对西方理论的引荐，也是对古代礼乐之教的清理和总结，蔡元培先生提出的"以美育代宗教"更是这一思想的继承和发展。因此，可以说，美育救国的理想是这个时代文人对动荡局势的积极回应，也是对家国出路的伟大探索。

第三节　影响中国历史的美学大家

一、孔子的美育思想：礼乐之教

（一）什么是礼？

礼，狭义指仪文（世俗礼生所知之礼，末），广义指节度秩序（非世俗所知，至孔子而阐明，本）。以秩序或制度释"礼"时，秩序制度之根据何在，始是基本问题，此点在孔子之前无人说明。前人多以为"礼"以"天道"为依据，"礼以顺天，天之道也"（《左传·文公十五年》），故奉礼就是畏天，人之所以应"奉礼"，即在于"顺天"，以天道为礼之本。这一观念至孔子而变革。那么，孔子是如何变革周礼的呢？

面对礼崩乐坏之局面，孔子痛心疾首，他的理想一直在于恢复周礼："周监于二代，郁郁乎文哉，吾从周。""如有用我者，吾其为东周乎！"故孔子主张恢复周礼，即以礼治国，其核心是实行以血缘关系为基础的社会伦理制度。第一，广而推之，即"君君、臣臣、父父、子子"，且"君使臣以礼，臣事君以忠"。第二，就个人修身而言，则"非礼勿视，非礼勿听，非礼勿言，非礼勿动"，倘若个人均自觉于礼，则"克己复礼，天下归仁焉"。第三，孔子对于周礼并非完全照搬，其具体内容可以权衡改变，如"麻冕，礼也。今也纯，俭，吾从众"。

（二）摄礼归义

为恢复周礼，必须正名。所言正名，其目的就是恢复和保证正常的社会秩序，这恰恰是礼在人伦和社会制度方面的表现。建立秩序即强调君臣上下长幼之位，从而消除由利欲带来的僭越行为，由建立政治秩序进而建立生活秩序。故孔子曰："名不正则言不顺，言不顺则事不成，事不成则礼乐不兴，礼乐不兴则刑罚不中，刑罚不中则民无所措手足。故君子名之必可言也，言之必可行也。"所谓秩序之建立，其目的在于使社会中的每一分子各自完成其任务，使各人都能名副其实，使其成其为实。所以，正名之"正"即依靠义与仁所有的正当性与公心之自觉来建立正当的政治人伦秩序，因其所是，如其所是，皆由名也。就此，孔子首先摄礼归义，给出了礼在人伦秩序上的正当性和规范性。

关于这一点，劳思光先生在《新编中国哲学史》①中认为，周人一方面封土建君，创立了一种人为的政治秩序，区别于殷商的部落酋长式；另一方面确立宗法制度，将自然的血缘关系化入人为的政治关系之中，所以，以宗法制度体现的是一种以人为主的思想趋势，是对古代神权崇拜观念与习俗的一种革新和扭转。但周人的人文精神只代表未自觉的阶段。只有到了孔子克己复礼，才是对周人之人文精神的自觉肯定。

（三）摄礼归仁

在孔子看来，正名对秩序的建立主要以教化为基础而非强力，因此孔子主张德治，以德教化，反对战争，军队只是用于讨伐大罪，保卫秩序，护义保仁。因此，孔子摄礼归义后，进而摄礼归仁。在孔子看来，礼的根本既不在于玉石丝帛的仪文上，也不在于天，而在于人的自觉心或价值意识。礼的核心在于仁，"礼云礼云，玉帛云乎哉?""人而不仁如礼何?"而礼能让人"制中"。孔子主张中庸之道（仁的引申），强调君子时中，且过与不及的标准就在于礼。故子曰"夫礼所以制中也"，没有外在礼的规范，时中就成为无条件的了。在这个意义上，礼成为孔子所说的"从心所欲不逾矩"的矩，是那个规范性的条件。所以，孔子言礼并非全废仪文，而是强调礼之本，即强调礼之本义是一生活秩序，故礼观念即是秩序性观念，一切具体的秩序内容（即仪文）可依理而变，此理即义。孔子提出"义"的观念，于是礼之基础归于自觉，而礼成为一自觉秩序，即文化秩序，不依天道，不傍自然。所以义就是正当性、合理性。冯友兰先生在《中国哲学简史》②中提出，"义者，宜也"，即一个事物应有的样子。一个人在社会里行事为人，有他应循的义，即他所应当做的。它是一种绝对道德律。社会每个成员必须做某些事情，这些事情本身就是目的，而不是达到其他目的的手段。如果一个人遵行某些道德，是为了不属于道德的其他考虑，即便他所做的客观上符合道德的要求，也仍是不义的，因为他实际上只图"利"。所以有义利之辩，"君子喻于义，小人喻于利。"总而言之，礼依于义而立，义是实质，礼是表现。

除了在人心自觉的意义上，礼有规范性的意义，推外而及国家政治治理上，礼教同样是实现有温度的规范性的妙道。比如，孔子提出道之以德：第一，"道之以政，齐之以刑，民免而无耻；道之以德，齐之以礼，有耻且格。"外在政治制度须以内在道德教化为基础。第二，施政者必须名副其实地修养自己的德行。"子路问君子。子曰：'修己以敬。'曰：'如斯而已乎?'曰：'修己以安人。'曰：'如斯而已乎?'曰：'修己以安百姓。'"至此，礼教这一观念，内通于道德生活，外及于政治原理，成就为一个完整的正当性论证。

（四）礼乐之教

在完成"礼—仁—义"的正当性论证之后，孔子提出了自己礼乐之教的美育宗旨，"兴于诗，立于礼，成于乐"。在孔子看来，无论是仁或者义，这些规范性的要求要落实到人心人性，从而实现成人成仁的目的。孔子认为，兴于诗是一种启蒙，因为诗所兴起的是人的道德自觉、仁爱情感，这些人心的自然情感本来就是以"仁"复"礼"的前提，所以，在这种"兴于诗"的情感前提下，人的情感欲求与伦理规范才有统一可能性的发端。就像东汉包咸在《论语注》里对这一段话解读："兴，起也。言修身当先学诗。礼者，所

①　劳思光. 新编中国哲学史［M］. 桂林：广西师范大学出版社，2005.
②　冯友兰. 中国哲学简史［M］. 赵复三，译. 北京：中华书局，2019.

以立身；乐所以成性。"① 这里所谓的乐，不止是孔子所谓的"六艺"之一，更是一种"乐"的境界，是成人成仁的得道之境。从诗开始到乐，孔子从情感心理欲求开始一直到外在的礼义规范性的实现，一直到反归于己的境界，完整勾勒出美育思想的目的和手段，勾勒出一整套人格教化的图景。由此可见，在孔子看来，诗教、礼教、乐教贯穿于人格完善性实践的各个阶段，是个人修养的始终。整个"成人"的过程就是从审美开始，最后达到乐之审美境界的过程。表达个人情感与礼乐之教融为一体的完美典范正是著名的"孔颜乐处"。从这一典范我们也看到了孔子审美教育和道德教育的最高目的，是孔子为恢复周礼、重建礼乐之教这一社会理想的最高实现。

接下来，我们看看与孔子支持恢复周礼强调礼乐之教不同的另一种看法：老子对礼乐文化的批判观点。

二、老子的美育思想：大音希声

《史记·老子韩非列传》记载了孔子问礼与老子的故事。老子与孔子一样，活动于"礼崩乐坏"的春秋末期，而且他作为"周守藏室之史"，比孔子对这一"礼崩乐坏"有着更深的切肤之痛。因而在"大道为天下裂"② 的情况下，老子从大道无为角度出发对礼乐教化的批判，是一种反其道而行之的策略。

（一）什么是道？

老子所谓的"道"，本义是人走的道路，有四通八达之意，引申为方法途径。天道在春秋时期指天象运行的规律，也包括人生吉凶祸福的规律。老子将其概括为事物存在和变化的最普遍原则。老子认为整个世界万事万物都是从道那里衍生出来的，道是万事万物的根本。这个根本是具体万物形成之前的一种统一状态，他把这种具体万物形成前的统一状态推崇为一种抽象的最高的"自然"原则，或"无为"原则，这样，"一"也就成为"道"的同义语，是产生万事万物的根本原则。所谓"道生一"，既有指具体万物形成前的统一状态的意思，又有道使万物获得统一原则的意思。因此，老子论道是从宇宙发生的角度，给出了我们为人处世和安身立命的根本性原则，即自然无为。

老子认为事物的发展有规律性，其规律名"常"；恒常不变，不变的自然法则是变动的世界的根、道理，是天命。对于恒常规律的了解和把握，老子称为"明"，"知常曰明"；知常并依之而行，老子称为"袭明"。袭明即习明，亦称为习常，若不习常而恣意妄为，则会"不知常，妄作凶"。因为知即是智，知常了就学会了为人处世的道理，知了天命，于是在处事判断中，适度中正，不偏不倚，且就得福了，否则就要有危险。

（二）大道无为

在老子看来，天道人道都重要，但大道是本源。因为道无所不在，存在之道、为人之道、治国之道……万物在生长过程中就有"道"在其中。在万物中的道就是德。道化万物，有体有用。体是道（道理、规则），用就是德（得到）。因此所谓德，既指万物本有的品质，也指人生在世的人伦关系。"万物莫不尊道而贵德。"可见，从《道德经》而言，

---

① 程树德. 论语集释：上［M］. 北京：中华书局，2013：610-611.
② 大道为天下裂：语出《庄子·天下》，原文为"道术将为天下裂"，指的是天下各家学术，原本统一为道，然而随着天下纷扰演化，各有侧重，从而形成各种学说.

就是天道人道都尊崇自然无为的规范性，才能融会贯通而自处，从而在礼崩乐坏的世道，全生避祸，安身立命。所以，从内，就人的自处而言，人本有限之存在，求强终有穷尽之时，不求强则无以受挫；不争则无忧，争则必有敌，有败。就圣人而言，其应该是一个表面上处处与人不争，不为人先，守柔处下，少乱寡欲，绝学弃智，浑浑噩噩的人，像初生的婴儿一样，完全处于自然无为的状态，只有这样才能在复杂的现实中以不变应万变，保全自己的生命（贵身），才能无忧无虑而达到无不为的境界。从外，就治国之道而言，老子提出了"无为而治"的主张，就是统治者在表面上应少一点欲望，少一点作为，对人民要听其自然，使其各得其所，尽其所能，如此自然就巩固了政治，是圣明之治了。实现无为而治的方法在于绝圣弃智，绝仁弃义。老子认为社会之所以混乱，相互争夺，原因在于人们欲望的过分，法令的繁多，对知识的追求，对虚伪的仁义道德的讲究等，这都是失"道"而形成的。因此，社会发展到以礼治民，以礼立命，才是一切祸乱的开始，要使天下太平就要取消智（巧取）、仁义等，由此民才各取其所。"绝圣弃智，民利百倍；绝仁弃义，民复孝慈；绝巧弃利，盗贼无有。"因此，老子提出了理想社会的本质在于：小国寡民。

（三）道法自然

正是因为道法自然，而自然无为，过多追求情感上的需求只会使人无识。"五色令人目盲，五音令人耳聋，五味令人口爽。"因此老子提出，对事物的认识不应到客观世界中去求，"不出户，知天下；不窥牖，见天道。其出弥远，其知弥少。"那么如何知"道"呢？"圣人不行而知，不见而名。"老子主张一种"塞其兑，闭其门"，即闭目塞听的神秘的内心直观，将其比喻成镜子，称之为"玄览"。玄览即观道。他认为，"涤除玄览，能无疵乎？"如果能够把此镜打扫得无疵无尘，不染外物，就达到了确实的安静，我们就能知常，按道来认识它们，见其真实的本性。所以，要观道，首先要涤除心中一切情感欲求和主观偏见，这也就是日损。"为学日益，为道日损，损之又损之，以至于无为。"求道即是使知识欲望减少又减少，以至一无所知，由此无所求便无为了，才彻底从物累中解放出来，回归到大道，达到最高的精神境界。所以，老子主张绝圣弃智，绝学无忧。可见，老子对于为道的观点，是反对感觉经验也反对理性认识的，更接近于一种直观。何以打扫净此玄览？老子认为，人和万物同出于道。就道而言，人与万物是一样的，即为玄同。"塞其兑，闭其门，挫其锐，和其光，同其尘，是谓玄同。"人若闭目塞听，消除事物的锋芒纷杂，混合光彩形迹，去掉事物各自具有的特殊性，使它们合同于"一"，即道，就是万物本身的性质显现出来了，万事万物的德就为我们所得了，即为我们所认识了。

（四）大音希声

从这一套大道无为的观念出发，老子发展出了一种不同于儒家的美育观念，即"大音希声"的审美教育理想。那么这种得到（道）的境界，在美育思想上又如何体现呢？老子在《道德经》第四十一章指出："上德若谷，大白若辱，广德若不足，建德若偷，质真若渝。大方无隅，大器晚成，大音希声，大象无形，道隐无名。夫唯道善待且成。"这里的"大音希声"就是老子对得道状态的基本描述，也是老子美育思想的总纲。在老子看来，真正最高的审美境界与自然无为、浑全朴素的境界是一致的，"希声"即是对"大音"的描述，来类比"无为"对"大道"的描述。也就是说，在老子看来，刻意强调礼乐之义的做法就是一种"有为"，是对大道的背离。所以，真正的大乐不能成为政治和教育的工具，而应该与人本性的无为和自然的真朴和谐一致，与道合一才是最高的审美人格，只有这样对民众的启迪才是真正的道说，真正的化境。在此基础上，老子宣扬了一种与儒家修身齐家治国平天下的"君子"完全不同的理想人格，即圣人。如前所言，道在人性上就是"朴"，因为道连名字也没有，实则是"无名之朴"，如此才可以成为事物之本。那么，在为人上，这种道就表现为顺乎自然，不执于外物，对外物无欲无求，才可无为。无为即是破执归朴，是人在世得道的准则，即在德行上要求人简朴，遵循万物本性即是有德。所以说，朴作为德，即要求人有赤子之心，清心寡欲，像婴儿那样率性纯真。儿童的率性天真最近"德"，这就是愚，质朴纯真，如此才能成圣。这种圣人之愚是修炼而得，是归根而得的结果，是知常而复命所得的境界，因此，这种返璞归真的人生理想，正是化人成人的目的，这才是真正的教育。

延伸阅读 12-2

欲学习更多相关内容，请扫描查看延伸阅读 12-2。

那么，接下来，我们要看看当我们的中国美育思想在引入西方的美学与美育观念后会呈现什么样的思想之美。

三、朱光潜的美学与美育思想

从朱光潜先生早期美学来说，他一方面接受了黑格尔"一元主义"代替"二元主义"的观点；另一方面又觉得唯理哲学太虚玄，毕竟和现实美感有距离。这样他接受了当时在西方流行的克罗齐直觉说，即黑格尔的唯理论无法嫁接克罗齐的直觉感性之间的矛盾。19世纪40年代，朱光潜在和冯友兰讨论冯氏《新理学》论战过程中，他逐渐感到自己的美学形而上（哲学）和艺术之间的裂痕，这促使他进一步研究克罗齐及唯心派哲学。结果他发现唯心派打破"二元论"的企图终归失败。但在研究的过程中，他既发现了克罗齐表现说的毛病，又看到了黑格尔打消"二元论"的不彻底。他因此开始用黑格尔"思有同一"命题的精神来修正克罗齐的表现说，提出"思想和语言是一致"的主客观统一命题，最终形成了以人文主义为核心，结合现代心理学的一套系统性的美学思想。这套美学思想在具体美育实践中体现为通过艺术的美感教育来培育理想青年人格，他认为美感教育是性情的和谐流露为行为的端正，是从根本上做起的一种修养。他强调"美善合一"，认为美育是德育的基础，道德的完善离不开审美的体验，因为审美体验真正让人得以达到合一之境。

四、宗白华的美学与美育思想

宗白华深受康德美学的影响，强调审美活动中感受性对人认知的塑造性，因此注重艺术形式中的情感因素对人格的塑形。因此，就艺术形式而言，他推崇中国传统的音乐和书画艺术。他认为中国一切艺术的境界都趋向于音乐，而又因为音乐反映着宇宙间生生不息的节奏，所以最能打动人心、陶冶人性。然而，宗白华审美教育理论中独具特色的还是他的艺术人生观。他认为，审美教育就是要以同情之心体悟万事万物，以创造的热情去使人生像艺术品一样优美，因此，形成艺术的人生观才是审美教育的目的，而艺术人生观作为审美教育的最终目的，本质上就是培养审美的理想人格的手段。比如他推崇魏晋之风，认为晋人的个性解放，率真深情，对自由追求不息；同时，他推崇歌德那种自强不息、宁静致远。在宗白华看来，这些都是审美教育最终所实现的理想人格的典范。

五、蔡元培的美学与美育思想

蔡元培是中国近代史上著名的民主革命家、教育家和思想家。他认为，旧的教育体制有很多顽疾，而要彻底克服的方法就在于教育独立。

他在1922年的《教育独立议》一文中说："教育是帮助被教育的人，给他能发展自己的能力，完成他的人格，与人类文化上能尽一份子的责任；不是把被教育的人，造成一种特别器具，给抱有他种目的的人去应用的。所以，教育事业当完全交与教育家，保有独立的资格，毫不受各派政党或各派教会的影响。"[1] 对教育这种独立性格的强调，与他提出"以美育代宗教"一说是一脉相承的。同时对于西方美学理论的引荐，他通过对康德美学的解读，意图通过其美学中的教化因素来实现美育的目的，他说："美的对象，何以能陶养感情？因为他有两种特性：一是普遍，而是超脱。"[2] 在肯定了康德美学的基础上，从康德用知、情、意来对应科学认知、审美活动和道德实践的论证理路出发，蔡元培提出了美育就是情育。"人人都有感情，而并非都有伟大而高尚的行为，这由于感情推动力薄弱。要转弱而为强，转薄而为厚，有待于陶养。陶养的工具，为美的对象，陶养的作用，叫做美育。"[3] 在1930年的《教育大辞书》的"美育"词条里，他又说："美育者，应用美学之理论于教育，以陶养感情为目的者也。人生不外乎意志，人与人相互关系，莫大乎行为，故教育之目的，在使人人有适当之行为，即以德育为中心是也……凡与人同乐、舍己为群之德，属于此类，赖美育之助者也。所以美育者，与智育相辅而行，以图德育之完成者也。"[4] 也就是说，审美活动最重要的特征就是情感之兴发，而正是这种情感的兴发使被教育者可以超越个人的功利性欲求，不管是愉悦不愉悦的情感，还是利害得失，都能上升到一个普遍的层面，所以这也是他提出"以美育代宗教"的基本理论。因此就宗教而言，蔡先生认为，宗教的目的就是情感的激发，但是宗教却有种种问题限制了我们个人与国家的发展，宗教之于审美活动的无利害性是远不及的，因为宗教的"激刺感情"是自私和专有的，但是美育体现出"超脱"与"普遍"的特质，这就是他提出"以美育代宗教"的根本之所在（图12-3）。他说"鉴激刺感情之弊，而专尚陶养感情之术，则莫如舍宗教而易以纯粹之美育"。[5]

蔡元培一生贫寒，去世时连棺材都买不起，只留下一句遗言：科学救国，美育救国。

图12-3　蔡元培

我们都知道，蔡元培是通过分析康德美学来立论这一观点的，但是这套教化人心的思想其实本质上是对传统礼乐教化思想的一种继承。比如他提出了"四育"，即体育、智育、德育和美育，并且在其中他最强调的就是美育。他认为：

---

① 高平叔. 蔡元培全集：第四卷 [M]. 北京：中华书局，1984：177.
② 高平叔. 蔡元培全集：第六卷 [M]. 北京：中华书局，1988：157-158.
③ 高平叔. 蔡元培全集：第六卷 [M]. 北京：中华书局，1988：157.
④ 高平叔. 蔡元培全集：第五卷 [M]. 北京：中华书局，1988：508.
⑤ 高平叔. 蔡元培全集：第三卷 [M]. 北京：中华书局，1984：33.

　　且其与现象世界之关系，又非可以枯槁单简之言说袭而取之也。然则何道之由？曰，由美感之教育。美感者，合美丽与尊严而言之，介乎现象世界与实体世界之间，而为之津梁。此为康德所创造，而嗣后哲学家未有反对之者也。在现象世界，凡人皆有爱恶惊惧喜怒悲乐之情，随离合生死祸福利害之现象而流转。至美术则即以此等现象为资料，而能使对之者，自美感以外，一无杂念。例如采莲煮豆，饮食之事也，而一入诗歌，则别成兴趣。火山赤舌，大风破舟，可骇可怖之景也，而一入图画，则转堪展玩。是则对于现象世界，无厌弃而亦无执著也。人既脱离一切现象世界相对之感情，而为浑然之美感，则即所谓与造物为友，而已接触于实体世界之观念矣。故教育家欲由现象世界而引以到达于实体世界之观念，不可不用美感之教育。[①]

　　所以，如果没有美育对于人的情感的兴发，我们的科学认知，我们的德性培养，都不会是生动活泼的，都将失去生命力，这一方面是对康德美学的理解，另一方面难道不就是我们自先秦百家争鸣以来到明代心学良知的一种现代表述吗？就如同王阳明一样，蔡元培也要将这一思想落实到具体的教育实践中，因此他又提出了一系列具体的教育治国方针，比如对家庭美育、学校美育和社会美育的具体方针实施的建议，等等。从理论到实践，礼乐教化的中国传统思想发展到近代，在与西方思想的回应激荡中绽放出了新的活力。

　　自蔡元培之后，在20世纪中国美育思想的新进程中，我们的美育思想图景还在生生不息地谱写着，还始终与我们的家国理想，与我们的人国一体的教化息息相关着。这一点自先秦以来，就贯穿始终，已然成为我们的思想本色。同时，随着西方思想的不断引入与融合，在碰撞中激发出了反思人类命运与精神人格可能性探索的新活力。就像我们一开始说的，我们仿佛就是那个小男孩，总是要向这个所处的世界投出小石子，我们欣赏着涟漪的晕圈，不只因为这是这个世界的波澜，还因为我们对这个世界所投出的波澜，是我们创造的波澜，并因此与这个世界息息相关起来，人与世界有了"相看两不厌，唯有敬亭山"的情感共鸣。在这种大音希声的融合之中，礼乐之教才成为我们安身立命之所在。也就是说，我们知道了我们在世界中的位置，世界也因此成了我们的世界。对这一图景在中西思想史上的回望和关切，仿佛就是在对我们自身思想的一种映照，是对我们自身思想性格的一种认知，欣赏人类的往来路，这本身就是一种审美教育。

　　欲回顾本章重要知识点，请扫描查看知识回顾12-1。

知识回顾 12-1

课后赏析

南镇观花

　　《传习录》记载了王阳明带着弟子去南镇观花（图12-4）的故事。

　　在这一次游玩中，有一位弟子问王阳明先生："天下无心外之物，如此花树在深山中自开自落，于我心亦何相关？"这位弟子想问的问题是：花自己开放，自己凋落，跟我们来欣赏它或不来欣赏它好像没啥关系。花不会因为我来看就开得好点，也不会因为我不看

① 高平叔. 蔡元培全集：第二卷［M］. 北京：中华书局，1984：134.

就凋落得快点，既然我不能左右花的开落，那么实际上花就是花，外部世界就是外部世界，我跟这花其实是一样的，我就是我，我也不会因为世界有啥变化，世界也不因为我就停转，所以，两者好像没啥关系。这位弟子是要给老师出个难题呢。

图12-4　南镇观花

王阳明面对这样的诘难，答道："你未看此花时，此花与汝同归于寂，你来看此花时，则此花颜色一时明艳起来，便知此花不在你的心外。"王阳明先生的意思是：事物存在的意义依赖于人心的体认。如果你不去谈论意义，当然就谈不上去观看，观看就是你对世界求理解的行动。人确实可以不看，比如盲人，但是却始终不能不理解，"看"只是理解的一种类比，还有很多种对看的表达，比如"认识"，比如"爱"，比如"欣赏"，等等。在每一种"看"中，我们都在求"明白"，求理解。正是这种看，让你不再是孤零零的你，而与你的花树产生了关联，是你的欣赏成就了它的颜色。这并不是说花本身没有颜色，而是说，这个颜色你不去看，是谈不上认知，也谈不上理解的，因为你无法做出"这是什么"的判断。正是因为这种看，使你成为说出意义的那个人，而花树成为你口中的存在者而获得了其自身存在的意义。花开花落通过"看"而与人关联在同一个世界，才会有"花落知多少"的感叹。

课后思考

1. 柏拉图的模仿说与分有说是什么关系？
2. 为什么亚里士多德认为悲剧可以净化人心并达及美德？
3. 孔子提出的礼乐教化思想与他的"仁"和"义"有什么关系？
4. 老子提出的"大音希声"的审美境界与他的大道观念有什么关系？
5. 蔡元培为什么提出"以美育代宗教"的观点？